中國學術思想

研究輯刊

三八編

林 慶 彰 主編

第 7 冊

胡安國《春秋傳》在清代的遭際

秦 行 國 著

花木蘭文化事業有限公司

國家圖書館出版品預行編目資料

胡安國《春秋傳》在清代的遭際／秦行國 著 -- 初版 -- 新北市：
花木蘭文化事業有限公司，2023〔民112〕
目 4+234 面；19×26 公分
（中國學術思想研究輯刊 三八編；第 7 冊）
ISBN 978-626-344-395-2（精裝）
1.CST：（宋）胡安國 2.CST：春秋（經書）3.CST：學術思想
4.CST：研究考訂 5.CST：清代
030.8   112010416

ISBN-978-626-344-395-2

中國學術思想研究輯刊
三八編 第 七 冊   ISBN：978-626-344-395-2

胡安國《春秋傳》在清代的遭際

作 者 秦行國
主 編 林慶彰
總 編 輯 杜潔祥
副總編輯 楊嘉樂
編輯主任 許郁翎
編 輯 張雅淋、潘玟靜 美術編輯 陳逸婷
出 版 花木蘭文化事業有限公司
發 行 人 高小娟
聯絡地址 235 新北市中和區中安街七二號十三樓
         電話：02-2923-1455／傳真：02-2923-1452
網 址 http://www.huamulan.tw 信箱 service@huamulans.com
印 刷 普羅文化出版廣告事業
封面設計 劉開工作室
初 版 2023 年 9 月
定 價 三八編 16 冊（精裝）新台幣 42,000 元

胡安國《春秋傳》在清代的遭際

秦行國 著

作者簡介

　　秦行國，男，1993 年 10 月生，籍貫湖北仙桃。現為北京師範大學歷史學院博士後，研究方向為近代思想文化史。2019 年 9 月至 2020 年 1 月為臺灣「中研院」歷史語言研究所訪問學人。發表論文十餘篇。

　　論文發表：

1.《乾隆時期科考廢除胡安國〈春秋傳〉原因再析》，《原道》（CSSCI）第 41 輯。

2.《政治策略與經義分歧》，《經典與解釋》（CSSCI）第 61 輯。

3.《論康熙、乾隆二帝對〈春秋〉中「尊王」的不同解讀》，《清史論叢》（CSSCI）2022 年第 1 輯。

提　要

　　本文以清代為主要的歷史脈絡，嘗試結合科舉、政治、學術等方面，分別從元明、清初、乾隆時期以及晚清不同的歷史時期，揭示出學者、官方對胡安國《春秋傳》的理解歷程。主要圍繞如下方面展開：

　　一、梳理《胡傳》的主要內容與元明時期《春秋》科舉的情況。《胡傳》以天理統攝天人秩序、人倫秩序與夷夏秩序。元朝時，《胡傳》被納入科舉。明朝洪武時期又加入張洽的《春秋集注》，直至永樂時期停用，而只用《胡傳》。

　　二、討論《胡傳》在清初的情況。王夫之、顧炎武推崇《胡傳》，強調「攘夷」高於「尊王」。毛奇齡批評《胡傳》，倡導「尊王」，貶斥「攘夷」。

　　三、討論清初官方對《胡傳》的承襲與摒棄。《日講春秋解義》《欽定春秋傳說彙纂》繼承胡安國的天理觀，而對其中夷狄的討論或避開或刪節。

　　四、討論乾隆時期「大一統」敘事與《胡傳》。乾隆帝對胡安國公然指責其夷夏大防之見。《御纂春秋直解》提倡其「尊王」之義，棄置其「攘夷」之義。《四庫全書》對《胡傳》「攘夷」內容加以改易、刪削。莊存與、孔廣森對《胡傳》進行重新理解。

　　五、討論《胡傳》在晚清的新變。晚清時期，康有為受進化論理論影響，再度解讀夷夏問題，藉以批評胡安國。黃節在推許胡安國的夷夏大防之論的同時，融入了西方人種論。

目

次

第 1 章　緒　論 ……………………………………………… 1

1.1 文獻綜述 …………………………………………… 2

1.2 選題的背景與意義 ……………………………… 14

　1.2.1 選題背景 ……………………………………… 14

　1.2.2 選題意義 ……………………………………… 14

1.3 研究思路與方法 ………………………………… 15

　1.3.1 研究思路 ……………………………………… 15

　1.3.2 研究方法 ……………………………………… 16

1.4 研究的重點難點與創新 ………………………… 17

　1.4.1 重點 …………………………………………… 17

　1.4.2 難點 …………………………………………… 17

　1.4.3 創新之處 ……………………………………… 18

第 2 章　胡安國《春秋傳》的主要內容與元、明
　　　　 《春秋》科舉 …………………………………… 21

2.1 胡安國《春秋傳》中的三大秩序 ……………… 21

　2.1.1 天人秩序 ……………………………………… 22

　2.1.2 人倫秩序 ……………………………………… 26

　2.1.3 夷夏秩序 ……………………………………… 29

2.2 「夏時冠周月」辨 ……………………………… 34

　2.2.1 「夏時冠周月」本旨 ………………………… 34

　2.2.2 後世的批評與讚譽 …………………………… 36

2.2.3「夏時冠周月」的缺失與價值 ………… 40

2.3 胡安國《春秋傳》與元、明科舉 …………… 44

  2.3.1 朝臣的支持與程朱理學譜系中的
《胡傳》 ………………………………… 45

  2.3.2「尊王」之義因應元朝的「大一統」觀‥ 49

  2.3.3 張洽《春秋集注》的添設與廢止 ……… 53

  2.3.4 汪克寬與胡安國《春秋傳》 ………… 57

第3章　清初士人對胡安國《春秋傳》的去取 ‥‥ 63

3.1 王夫之對胡安國的繼承與推進 ……………… 63

  3.1.1 以天理觀解釋《春秋》 ……………… 64

  3.1.2「攘夷」高於「尊王」 ………………… 67

  3.1.3 對胡安國夷夏之防的推進：從禮義、
種族到自然環境 ………………………… 70

3.2 顧炎武對胡安國的改進 ……………………… 74

  3.2.1 夷夏之防高於君臣之分 ……………… 75

  3.2.2 顧炎武的反抗 ………………………… 81

3.3 毛奇齡對《胡傳》的批評 …………………… 85

  3.3.1 視《春秋》為史，批評胡氏義例 …… 85

  3.3.3 批評夷夏大防 ………………………… 94

第4章　清初官方對胡安國《春秋傳》的繼承與
摒棄 ……………………………………… 99

4.1 清初官方的《春秋》學主旨 ………………… 100

  4.1.1 朱子影響下的清初官方《春秋》學解釋
路向 ……………………………………… 100

  4.1.2 清初官方《春秋》學的主題：尊王與
忠君 ……………………………………… 108

  4.1.3《日講春秋解義》《欽定春秋傳說彙纂》
對《胡傳》的態度之轉變 ……………… 117

4.2《日講春秋解義》《欽定春秋傳說彙纂》對
《胡傳》繼承 ………………………………… 122

  4.2.1 對「尊王」「君臣之倫」之義的繼承 ‥‥ 122

  4.2.2 對天理觀的繼承 ……………………… 125

  4.2.3 對「攘夷」之義的細緻處理 ………… 128

第5章　乾隆時期「大一統」敘事與胡安國
　　　　《春秋傳》‥‥‥‥‥‥‥‥‥‥‥‥‥‥ 135
　5.1 清帝的「大一統」敘事的強化與胡安國
　　　　《春秋傳》‥‥‥‥‥‥‥‥‥‥‥‥‥‥ 135
　　　5.1.1 乾隆帝「大一統」敘事方式‥‥‥‥‥ 136
　　　5.1.2 對胡安國「尊王」之義的刻意拔高‥‥‥ 141
　　　5.1.3 對胡安國「攘夷」之義的徹底捨棄‥‥‥ 148
　　　5.1.4 對胡安國天理觀的摒棄‥‥‥‥‥‥‥ 153
　　　5.1.5 《四庫全書》對《胡傳》的處理‥‥‥‥ 157
　5.2 乾隆時期科舉廢除胡安國《春秋傳》再議‥‥ 161
　　　5.2.1 清前期《胡傳》的獨尊‥‥‥‥‥‥‥ 162
　　　5.2.2 天王一體與以天制王的衝突‥‥‥‥‥ 168
　5.3 公羊學者莊存與、孔廣森對胡安國《春秋傳》
　　　　的承襲與改造‥‥‥‥‥‥‥‥‥‥‥‥‥ 174
　　　5.3.1 以天理統攝君臣之倫‥‥‥‥‥‥‥‥ 174
　　　5.3.2 「尊王」的至高無上性‥‥‥‥‥‥‥ 179
　　　5.3.3 從「攘夷」到進夷‥‥‥‥‥‥‥‥‥ 183
第6章　晚清西學進入與胡安國《春秋傳》‥‥‥ 191
　6.1 康有為對胡安國《春秋傳》的駁斥‥‥‥‥ 191
　　　6.1.1 對胡安國「嚴華夷之限」的檢討‥‥‥ 192
　　　6.1.2 西方進化論視野下的華夷觀‥‥‥‥‥ 195
　　　6.1.3 保皇與改良‥‥‥‥‥‥‥‥‥‥‥‥ 199
　6.2 黃節對胡安國《春秋傳》的新解‥‥‥‥‥ 203
　　　6.2.1 對胡安國華夷之辨論述的推重‥‥‥‥ 203
　　　6.2.2 以西方人種論再造夷夏觀‥‥‥‥‥‥ 208
　　　6.2.3 排滿與反西‥‥‥‥‥‥‥‥‥‥‥‥ 211
結　論‥‥‥‥‥‥‥‥‥‥‥‥‥‥‥‥‥‥‥‥ 217
參考文獻‥‥‥‥‥‥‥‥‥‥‥‥‥‥‥‥‥‥‥ 221
附錄　攻讀學位期間所發表的學術論文目錄‥‥‥ 231
致　謝‥‥‥‥‥‥‥‥‥‥‥‥‥‥‥‥‥‥‥‥ 233

第 1 章　緒　論

　　宋人胡安國的《春秋胡氏傳》〔註1〕自元代延祐二年（1315）立為學官，
成為科考《春秋》的定本，至清初的四百多年皆居宰制之位，產生過重要的
影響。然到乾隆五十八年（1793），《胡傳》卻為清朝官方廢止，科考春秋試
題採用《左傳》，參用《穀梁傳》《公羊傳》。〔註2〕這一條線索在清代經學的
研究領域不曾引起學者重視。事實上，在乾隆五十八年以前（1793），《胡傳》
因科考之故，與《左傳》《公羊傳》《穀梁傳》並稱為《春秋》四傳，人人皆
要熟習，其於士子的影響是十分深遠的，然而前賢對清代《春秋》三傳的研
究皆有專論，〔註3〕獨《胡傳》的研究尚有餘地，未有專門的著作。許多重
要的經學史研究著作，在討論清代經學時皆未有言及《胡傳》，皮錫瑞的《經
學歷史》在討論清代經學時，不曾提及《胡傳》，〔註4〕蒙文通的《經學抉原》
對清代經學時有討論，不曾論及《胡傳》在清代的情形，〔註5〕李源澄的《經
學通論》特出一章討論清代經學，不曾論及《胡傳》，〔註6〕吳雁南的《清代經
學史通論》專門討論清代經學的諸多問題，亦不曾提及《胡傳》。〔註7〕因此，

〔註 1〕後簡稱《胡傳》。
〔註 2〕〔清〕趙爾巽：清史稿，北京：中華書局，1977，10770～10771。
〔註 3〕清代《左傳》研究如羅軍鳳：清代春秋左傳學研究，北京：人民出版社，2010；
　　　　孫錫方：清代《左傳》學研究，北京：中國社會科學出版社，2017；清代《公
　　　　羊傳》研究如陳其泰：清代公羊學，上海：上海人民出版社，2011；清代《穀
　　　　梁傳》研究如文廷海：清代春秋穀梁學研究，成都：巴蜀書社，2006。
〔註 4〕〔清〕皮錫瑞：經學歷史，北京：中華書局，1959，442～444。
〔註 5〕〔民國〕蒙文通：經學抉原，上海：上海人民出版社，2006，268～275。
〔註 6〕〔民國〕李源澄：經學通論，上海：華東師範大學出版社，2010，47～52。
〔註 7〕吳雁南編：清代經學史通論，昆明：雲南大學出版社，2001，36～76。

清代《胡傳》的整體研究尚處於一種空缺的狀態，本文擬就《胡傳》在清代
遭際情況展開探討。

1.1　文獻綜述

　　就目前的研究情況而言，並未有學者對清代《胡傳》作出系統、全面的研
究，有關此議題的研究僅零散地穿插於專書、論文之中，主要集中在這兩個方
面：第一，清代官方對《胡傳》批評、繼承與改動，第二，清代士人、學者對
《胡傳》的批評與繼承。〔註8〕

　　清代官方對《胡傳》的繼承乃大約沿襲《胡傳》的內容，批評乃為《胡
傳》解釋牽強附會，改動乃為《胡傳》的「攘夷」之義的內容，其分別集中
於春秋官學著作《日講春秋解義》《欽定春秋傳說彙纂》《御纂春秋直解》〔註
9〕以及《四庫全書》中所收錄的《胡傳》之中。首先是繼承，主要集中於《日
講》。趙伯雄的《春秋學史》對整個《春秋》學的發展脈絡進行了梳理，並且
分專章對清代的《春秋》學加以撰述，其中第八章的第一節專門討論康、雍、
乾時期的《春秋》官學，他指出，清代《春秋》官學《解義》（即《日講》，
後同）一書以《胡傳》為基礎，「大部分內容與《胡傳》雷同」。〔註10〕羅軍
鳳的《清代春秋左傳學研究》對清代《左傳》學進行了詳細爬梳，其中第一
章的第二節中討論了官方的帝王講義與《胡傳》之間的關係，她指出，「康熙
時期的《春秋》經筵舊稿《解義》，雖宗《胡傳》，但仍刪其『言之過甚者』，
『無傳經文則博採諸儒論注補之』，顯示出了任意刪存的態度，最終這本經筵
舊稿歷雍正朝，在乾隆二年頒布天下，裏面當然沒有『夷夏之防』的違礙字
眼」。〔註11〕辛智慧《論莊存與〈春秋正辭〉與官學的關係問題》主要討論了
莊存與的《春秋正辭》對官學經說的因襲與偏離，皆以維護王道秩序為職志，
其中提及，康熙早年編纂的「《解義》『大約以胡氏為宗而去其論之太甚者』，
尚許《胡傳》大醇小疵，多有認可，序稱『於《春秋》大旨十常得其六七，

〔註8〕本文的官方特指清廷，而士人、學者特指研究者個人。

〔註9〕《日講春秋解義》成書約在康熙二十五年，於乾隆二年刊行，《欽定春秋傳說
　　　彙纂》於康熙三十八年敕撰，康熙六十年刊行，《御纂春秋直解》於乾隆二十
　　　三年敕撰、刊行，後分別省稱《日講》《彙纂》《直解》。具體可參考葉高樹：
　　　清代初期的文化政策，臺北：稻香出版社，2009，195～197。

〔註10〕趙伯雄：春秋學史，濟南：山東教育出版社，2004，441。

〔註11〕羅軍鳳：清代春秋左傳學研究，北京：人民出版社，2010，43。

較之漢唐以後諸家優矣』」。〔註12〕孫錫方的《清代〈左傳〉學研究》總結與概括了《左傳》學在清代發展的背景和取得的成果，分析這一時期《左傳》學研究在整個《左傳》學史上的地位，產生的影響，第二節中討論清代《左傳》學的復興，其中提及，「宋明以來，學術主導地位的《胡傳》才是《解義》的基礎」，「《解義》是對宋明《春秋》經傳研究思想和方法的延續」。〔註13〕何振的《論〈四庫全書〉對綱目體史書的抽改——以〈御批續資治通鑒綱目〉為中心的考察》討論了四庫館臣在編纂《御批續資治通鑒綱目》過程中對其進行抽改的情況，其中提及，「康熙編纂《解義》，亦『大約以胡氏為宗而去其論之太甚者』」。〔註14〕

　　其次是批評與改動，批評主要集中於《彙纂》《直解》，改動則主要集中於《彙纂》《四庫全書》。馬宗霍在《中國經學史》對歷代經學進行了圖景式勾勒，在討論清代經學的部分中提及，《彙纂》於《胡傳》多所駁正、刊除，《直解》則揭明《胡傳》「傅會意斷」。〔註15〕沈玉成、劉寧的《春秋左傳學史稿》對《左傳》學的發展進行了撰述，在第九章第二節中討論清代官方《春秋》學，其中提及，《彙纂》與《解義》揚朱抑胡，「以朱熹平允通達相標榜，鼓吹自己能剔除以胡安國《春秋傳》為代表的宋人穿鑿刻深之見」，將宋人激於時弊而託《春秋》大義，深發的諷時譏世、尊王攘夷之辭一筆勾銷，代之以尊卑、君臣的價值體系。〔註16〕汪嘉玲的碩士論文《胡安國〈春秋傳〉研究》對胡安國的《春秋傳》在歷代的情況進行了討論，在清代的部分指出，《四庫全書》對《胡傳》中有關夷夏之防的內容進行了刪改，並且將刪改的內容進行了逐條的對比、羅列。〔註17〕趙伯雄在《春秋學史》中提及，清代春秋官學《解義》一書以《胡傳》為基礎，「大部分內容與《胡傳》雷同」，「《彙纂》《直解》對《胡傳》則加以駁正與改動，包括對《胡傳》『攘夷』之義的刪削、解釋過於牽強之處的駁正」。〔註18〕梁太濟的《乾隆皇帝與康熙〈御批通鑒綱目續編〉》

〔註12〕辛智慧：論莊存與《春秋正辭》與官學的關係問題——《禁暴辭》《誅亂辭》讀解，清史研究，2016（3），41。

〔註13〕孫錫方：清代《左傳》學研究，北京：中國社會科學出版社，2017，30。

〔註14〕何振：論《四庫全書》對綱目體史書的抽改——以《御批續資治通鑒綱目》為中心的考察，古籍研究，2019，74。

〔註15〕馬宗霍：中國經學史，上海：上海書店出版社，1984，139～140。

〔註16〕沈玉成、劉寧：春秋左傳學史稿，南京：江蘇古籍出版社，1991，260。

〔註17〕汪嘉玲：胡安國《春秋傳》研究附錄，私立東吳大學碩士論文，1998，1～18。

〔註18〕趙伯雄：春秋學史，濟南：山東教育出版社，2004，441～443。

討論了《四庫全書》對康熙的《御批通鑑綱目續編》進行了搜繳、抽改的情況，其中提及，康熙的《彙纂》對「其中有乖經義者，一一駁正，多所刊除」，乾隆的《直解》中御製文序「揭胡安國傳之傅會臆斷，以明誥天下」，「謹華夷之辨」是其關注的重點，稍後《四庫全書》對《胡傳》中集中闡發「謹華夷之辨」的傳文加以刊除、竄改。〔註19〕劉家和的《史學、經學與思想：在世界史背景下對於中國古代歷史文化的思考》中有一章《〈春秋三傳〉與其底本〈欽定春秋傳說彙纂〉》討論《春秋三傳》與《彙纂》的異同，其中提及，「《春秋》一書強調尊王與攘夷兩個特點，《彙纂》的宗旨只許強調尊王與保民、重民，故對《胡傳》中有關華夷之防的內容進行了刪除，對其中穿鑿附會提出了批評，不想讓人們從中萌發民族意識」。〔註20〕童正倫的《四庫全書對春秋類的刪改》討論了《四庫全書》對《春秋》類圖籍的刪改情況，其中提及，《四庫全書》對《春秋》類圖籍中的敏感文字，諸如「夷」「狄」進行了刪改，其中包括《胡傳》。〔註21〕張玉春、史昭素的《從〈四庫全書總目〉看清初的〈左傳〉研究》考察了《總目》收錄清初《左傳》的研究著作狀況以及其學術思想，其中言，《解義》《彙纂》與《直解》「都主張揚朱抑胡，以朱熹的平允通達相標榜，鼓吹自己能剔出以胡《傳》為代表的宋人穿鑿附會之見」，其中《彙纂》「大體參照朱熹之說又結合古代注疏，去掉宋人託諷時事的攘夷之辭而突出尊卑君臣之理，其憑主觀偏好刪改古書的治學方法並不比宋人高明。」〔註22〕劉宗棠的博士論文《清代〈左傳〉文獻研究》大體從經義解釋、校勘、輯佚、史學以及文學角度進行分類研究，概括出各類《左傳》文獻成果和學術價值，其中第一章的第一節、第二節中提及，《彙纂》和《講義》「都有意識的貶低《胡傳》的正統地位，尤其是力圖淡化和清除其激於時勢所闡發的具有民族情緒和意識的『攘夷』與『復仇』等《春秋》大義，力圖重建一套所謂折衷三傳及眾說、公允通達、議論平實的，符合新王朝統治口味和程朱理學思想標準的《春秋》經義體系」，《直解》中「胡安國的名

〔註19〕梁太濟：乾隆皇帝與康熙《御批通鑑綱目續編》，暨南史學，2004（3），349。

〔註20〕劉家和：史學、經學與思想：在世界史背景下對於中國古代歷史文化的思考，北京：北京師範大學出版社，2005，243。

〔註21〕童正倫：《四庫全書》對春秋類的刪改，甘肅圖書館編，四庫全書研究論文：2005 年四庫全書研討會文選，蘭州：敦煌文藝出版社，2006，311～320。

〔註22〕張玉春、史昭素：從《四庫全書總目》看清初的《左傳》研究，古籍整理研究學刊，2007（5），35。

字也難以見到」。〔註23〕蕭敏如《從「滿漢」到「中西」：清代〈春秋〉學華夷觀研究》以清代《春秋》學華夷詮釋為中心，對清代官方與士人華夷觀進行探討，其中第四章第三節中提及，《四庫全書》對《春秋》類圖籍中「夷」「狄」等忌諱文字的大量刪改，清朝統治者刪改原書，意圖在以「正僭竊」「尊王」之論取代宋刊本《胡傳》原文的「攘夷狄」，以「中外」取代「華夷」，以「謹內外之辨」置換「謹華夷之辨」，其中亦包括《胡傳》。〔註24〕羅軍鳳的《清代春秋左傳學研究》指出，「康熙三十八年的《彙纂》，對《胡傳》的附會穿鑿已致不滿，但因《胡傳》流傳過久，所以不得不附於三傳之後，序云：『以四傳為主，其有舛於經者刪之，以集說為輔，其有畔於傳者勿錄』，其標準無疑以帝王的喜好為準，那麼於諸家傳說中別擇去取，儼然是據帝王旨意判定是非，而與經學家《春秋》類著作在討論是非之後別裁經義的做法迥異」，而「乾隆三十二年御製《春秋直解》，對《胡傳》的『傅會臆斷』公開提出批評，以簡為趨，在《彙纂》的諸多傳說的基礎上，擇定一種，不依傳注，直解闡明義理，傳注的違逆更是不予存錄」。〔註25〕侯彤彤的碩士論文《黃節國粹主義思想研究》對晚清嶺南學者黃節的國粹主義思想進行了探討，其中第二章提及，黃節在《春秋攘夷大義發微》中，直斥康熙皇帝敕令編製的《彙纂》，將有關夷狄文字刊落的情況，並將該書於「《春秋》攘夷大義」刊落之處，一一指出，加以指正。〔註26〕戴宏圖的碩士論文《胡安國〈春秋傳〉的天理觀》對胡安國《春秋傳》的學統淵源、天理觀、對《胡傳》義理化的批評進行了討論，其中第四章第四節提及，清代官方的《彙纂》與《直解》對《胡傳》的穿鑿附會之處多有批駁。〔註27〕袁寶君的碩士論文《民國〈春秋〉學研究》系統梳理民國《春秋》學的發展、演變，從文獻學、學術史以及思想文化史諸方面對民國《春秋》學進行宏觀綜合考察，對民國時期重要學人的《春秋》學作具體研究和微觀考量，其中在第一章中清代《春秋》學的部分提及，《解義》《彙纂》《直解》「三部《春秋》官學對元、明時期所宗之《胡傳》有較多的駁正和改動，推崇朱熹，批判胡安國，以其特殊的政治地位影響著清代前期

〔註23〕劉宗棠：清代《左傳》文獻研究，山東大學博士論文，2008，15～24。

〔註24〕蕭敏如：從「滿漢」到「中西」：清代《春秋》學華夷觀研究，新北：花木蘭文化出版社，2009，191～202。

〔註25〕羅軍鳳：清代春秋左傳學研究，北京：人民出版社，2010，43～44。

〔註26〕侯彤彤：黃節國粹主義思想研究，河北師範大學碩士論文，2010，24。

〔註27〕戴宏圖：胡安國《春秋傳》的天理觀，湘潭大學碩士論文，2010，30。

的治學風氣」。〔註28〕康凱淋的《論清初官方對胡安國〈春秋胡氏傳〉的批評》探討清初官方對胡安國《春秋胡氏傳》的批評，從官方的代表著作《解義》《彙纂》《直解》與《四庫全書》等進行論述，說明朝廷詮解《春秋》的基本立場，剖析其對《胡傳》態度的改變歷程，整理官方辨正《胡傳》的共同面向，其中指出，《解義》大體上以《胡傳》為宗，《彙纂》批駁《胡傳》多穿鑿附會，離經義愈遠，《直解》亦批駁《胡傳》傅會臆斷，而《四庫全書》刪削其中許多有忌諱的文字。〔註29〕徐立望的《駁清代今文學復興源於上書房的「講義」說：兼論今文經學在康雍乾三朝的地位》對清代今文經學的復興原因進行了重新的探討，其中提及，「滿清以少數民族入主中原，武力鎮壓漢人的反抗後，開始逐漸轉向思想文化的統一，其中一項很重要的工程就是重新編寫經文釋義，謀取經文解釋的控制力，對於《春秋》闡釋的重新編定，是它的一個重要目標」，「因胡安國的學說影響深遠，康熙早期編定的《解義》仍以胡安國為宗，隨著士大夫對滿清王朝的臣服，康熙後來編定的《彙纂》對胡安國學說的評價由正面轉向負面」，「到乾隆時期，推倒《胡傳》已成為第一要旨」。〔註30〕文廷海的《清代前期〈春秋〉學研究》對清代早期《春秋》學進行了探討，其中提及，《彙纂》中對於明人將《胡傳》與春秋三傳並列，造成「穿鑿附會」「支離之說」的不滿，並對《胡傳》進行了較大改動，《解義》中指《胡傳》「義理穿鑿」，批判胡安國之不足。〔註31〕施婧嫻的博士論文《孔廣森〈春秋〉學研究》從孔廣森的生平、學術淵源、《公羊通義》經學思想以及其對後世的影響等諸多方面進行了探討，其中第三章第二節討論乾隆時期的官方《春秋》學的部分提及，《解義》《彙纂》《直解》「三部著作無一例外地指謫《胡傳》，針其膏盲，傳遞著十分明確的信息，即是《胡傳》已經不能滿足統治的需求，必須打破《胡傳》一統天下的局面」。〔註32〕戴榮冠的《清初胡安國〈春秋傳〉中「華夷之辨」論析》以《四部叢刊》續編影宋本《胡傳》為比較對象，考察《四庫全書薈要》本《胡傳》、文淵閣《四庫全書》本《胡傳》、

〔註28〕袁寶君：民國《春秋》學研究，山東師範大學碩士論文，2010，37。

〔註29〕康凱淋：論清初官方對胡安國《春秋胡氏傳》的批評，漢學研究，2010（1），313～317。

〔註30〕徐立望：駁清代今文學復興源於上書房的「講義」說：兼論今文經學在康雍乾三朝的地位，復旦學報，2010（5），133～134。

〔註31〕文廷海：清代前期《春秋》學研究，北京：中國社會科學出版社，2012，27～38。

〔註32〕施婧嫻：孔廣森《春秋》學研究，復旦大學博士論文，2013，65。

文津閣《四庫全書》本《胡傳》與《四部叢刊》續編影宋本間的差異，探討清代官方改動《胡傳》所呈現之意義，其中提及，「自康熙以來，對於《胡傳》中華夷之辯論述已不甚滿意，在康熙時期刊行的《解義》《彙纂》中，屢見批評、刪改《胡傳》華夷之辨的痕跡，到了乾隆編纂《直解》時，對《胡傳》的批評更是不遺餘力」，文淵閣《四庫》本對《胡傳》的「改動幅度更為劇烈，就改動的面向上看，大體可分為三種更動方式：一，改易夷狄相關詞彙，二，改易經典、聖人之言，三，刪除整段文字」。〔註33〕孔令柱的碩士論文《毛奇齡〈春秋毛氏傳〉研究》以毛奇齡的著作《春秋毛氏傳》為研究對象，從學術、交遊個性以及《春秋》學成書背景、《春秋》大義、解經方法、對後世影響等方面展開討論，其中第二章第二節提及，《日講》《彙纂》《直解》「三部書不約而同地刪除了《春秋》攘夷、大復仇等義，作為官書，三部書給清代《春秋》學定下了基調，不斷衝破《胡傳》的禁錮」。〔註34〕辛智慧的《論莊存與春秋正辭與官學的關係問題》中指出，康熙晚年編纂《彙纂》，稱信朱子據實直書之論，而認為「宗其（胡安國）說者，率多穿鑿附會，去經義愈遠」，等到乾隆的《直解》，則進一步以為胡氏之說「非義理之真而於聖人筆削之旨未能吻合明矣」，最終在科考中將其廢除，「胡安國以『正王』『攘夷』為《春秋》要義，並遵循『以一字為褒貶』『以例解經』解經方式，與清代官方的立場不但相去甚遠，甚至直解對立，這是官方於《胡傳》由尊轉斥的根本原因」。〔註35〕方碧容的碩士論文《夷夏之辨視野下的晚清民族主義》中指出，黃節在《春秋攘夷大義發微》中，直斥清康熙皇帝敕令編製的《彙纂》，「乃取經傳之誅絕夷狄者，概從刊落，至於一文一字之間，猶復竄易不遺」，是「變亂經傳，以傳其奸」。〔註36〕李中然的博士論文《〈四庫全書〉春秋類纂修研究》討論了《四庫全書》對《春秋》類圖籍纂修的情況，其中指出，《四庫全書》對包括《胡傳》在內的《春秋》類圖籍中的有關「夷」「狄」文字進行了刪改。〔註37〕郭鑫鑫的碩士論文《經史互動：顧炎武研究〈春秋〉經的特點》從顧炎武研

〔註33〕戴榮冠：清初胡安國《春秋傳》中「華夷之辨」論析，高應科大人文社會科學學報，2013（1），51～56。
〔註34〕孔令柱：毛奇齡《春秋毛氏傳》研究，山東師範大學碩士論文，2015，8。
〔註35〕辛智慧：論莊存與春秋正辭與官學的關係問題——《禁暴辭》《誅亂辭》讀解，清史研究，2016（3），41。
〔註36〕方碧容：夷夏之辨視野下的晚清民族主義，廈門大學碩士論文，2017，26。
〔註37〕李中然：《四庫全書》春秋類纂修研究，私立淡江大學博士論文，2018，197。

究《春秋》經的歷史文化背景、特點進行討論，其中第一章第二節討論明清之際《春秋》學變化的部分提及，康熙編纂《彙纂》，「對《春秋》之學只重《胡傳》表示不滿，清初官方堅定地站在程朱理學的立場上，雖然不再拘泥於《胡傳》，採擷多家論述，但仍然沒有跳出義理的範疇」。〔註38〕何振的《論〈四庫全書〉對綱目體史書的抽改——以〈御批續資治通鑑綱目〉為中心的考察》指出，康熙編纂《彙纂》時，雖仍參考《胡傳》，但「有舛於經者刪之」，並引用朱子之言表明《春秋》不過「據實書事」，「書名書爵亦無意義」，以辨駁《胡傳》「持論過激」之處，而乾隆編纂《直解》「揭胡安國傳之傅會臆斷，以明詔天下」，引用朱子之言再次強調「聖人作《春秋》，不過直書其事，而善惡自見」。〔註39〕

　　清代士人、學者對《胡傳》繼承則是其「尊王」或是「攘夷」之義的內容，而批評乃與官方頗為一致，亦在《胡傳》解釋的牽強附會。首先乃繼承，有王夫之、錢謙益、朱鶴齡、張爾岐、朱軾、姚培謙、朱奇齡、莊存與、孔廣森、黃節，他們對《胡傳》皆有繼承。蕭敏如的《清初遺民〈春秋〉學中的民族意識：以王夫之、顧炎武為主的考察》以王夫之、顧炎武二人的《春秋》著作為主，探討清初遺民《春秋》學焦點由「尊王」轉向「攘夷」轉化的趨勢，釐清清初遺民的政治認同與夷夏觀，其中提及，王夫之肯定胡安國所提倡的「尊周攘夷」的《春秋》大義，並進一步作了夷夏分判標準，從文化與禮擴展到地域與血緣上。〔註40〕劉宗棠的博士論文《清代〈左傳〉文獻研究》引《四庫全書總目提要》分別指出，張爾岐的《春秋傳義》本旨「折衷三傳，歸於至當，然發明《胡傳》之處居多，猶未敢破除門戶」，朱軾的《春秋鈔》「雖駁《胡傳》，仍在《胡傳》門徑之中」。〔註41〕黃開國的《清代今文經學的興起》指出，莊存與的《春秋正辭》不僅有今文經學的內容，也包含古文經學的內容，「在內容上主要以《公羊傳》為主，兼取《左傳》《穀梁傳》二傳，其中亦引用宋儒二程、胡安國之學」，同時，他亦認為，孔廣森的《春秋公羊傳通義》對清代

〔註38〕郭鑫鑫：經史互動：顧炎武研究《春秋》經的特點，淮北師範大學碩士論文，2018，12。

〔註39〕何振：論《四庫全書》對綱目體史書的抽改——以《御批續資治通鑑綱目》為中心的考察，古籍研究，2019，74。

〔註40〕蕭敏如：清初遺民《春秋》學中的民族意識：以王夫之、顧炎武為主的考察，臺北大學中文學報，2008（5），196～198。

〔註41〕劉宗棠：清代《左傳》文獻研究，山東大學碩士論文，2008，24。

到漢代的論說皆有採獲，如董仲舒、胡毋生、劉向、何休、胡康侯、黃道周、惠士奇、戴震等人，其中即包括胡安國。〔註42〕侯彤彤的碩士論文《黃節國粹主義思想研究》指出，黃節專門作《黃史·列傳》，「多是列宋明遺民，表達濃厚的民族意識，以此影射清朝」，其中即有胡安國，其借《春秋》大義以古諷今，強調「內中國而外四夷」「非我族類，其心必異」「聖人謹華夷之辨，所以明族類，別內外也」。〔註43〕羅軍鳳的《清代春秋左傳學研究》指出，朱鶴齡的《春秋集說》「輯採眾說，《胡傳》因其迂闊、穿鑿只取十之一二」。〔註44〕潘華穎的碩士論文《〈續修四庫全書〉經部〈春秋〉類〈左傳〉之屬提要》主要對《續修四庫全書》中左傳之屬的四十六部著作進行研究，根據編撰條例的要求，每篇提要包括著者生平、內容要旨、學術評價、版本情況四個部分，其中提及，姚培謙的《春秋左傳杜注》「全書於杜氏集解一字不遺，孔疏所以發明杜者，寧詳毋略，其餘諸家之說，自唐宋元明以逮明清朝，罔不採錄」，「說經以程朱之準，公、穀、胡（安國）、張（洽）四傳外，有足相參例，得均載經文之下」。〔註45〕吳海蘭的《錢謙益經學思想的形成與演變探究》探討了錢謙益的經學思想溯源、經學思想發展、經學思想變化，其中指出，錢謙益以《胡傳》「尊周攘夷，發抒華夏之氣」，對於維持世道人心頗有裨益，故對胡安國深為推崇。〔註46〕錢寅的《論莊存與的〈春秋正辭〉與〈春秋胡氏傳〉的關係》討論了莊存與《春秋正辭》與胡安國《春秋傳》的聯繫，並指出，莊存與的《春秋正辭》雖然被人是公羊學的代表著作，但深受胡安國《春秋傳》的影響，首先，「《胡傳》影響了《春秋正辭》對諸家經說的去取」，其次，「《春秋正辭》在諸多地方暗襲《胡傳》的觀點」。〔註47〕曾亦、郭曉東的《春秋公羊學史》對歷代公羊學發展史進行了梳理，其中第十三章第四節中指出，劉逢祿的《春秋公羊何氏解詁箋》「甚至宋災難故一條，並捨三傳而從宋儒劉原父、胡安國之說」，「蓋自原父、安國視之，宋災只是小事，非當務之急，至於蔡世

〔註42〕黃開國：清代今文經學的興起，成都：巴蜀書社，2008，114、170～171。
〔註43〕侯彤彤：黃節國粹主義思想研究，河北師範大學碩士論文，2010，25。
〔註44〕羅軍鳳：清代春秋左傳學研究，北京：人民出版社，2010，53。
〔註45〕潘華穎：《續修四庫全書》經部《春秋》類《左傳》之屬提要，曲阜師範大學碩士論文，2012，11～12。
〔註46〕吳海蘭：錢謙益經學思想的形成與演變探究，鄭州大學學報，2015（4），145。
〔註47〕錢寅：論莊存與的《春秋正辭》與《春秋胡氏傳》的關係，常州大學學報，2015（5），112～114。

子弑君，才是有關天理民彝之大事，《春秋》以誅討亂臣賊子為大義，然諸侯
相會於澶淵，從謀宋災而不恤蔡亂，不智不仁之甚，甚失《春秋》之所務也，
就此而言，原父、安國與逢祿之論，抑或更符合《春秋》之一貫立場」。〔註48〕
方碧容的碩士論文《夷夏之辨視野下的晚清民族主義》指出，黃節作《黃史》，
收集歷代烈士，其中有「借《春秋》之大義以古諷今」「聖人謹華夷之辨，所
以明族類、辨內外也」的胡安國，「以此表明黃節明夷夏之辨，對異族入主中
原的憤懣，喚起人民的反清之心」。〔註49〕馬琳的《海寧朱奇齡先生生平及著
述考》對朱奇齡的生平情況、著述流傳情況進行了全面挖掘和梳理，其中引《四
庫全書總目提要》的觀點指出，朱奇齡的《春秋測微》「多主《胡傳》，而稍糾
其刻酷過當之論」。〔註50〕方紅姣、孫國洋的《論王船山對湖湘學派的思想承
接》探討湖湘學派在人性論、闢佛、理欲觀、知行觀、經世觀方面對王船山思
想的影響，其中提及，「胡安國畢生研治《春秋》，花費三十餘年寫就《春秋
胡氏傳》，闡發春秋的微言大義，借史事品評現實社會，船山繼承這一精神，
善於發現歷史發展的規律和社會中的個體與歷史整體的發展之間的關係等，
充滿辯證的智慧」。〔註51〕

其次是批評，王夫之、毛奇齡、萬斯同、萬斯大、汪紱、何其偉、張自
超、俞汝言、徐庭垣、焦袁熹、朱鶴齡、張尚瑗、姚際恒、顧棟高、方苞諸
人對《胡傳》皆有批評。本田成之的《中國經學史》對經學發展的歷史進行
了梳理，並在討論清代經學的部分中指出，毛奇齡「駁胡安國的《春秋傳》，
破壞宋儒的僻說，實在有功。」〔註52〕沈玉成、劉寧在《春秋左傳學史稿》
中討論清代《左傳》學的部分時指出，何其偉的《春秋胡諍》、張自超的《春
秋宗朱辨義》對《胡傳》大張伐撻。〔註53〕趙伯雄的《春秋學史》討論清代
《春秋》學的部分時指出，萬斯同、毛奇齡對《胡傳》的強烈不滿，萬斯同
在《周正辨》中批評胡安國在內的宋儒「私自自是，違經背傳」，毛奇齡在《春

〔註48〕曾亦、郭曉東：春秋公羊學史，上海：華東師範大學出版社，2017，1000～1004。
〔註49〕方碧容：夷夏之辨視野下的晚清民族主義，廈門大學碩士論文，2017，26。
〔註50〕馬琳：海寧朱奇齡先生生平及著述考，文津學誌，2018，218。
〔註51〕方紅姣、孫國洋：論王船山對湖湘學派的思想承接，船山學刊，2020（3），28。
〔註52〕〔日〕本田成之著、孫俍工譯：中國經學史，上海：中華書局，1935，266。
〔註53〕沈玉成、劉寧：春秋左傳學史稿，南京：江蘇古籍出版社，1991，361。

秋毛氏傳》中批評《胡傳》「武斷試之，拘曲揉直」。〔註54〕張玉春、史昭素的《從〈四庫全書總目〉看清初的〈左傳〉研究》指出，俞汝言的《春秋四傳糾正》「書中摘列《春秋》三傳及《胡傳》之失，隨事辨正，區為六類」，朱鶴齡的《讀左日鈔》、張尚瑗的《三傳折諸》皆對《胡傳》大加伐撻。〔註55〕吳強的碩士論文《胡安國「夏時冠周月」考論》以胡安國的《春秋傳》所提出的孔子以「夏時冠周月」的理論為核心研究對象，其中第六章分別指出，「俞汝言的《春秋四傳糾正》摘列《春秋》三傳以及《胡傳》之失，隨事辨正，區為六類」，毛奇齡的《春秋毛氏傳》一書，以《左傳》為主，間及他家，「而最攻擊者莫若胡安國《傳》」。〔註 56〕周懷文的博士論文《毛奇齡研究》對毛奇齡的家世、生平、交遊、著述、治學方法與作風等進行系統研究，其中第四章第一節指出，毛奇齡的《春秋毛氏傳》「其說以《左傳》為主，間有取於公、穀及漢唐諸家，至於宋元諸經解，亦不加置辯，而最攻擊者莫若胡安國《傳》」。〔註57〕戴宏圖的《胡安國〈春秋傳〉的天理觀》分別指出，「明末至清初學風轉變，學人們正在往拋棄宋學，重拾漢學的路上行進」，「俞汝言的《春秋四傳糾正》摘列《春秋》三傳及《胡傳》之失，隨時辨正，區為六類」，顧棟高的《春秋大事年表》言《胡傳》「多有未合聖心處」「多以復仇立論，是文定之《春秋》，非夫子之《春秋》」，毛奇齡的《春秋傳》舉出《胡傳》中以例不穩或者事理不合的地方，一一批判，言辭激烈，目的在於打擊《胡傳》的威勢，恢復孔子《春秋》的經典地位，姚際恒的《春秋通論》言《胡傳》是承襲孫復、劉敞書中最紕繆者撰述而成，對其相當不屑，王夫之的《春秋家說》、焦袁熹的《春秋闕如編》、徐庭垣《春秋管窺》、朱鶴齡《春秋集說》對《胡傳》皆有批駁。〔註58〕袁寶君的碩士論文《民國〈春秋〉學研究》分別指出，俞汝言、張自超在宋學範圍內對《胡傳》進行反動，提倡程朱學說，用以針砭《胡傳》，朱鶴齡、馬驌、張尚瑗、毛奇齡、姚際恒、焦袁熹利用三傳以及其他專門之學的研究，宣示著對《胡傳》的反動。〔註59〕文廷海的《清代前期〈春秋〉學研究》

〔註54〕趙伯雄：春秋學史，濟南：山東教育出版社，2004，458～467。

〔註55〕張玉春、史昭素：從《四庫全書總目》看清初的《左傳》研究，古籍整理研究學刊，2007（5），35。

〔註56〕吳強：胡安國「夏時冠周月」考論，湘潭大學碩士論文，2008，57～58。

〔註57〕周懷文：毛奇齡研究，山東大學博士論文，2010，128。

〔註58〕戴宏圖：胡安國《春秋傳》的天理觀，湘潭大學碩士論文，2010，30～32。

〔註59〕袁寶君：民國《春秋》學研究，山東師範大學碩士論文，2010，38。

分別指出，徐庭垣的《春秋管窺》、焦袁熹的《春秋闕如編》皆不為《胡傳》所錮，俞汝言的《春秋四傳糾正》指陳《胡傳》之失，並加以辨正，毛奇齡的《春秋毛氏傳》批判《胡傳》「概以武斷，施之拗曲揉直」，萬斯大《學春秋隨筆》、張自超的《春秋宗朱辨義》對《胡傳》皆加以批評。〔註60〕秦強的碩士論文《方苞的〈春秋〉學思想研究》從其生平入手，結合當時的大環境以及學術氛圍等諸多因素的影響來探求方苞學術理路的形成、學術方向的取向，並以其《春秋》學著作作為重點研究來揭示出方苞經世致用思想，其中第三章第一節中引《四庫全書》對方苞《春秋通論》的評價「惟其掃公、穀穿鑿之談，滌孫、胡鍥薄之見，息心靜氣，以經求經」，指出「方苞之書對於清初《春秋》學界於胡安國注的批判與糾正起到了一定的作用」。〔註61〕田豐的博士論文《論方苞經學及其古文創作的關聯》探討方苞的經學及其古文創作的關聯，其中第四章的第二節中指出，「方苞遵循程、朱《春秋》學的軌轍，明確採取離傳返經的學術路徑」，他的《春秋直解》對《胡傳》時有批駁。〔註62〕孔令柱的碩士論文《毛奇齡〈春秋毛氏傳〉研究》指出，毛奇齡的「《春秋毛氏傳》中存在著明顯的『尊漢抑宋』思想，毛奇齡反對宋明理學逞意說經、空談心性的治經風氣和方法，他主張治經務必言必有據，崇尚考證。基於此，毛奇齡對胡安國牽強附會作傳的方法展開了最為激烈的抨擊和最為徹底的否定」。〔註63〕孫錫方的《清代〈左傳〉學研究》分別指出，俞汝言的《春秋四傳糾正》「書中摘列《春秋》」三傳及《胡傳》之失，隨事辨正，區為六類」，毛奇齡的《春秋傳》推崇《左傳》而對《胡傳》在考證基礎上進行批判。〔註64〕許蘇民的《論王夫之對宋朝士大夫政治文化的批判：以〈春秋家說〉〈讀通鑒論〉〈宋論〉為中心的考察》依據《船山全書》中的《春秋家說》《讀通鑒論》《宋論》等文獻，探討王夫之如何批判胡安國的《春秋》經學，如何廓清道學家對宋史的扭曲，如何批判宋代士大夫政治文化，如何突破傳統儒家思想侷限而作出別開生面的理論創造，其中指出，「王夫之對《春秋胡氏傳》的批評，揭示了宋朝士大

〔註60〕 文廷海：清代前期《春秋》學研究，北京：中國社會科學出版社，2012，46、81、111、183～195。

〔註61〕 秦強：方苞的《春秋》學思想研究，江西師範大學碩士論文，2013，35。

〔註62〕 田豐：論方苞經學及其與古文創作的關聯，南京大學博士論文，2014，162～166。

〔註63〕 孔令柱：毛奇齡《春秋毛氏傳》研究，山東師範大學碩士論文，2015，15。

〔註64〕 孫錫芳：清代《左傳》學研究，北京：中國社會科學出版社，2017，31～45。

夫政治文化從『妾婦之道』向『僕婦之道』的轉變，不僅在事實層面有助於重新認識被道學歪曲了的宋代歷史、據實恢復宋史的本來面目，而且在價值觀層面突破了宋儒以尊王壓倒攘夷、以文治排斥富強、以君臣之義抑制民族大義的傳統觀念，確立了攘夷、富強、民族大義至上等適應近代民族國家興起之歷史潮流的新觀念，因而具有重要的啟蒙意義」。〔註65〕宋惠如的《〈四庫全書薈要總目提要〉與〈四庫全書總目提要〉中之〈春秋〉治學觀》就《四庫全書薈要總目提要》與《四庫全書總目提要》《春秋》類典籍之選書與評述，表明其去取標準、《春秋》學之治學主張及其影響，其中引用《四庫全書總目提要》分別指出，俞汝言的《春秋四傳糾正》「摘列《春秋》三傳及胡安國《傳》之失」，方苞的《春秋通論》「惟其掃《公》《穀》穿鑿之談，滌孫、胡鍥薄之見，息心靜氣，以經求經，多有協於情理之平，則實非俗儒所可及」。〔註66〕閻雲的《〈春秋〉「第四傳」何以形成：從道統論看〈春秋胡氏傳〉的經典化》以《春秋》學為例，考察程朱道統的建構與胡安國《春秋傳》地位形成的關係，其中指出，俞汝言以朱子《春秋》學為《春秋》一經的正傳，批評「胡氏以名稱襃貶言《春秋》，而《六經》有名家法家矣」。〔註67〕

綜上所述，目前對胡安國《春秋傳》在清代這一部分的研究尚處於一種零碎的狀態，不夠系統、深入，缺乏融通的線索與主題。以往之研究集中於清代官方、學者對《胡傳》的繼承與檢討這兩個方面，並進行了十分具體的探討，但缺乏整體地勾稽，並沒有將其與《胡傳》中「尊王」與「攘夷」觀相關聯起來，其次《胡傳》曾長期作為科舉中《春秋》科考的經目，現有之研究沒有將之從經學發展的過程中加以重視與考量，最後，清代諸多學者對《胡傳》進行過討論，現有之研究並沒有完全關注到，故存有缺漏。因此，清代的胡安國《春秋傳》是一個尚待更加深入、細膩研究的問題。欲弄清楚這一問題，尚需要對胡安國《春秋傳》中蘊藏的思想、科舉地位的形成、清代時期對其關鍵性問題的討論進行爬梳、抽繹，放在清代這個特殊的歷史脈絡中去考察，才能更好地理解胡安國的《春秋傳》。

〔註65〕許蘇民：論王夫之對宋朝士大夫政治文化的批判：以《春秋家說》《讀通鑒論》《宋論》為中心的考察，天津社會科學，2017（5），142。
〔註66〕宋惠如：《四庫全書薈要總目提要》與《四庫全書總目提要》中之《春秋》治學觀，圖書館研究，2019（6），116。
〔註67〕閻云：《春秋》「第四傳」何以形成：從道統論看《春秋胡氏傳》的經典化，船山學刊，2020（2），109。

1.2 選題的背景與意義

1.2.1 選題背景

本書的選題主要有兩大背景。第一，胡安國《春秋傳》在清代的研究目前存在不足。胡安國《春秋傳》作為南宋《春秋》學的名作，一度成為《春秋》四傳之一，有關於其內容本身的研究已經多之不可勝數，而在清代這一部分的研究尚屬零星。有關此議題的研究，僅零散地穿插於專書、論文之中，主要集中在這兩個方面：一是清代官方對《胡傳》批評、繼承與改動，二是清代學者對《胡傳》的批評與繼承。此對胡安國《春秋傳》的研究頗有意義，在有些方面亦有開啟之功，但存在著一些不足：其一，研究視野有待進一步擴大，現有之研究對胡安國的探討大多屬於《春秋》學內在知識層面探討，而未能將其與時政情勢相結合，譬如清初王夫之、顧炎武截取《胡傳》的「攘夷」之說，實際與其反清的政治情勢相關，而到了毛奇齡則全面批判《胡傳》，實際與其轉向對清廷的認同相關；其二，研究內容有待進一步拓展，現有之研究尤其注重清代官方、清初學者對《胡傳》的探討，譬如毛奇齡、萬斯同等，而對清中期、晚清學者對《胡傳》的探討有所忽視，譬如莊存與、孔廣森、康有為、黃節。第二，胡安國《春秋傳》一度被納入到科舉程序之中，直到乾隆時期遭到罷黜，以往之研究對此一問題的分析存在不足。現有之研究只是從純粹漢、宋之爭的角度來理解此一問題，將之僅僅看成一個學術問題，實際上，胡安國《春秋傳》宣揚以天制王、夷夏大防的觀念嚴重衝擊到清帝的「大一統」主流話語，影響到清帝的政治權威，因此，需從政治層面來看胡安國《春秋傳》在科舉中被廢除的問題。

1.2.2 選題意義

關於選題，大致上有三個方面的意義，現加以簡單說明：

第一，以清代的胡安國《春秋傳》遭際為研究視角，彌補目前學界胡安國《春秋傳》研究之不足。胡安國《春秋傳》在清初、清中期、晚清時期，皆被清廷或學者所注意，清初的王夫之、顧炎武推崇其中「攘夷」的內容，意在反滿與抗清，而到了毛奇齡卻對胡安國的夷夏大防的論述進行全面撻伐，已向清廷靠攏。清初官方只選擇胡安國《春秋傳》中「尊王」的內容，對「攘夷」進行迴避與刪節。等到乾隆時期，清代官方宣揚「大一統」理念，在倡導胡安國

「尊王」之義的同時，對其「攘夷」之義的內容進行徹底刪改，乃至在科舉中將《胡傳》廢除，這一期的學者莊存與、孔廣森皆加以因應，對胡安國的理解亦朝「大一統」看齊。到了晚清，改良派康有為與革命派的黃節又重新理解胡安國的夷夏問題。通過清初、清中期、晚清不同時期，清廷與士人、學者對《胡傳》的不同理解進行分析，並結合當時的時政背景，為清代胡安國遭際的研究做一個補充。

　　第二，全面梳理胡安國《春秋傳》在元、明、清時期科舉中的情況，對學界研究胡安國在科舉上的意義提供借鑒。胡安國《春秋傳》在元朝被立為《春秋》科舉，等到明初又加入了宋人張洽的《春秋集注》，到明成祖時期廢除了張洽的《春秋集注》，採用元人汪克寬的《春秋胡氏傳附錄纂疏》，直至乾隆時期廢除《胡傳》。本文對《胡傳》在科舉中設立，張洽的《春秋集注》的添設與廢止，汪克寬的《春秋胡氏傳附錄纂疏》與《胡傳》的關係，以及最後遭到廢除等諸多方面的經過、原因皆進行了探討，為《胡傳》科舉研究提供一個有益借鑒。

　　第三，對胡安國《春秋傳》各類版本文獻與相關的科舉文獻進行比較、解讀，為學界研究胡安國提供新史料。本文為了研究《胡傳》「攘夷」內容遭清廷刪改情況，對文淵閣《四庫全書》、《四庫全書薈要》以及《四部叢刊》中所收錄之《胡傳》皆進行了版本對讀、分析。另外，為了研究《胡傳》在科舉中的詳情，特查閱元朝、清朝時期科舉鄉試錄、會試錄，瞭解士子有關《春秋》的答題情況，以及考官評閱情況。通過此項工作，不僅為胡安國研究發掘了許多新史料，而且可以看出政治、制度對學術、士人的廣泛影響。

1.3　研究思路與方法

1.3.1　研究思路

　　首先，對胡安國《春秋傳》本身的內容進行細緻理解，對其提出的「天理」「尊王攘夷」「夏時冠周月」等問題進行重新梳理。對元、明時期的《胡傳》的科舉情況加以追溯，《胡傳》是在元初立為科舉的，對立為科舉的背景、原因進行分析。在明初，《胡傳》與張洽的《春秋集注》並行，後於明成祖時期，張洽的《春秋集注》遭到罷黜，而起用汪克寬的《春秋胡傳附錄纂疏》，對這一變化的原因進行討論。

其次，對胡安國《春秋傳》在清初的情況進行探討。清初的王夫之、顧炎武等人對胡安國皆頗為推崇，他們卻對胡安國的「尊王攘夷」之義進行了改進與調整，在二人看來「攘夷」是要高於「尊王」的，夷夏之防高於君臣之倫，這與其反清的行止是關聯在一起的，然而到了毛奇齡、萬斯大，卻對胡安國進行激烈抨擊，全方位駁斥《胡傳》的看法，其政治認同已經逐漸轉向了清廷，從王夫之、顧炎武到毛奇齡，通過其對胡安國態度的轉變，可以窺測出清初學者對清廷認同的轉變。而清初官方的對《胡傳》的態度亦有一個細微的變化過程，康熙初期對《胡傳》是頗為推崇的，到了後來有所冷淡，康熙帝的《日講》《彙纂》大體上繼承《胡傳》，對其「尊王」「天理」觀念充分認可。

再次，對胡安國《春秋傳》在乾隆時期的情況進行探討。乾隆時期是清廷「大一統」敘事深入強化的階段，乾隆帝對《胡傳》的處理亦完全按照「大一統」的要求與標準進行。與康熙帝不同，乾隆帝的《直解》則完全棄置《胡傳》的說法，在御批中對胡安國的「攘夷」論述深為不滿，纂修《四庫全書》時，《胡傳》的「攘夷」論述的內容皆遭到了全面的剷除、刪改，直至乾隆後期，下詔將《胡傳》於科考中廢除。這一時期，莊存與、孔廣森對胡安國的「天理」觀亦有所繼承，然其對《胡傳》的提法進行了進一步的改進，莊存與在提倡「夷夏大防」的同時，亦提倡「夷夏互進」，孔廣森則從「制王」轉向「尊王」，「攘夷」轉向進夷，二人的看法亦完全因應了乾隆時期清帝的「大一統」敘事。

最後，《胡傳》在晚清呈現出新的情形，康有為、黃節繼續討論胡安國的「夷夏」論述。康有為借用西方的進化論重新理解夷夏觀念，為以夷進夏提供支撐，檢討胡安國所堅持的夷夏之防的論述，進而為其立憲、保皇的政治主張立論。黃節則借用西方的人種論理解夷夏觀念，他堅持胡安國所提倡的夷夏大防之論，進而為排滿革命進行申辯。

1.3.2 研究方法

1. 史料收集法

以史料、史實為支撐，利用紙質檔案、電子檔案收集有關胡安國宋、元、明、清時期的各類史料，包括胡安國《春秋傳》的原始文獻，清代《四庫全書》中所收錄之有關清代官方的各類欽定圖籍、奏摺、御批，與《胡傳》相關的學者著作、科舉檔案，現有研究成果的收集、整理，圍繞論題「動手動腳找東西」，盡可能全面地掌握材料。

2. 比較研究法

第一是縱向比較，注意比較《胡傳》在清代官方與學者之間的關聯性比較，學者與官方之間對《胡傳》的吸納與接受有著不一樣的情況，王夫之、顧炎武偏向於「攘夷」之論，此與康熙帝提倡的「尊王」存在偏差，而毛奇齡、萬斯大卻趨向於「尊王」，對胡安國多有駁斥，到了乾隆時期，乾隆帝對胡安國進行了嚴厲地處理，只彰顯「尊王」，徹底拋棄「攘夷」，此時的莊存與、孔廣森則加以因應，與清帝保持一致。第二橫向比較，首先，《胡傳》科舉地位的確立與罷黜，從元到清這一長時間的歷史脈絡來比較，其與政治、時局密不可分，同樣宣揚「大一統」，清朝與元朝的對《胡傳》的態度卻決然迴異，一立一廢，可見當政者對這一問題的各有不同拿捏；其次，《胡傳》所提倡「尊王攘夷」之義，在清代這個脈絡中，呈現出不同的聲調，清廷一致側重其「尊王」一面，而試圖拿掉「攘夷」，而學者這裡，從清初的王夫之等人倡導「攘夷」轉向了莊存與等人倡導「尊王」，這一逐漸變化的過程。

3. 跨學科方法

《胡傳》除了從元到清這一歷史脈絡的史實性考察，還亦涉及到對其思想內核進行深入理解，如天理觀、夷夏觀，其中涉及到歷史學、哲學、文學等方面的理解，對本論題的研究，亦要充分利用歷史學、哲學、文學、政治學等多學科思維的理解方法。

1.4 研究的重點難點與創新

1.4.1 重點

本文有四個研究重點，其一是胡安國的《春秋傳》在元朝被確立為科考經目，以及清朝被廢除，需要找出其中的複雜的內在原因；其二是胡安國《春秋傳》中「尊王攘夷」思想在清代官方、學者之間呈現出的具體情形，尚需逐一甄別、清理；其三是胡安國《春秋傳》中的夷夏論述在晚清遇到西學介入，當時學者如何引用西學加以理解；其四，《胡傳》升沉與元、明、清不同歷史階段的學術思想、時局政治有著緊密的聯繫，尚需分別加以廓清。

1.4.2 難點

研究難點主要有：

1. 材料繁多，收集難度大

　　《胡傳》文獻雖然易得到，然與《胡傳》相關的材料涉及到學者著作文集、科舉檔案、奏議、御批、御製文集等諸多方面，除了查詢《四庫全書》《續修四庫全書》等大部頭圖籍，還要到圖書館、檔案館查詢與《胡傳》相關的科舉材料，加以影印、謄抄，需要大量的時間、精力。

2. 涉及線索眾多，不易梳理

　　《胡傳》中提出了許多問題線索，然清代官方、學者在關注哪些問題，如何將這些問題串成一個整體，相當不易梳理，這亦牽涉到清代學術史、政治史、民族史的諸多層面。《胡傳》的「尊王攘夷」論述是建立在其天理觀的基礎之上的，清代官方、學者對這一問題的選擇各不相同，要釐清其背後的政治、思想邏輯，實屬不易。

1.4.3 創新之處

1. 選題角度

　　清代《春秋》三傳的研究成果非常之多，而被視為《春秋》第四傳的《胡傳》的研究卻顯得十分冷清，目前尚無研究專著。已有的若干零碎研究論文，缺乏整個清代的貫通視角，主要集中在「尊王」或「攘夷」上的某一方面的探討，而沒有將兩者較好結合起來，置之於整個清代的脈絡中看「尊王攘夷」的問題。加之，受到乾嘉漢學的影響，我們習慣於以漢、宋之爭來看清代學術，而實際上從《胡傳》在清代的科舉中的升沉，官方與學者對其內容的去取，可知政治、制度對學術、思想的巨大影響，故而看清代學術，除了從純粹學理上的爭執視角，也不應忽視政治史、制度史的視角。

2. 史料運用

　　已有之研究多以胡安國《春秋傳》為基本史料展開，本文以此為基礎，還對清代有關《胡傳》的新史料進行了運用。其一，對《胡傳》不同的版本之史料進行比對，如文淵閣《四庫全書》、《四庫全書薈要》以及《四部叢刊》所錄之《胡傳》，發現、分析其中的差異。其二，對清代學者王夫之的《春秋家說》《讀通鑑論》，顧炎武的《日知錄》，毛奇齡的《春秋毛氏傳》，莊存與的《春秋正辭》，孔廣森的《春秋公羊經傳通義》、康有為的《春秋筆削大義微言考》《春秋董氏學》以及黃節的《春秋攘夷大義發微》，清代官方的《日講春秋解

義》《欽定春秋傳說彙纂》《御纂春秋直解》，有關涉及《胡傳》的史料進行了統一整理、歸納。其三，對與《胡傳》相關的科舉史料，如會試錄、鄉試錄中考官出題、士子答題的材料皆加以運用。以上有關《胡傳》的史料皆是以往研究不曾注意或從未涉及的。

3. 學術觀點

其一，《胡傳》在元代被立為科考經目，乃得益於程朱理學在朝廷的尊崇，爾後明代一直延續，直至乾隆後期被罷黜。《胡傳》的被廢，不能簡單地歸因於漢、宋之爭，而應該注意到乾隆時期的 「大一統」政治形勢，《胡傳》宣揚夷夏大防與以天制王思想，完全觸碰到了清帝的政治忌諱，違背了皇權意志。其二，《胡傳》中的「尊王攘夷」之論分別被清代官方、學者各自截取，清代官方只是倡導其「尊王」的一面，而貶斥「攘夷」的一面，而學者中也呈現出不同的面目，清初王夫之、顧炎武堅持「攘夷」之論，堅持抗清、反滿，而到了毛奇齡卻堅持「尊王」之義，開始向清廷靠攏，到了乾隆時期，莊存與、孔廣森則倡導「尊王」與進夷，完全因應「大一統」形勢，可見學者從最初的反抗走向了認同，直至完全認同。其三，《胡傳》的天理觀為清初的康熙帝所接受，而到了乾隆帝時期，則完全加以摒棄，然此一時期的莊存與、孔廣森卻猶對天理觀加以繼承，可見理學的影響一直悄然存在，清代的漢學與宋學並不完全是非此即彼的關係。最後，《胡傳》在晚清遭遇了西學進入這一新情況，康有為、黃節重新討論胡安國的夷夏觀，康有為以西方進化論看夷夏問題，意在以夷進夏，以此宣揚保皇、立憲主張，而黃節則以西方人種論看夷夏問題，從人種上堅持夷夏之別，以此宣揚排滿、革命。康有為、黃節皆對《胡傳》的夷夏論述有了新的推進，此亦反映出晚清政治形勢之下，保皇與革命的雙重政治傾向。

第 2 章　胡安國《春秋傳》的主要內容與元、明《春秋》科舉

　　人的思想與時代有著密不可分的關聯，對於能夠在歷史長河中聲聞久遠、閃爍光芒的思想家而言，他們的著作一定是關切時代的，宋儒胡安國即是這樣一位思想家。他面臨南宋偏安一隅的形勢而深感憂慮，故奮筆疾書，最終寫成了《春秋傳》，與《左傳》《公羊傳》《穀梁傳》一道被後世並稱為《春秋》四傳。胡安國託《春秋》寄寓了許多情感、主張，堂廡特大，故有關胡安國《春秋傳》的研究、探討非常雜蕪、繁多，呈現出欣欣向榮的景致。本章對胡安國《春秋傳》中的基本內容以及在元、明兩朝科舉中被定為一尊的情況加以回溯，胡安國在其《春秋傳》中對天人關係、君臣關係、夷夏關係都有深入思考，這既可以視為歷史哲學式的思考，也可以視為政治哲學式的思考。此外，他還首倡「夏時冠周月」一說，引發了後世學者的紛紛議論，在元朝定鼎中原以後，胡安國《春秋傳》「一躍而上」，躋身廟堂，成為科舉《春秋》經目的定本，明朝繼續沿用。故而，本章對《胡傳》中的天人關係、君臣關係、夷夏關係以及「夏時冠周月」說幾個基本的問題進行分梳、辨析，然後對元、明兩朝被定為科舉的情形進行考察。必須指出的是，《胡傳》在元初被定為科舉是一件非常要緊之事，使得胡安國的諸多思想有了制度支撐，其影響力與日俱增，一直到清代亦是如此。

2.1　胡安國《春秋傳》中的三大秩序

　　胡安國（1074～1138）字康侯，福建崇安（今福建武夷山市）人，乃湖湘

學派的開創性人物，亦是宋代春秋學的代表性人物。胡氏終其一生，皆在研治《春秋》，後成書《春秋胡氏傳》自成一家，流傳至今。胡安國受宋高宗之詔，纂修《春秋傳》，在《春秋傳》中極力提倡「尊王攘夷」，並糅合了宋代的理學風格，將宋儒時常言及的「天理」與「人慾」融入到《春秋》的解釋系統之中。〔註1〕他在《春秋胡氏傳‧序》中即說：

> 古者列國各有史官，掌記時事。《春秋》，魯史爾，仲尼就加筆削，乃史外傳心之要典也。而孟氏發明宗旨，目為天子之事者。周道衰微，乾綱解紐，亂臣賊子接跡當世，人慾肆而天理滅矣。仲尼，天理之所在，不以為己任而誰可？五典弗惇，己所當敘，五禮弗庸，己所當秩，五服弗章，己所當命，五刑弗用，己所當討。故曰，文王既沒，文不在茲乎？天之將喪斯文也，後死者不得與於斯文也。天之未喪斯文也，匡人其如予何？聖人以天自處，斯文之興喪在己，而由人乎哉……故曰，知我者，其惟春秋乎，罪我者，其惟春秋乎。知孔子者，謂此書遏人慾於橫流，存天理於既滅，為後世慮至深遠也，罪孔子者謂無其位而託二百四十二年南面之權，使亂臣賊子禁其欲而不敢肆，則戚矣。是故《春秋》見諸行事，非空言比也。〔註2〕

胡安國指周道衰微之勢，乃「人慾肆而天理滅」，而孔子卻是「天理之所在」，「聖人以天自處」，筆削《春秋》，將《春秋》視為「遏人慾於橫流，存天理於既滅」之書。胡氏將孔子神聖化，目之為天理的代表，並且以天理、人慾二元矛盾對舉，對《春秋》的性質加以重新塑造，這可以說是一個新穎的見解。胡氏將天理與人慾這種矛盾式的哲學話語，作為一種標準，來衡量自然世界與人倫世界，在胡氏這裡，天理實際上成為了最高規範與準則的象徵，來統攝自然與人倫，統攝傳統《春秋》中的「尊王攘夷」，質言之，天理統攝自然秩序（畏天與敬天）、人倫秩序（尊王與尊君）與夷夏秩序（攘夷與變夷）。

2.1.1 天人秩序

胡安國的《春秋傳》以天理為基礎，在自然秩序上強調天是最高的主宰，人當畏天。胡安國在《進表》中說：

〔註1〕參見趙伯雄：春秋學史，濟南：山東教育出版社，2004，375。
〔註2〕〔宋〕胡安國著、錢偉強點校：春秋傳序，春秋胡氏傳，杭州：浙江古籍出版社，2010，1～2。

> 至《春秋》則凡慶瑞之符、禮文常事，皆削而不書，而災異之
> 變、政事闕失，則悉書之，以示後世，使鑒觀天人之理，有恐懼祇
> 肅之意。〔註3〕

胡氏以為，《春秋》將自然的災異之變皆書之，乃昭示天人之理，使人保持一
種敬畏的意識。《春秋》中記載有大量的災異情形，胡安國做了如此歸納，分
別是日食三十六，星孛三，星隕、隕石各二，不雨七，無冰三，大雨、震電一，
雨雪三，大雨雹三，地震五，山崩二，大水九，有年，大旱二，饑三，無麥苗
一，大無麥苗一，隕霜不殺草、李梅實，隕霜殺菽，雨木冰一，六鶂退飛一，
有蜮、有蜚、有蜚蜮生各一，螟三，螽十，牛傷四，牛死二，宮室災六，震廟
一，屋壞二，齊大災一，宋、衛、陳、鄭災一，宋、陳災各一，計一百二十二
例，〔註4〕實際上，《春秋》經書宮室災五次，屋壞一次。胡安國對災異有著明
確地定義，對於災，《春秋》「（莊公十一年）秋，宋大水」，胡安國說「所謂災
者，害及民物，如水火、兵戎之寇是也」，「凡志災，見《春秋》有謹天戒、恤
民隱之心，王者之事也」，〔註5〕對於異，「（僖公十四年）沙鹿崩」，胡安國說
「此《春秋》畏物之反常為異，使人恐懼修省之意也，其垂戒明矣」，〔註6〕可
知，災在於成害，而異在於反常，對二者發生，人皆要抱持敬畏、戒懼之心。
胡安國並不是簡單地理解這些災異現象，其賦予了災異以特殊的意義，皆將之
納入天理的視野之中去理解。在討論災時，「（桓公三年）有年」，胡安國云：

> 舊史災異與慶祥並記，故有年，大有年得見於經，若舊史不記，
> 聖人亦不能附益之也……然則天道僭乎？桓、宣享國十有八年，獨
> 此二年書有年，他年之歉可知也。而天理不差，信矣，此一事也。
> 在不修《春秋》則為慶祥，君子修之則為之變異，是聖人因魯史舊
> 文，能力興王之新法也，故史文之舊畫筆，經文如化工。〔註7〕

〔註3〕〔宋〕胡安國著、錢偉強點校：進表，春秋胡氏傳，杭州：浙江古籍出版社，
　　　2010，6。

〔註4〕參見王佩瓊：胡安國《春秋傳》對「災異」思想的詮釋，湘潭大學碩士論文，
　　　2020，11。

〔註5〕〔宋〕胡安國著、錢偉強點校：春秋胡氏傳，杭州：浙江古籍出版社，2010，
　　　104。

〔註6〕〔宋〕胡安國著、錢偉強點校：春秋胡氏傳，杭州：浙江古籍出版社，2010，
　　　170。

〔註7〕〔宋〕胡安國著、錢偉強點校：春秋胡氏傳，杭州：浙江古籍出版社，2010，
　　　51。

胡安國指出，此書有年，乃是聖人因舊史之文，桓公、宣公之世，只有兩年書有年，可知他年歉收，此乃「天理不差，信矣」。在討論異時，「（隱公九年）三月癸酉，大雨，震電，庚辰，大雨雪」，胡安國云：

> 《春秋》災異必書，雖不言其事應而事應具存，惟明於天人相感之際，響應之理，則見聖人所書之意矣。〔註8〕

胡安國對大雨、雷電、大雨雪的解釋是「明於天人相感之際，響應之理」，以天理來看這一自然之異象。又如「（成公元年）無冰」，胡安國云：

> 古者日在北陸而藏冰，獻羔而啟，朝之祿位，賓食喪祭，冰皆與焉，此亦燮調愆伏之一事。今既寒而燠，遂廢凌人之職。然策書所載，皆經邦大訓，人有微而不登其姓名，事有小而不記其本末，雨雹冰雪何以悉書？天人一理也，萬物一氣也，觀於陰陽寒暑之變，以察其消息盈虛，此制治於未亂，慎於微之意也。每慎於微，然後王事備矣。〔註9〕

胡氏分析《春秋》中的雨雹冰雪皆書的原因，乃「天人一理也，萬物一氣」，「觀於陰陽寒暑之變，以察其消息盈虛」，以此來警惕人。

胡安國對天是持何種態度呢？他在討論「（隱公）三年春，王二月己巳，日有食之」時云：

> 日者眾陽之宗，人君之表，而有食之，災咎象也。克謹天戒，則雖有其象而無其應，弗克畏天，災咎之來必矣。〔註10〕

胡氏將日食與人事相關聯起來理解，若出現如食，則是災咎之象，是故人當「克謹天戒」，若不畏天，則災咎必來。又如「（僖公三十三年）隕霜不殺草，李梅實」，胡安國云：

> 是故以天道言，四時失其序，則其施必悖，無以統萬象矣，以君道言，五刑失其用，則其權必喪，無以服萬民矣。哀公欲去三桓張公室，問社於宰我，宰我對以「使民戰慄」，蓋勸之斷也。仲尼則曰，成事不說，既往不咎。其自與哀公言，乃以為可殺，何也？在聖人則能處變而不失其常，在賢者必有小貞吉、大貞凶之戒矣。其

〔註8〕〔宋〕胡安國著、錢偉強點校：春秋胡氏傳，杭州：浙江古籍出版社，2010，32。

〔註9〕〔宋〕胡安國著、錢偉強點校：春秋胡氏傳，杭州：浙江古籍出版社，2010，297。

〔註10〕〔宋〕胡安國著、錢偉強點校：春秋胡氏傳，杭州：浙江古籍出版社，2010，9。

論隕霜不殺草,則李梅冬實,蓋除惡於微,慮患於早之意也。〔註11〕

胡安國以隕霜不殺草這一自然之象,指出天道統萬象,君道服萬民,並引魯哀公與宰我、孔子之言,警惕人除惡於微,慮患於早。因此,在胡安國看來,自然之事,本是天理,而人要對此抱有戒備、敬畏之心,人要畏天、敬天。

既然天是無法超越的,是不是意味著災異完全無法克服,人對此無能為力呢?胡安國並不完全躲藏在「畏天」的大幕之下,他亦提出「人以勝天」,通過自省、修德來抵禦、消弭災異,這是宋代內省式儒學的一個重要展現。如「(昭公二十五年)秋七月上辛,大雩,季辛,又雩」,胡安國云:

> 左氏以再雩為旱甚。聖人書此者,以志禦災之非道,而區區於禱祠之末也。昭公之時,雨雹、地震四見於經,旱乾為虐,相繼而起。有鸜鵒來巢。異之甚也。季辛又雩,災之甚也。考諸列位,則國有人焉,觀諸天時,則猶有眷顧之心,未終棄也。若反身修德,信用忠賢,災異之來必可禦矣。昔高宗肜日,雉升鼎耳,異亦甚矣,聽於祖己,克己厥事,故能嘉靖殷邦,享國長久。宣王之時,旱魃蘊隆,災亦甚矣,側身修行,遇災而懼,故能興衰撥亂,王化復行。此皆以人勝天,以德消變之驗也。昭公至是猶不知畏,罔克自省,而求於禱祠之末,將能勝乎?故特書此以為後世鑒。〔註12〕

胡安國借用聖人之口,貶斥昭公之雩祭非禦災之道,接著指出,昭公之時,雨雹、地震、乾旱等災害頻發,應該「反身修德,信用忠賢,災異之來必可禦矣」,他還舉出史實,高宗肜、周宣王之時,災異橫行,人君克己修行,最終度過難關,意在表達「此皆以人勝天,以德消變之驗」。又如「(成公五年)梁山崩」,胡安國云:

> 書而不繫國者,為天下記異,是以不言晉也。左氏載絳人之語,於禮文備矣,而未記其實也。夫降服、乘縵、徹樂、出次、祝幣、史詞六者,禮之文也。古之遭災變異而外為此文者,必有恐懼、修省之心主於內,若成湯以六事檢身,高宗克正厥事,宣王側身修行,欲銷去之是也。徒舉其文而無實以先之,何足以彌災變乎?夫國主山川,至於崩竭,當時諸侯,未聞有戒心而修德也,故自是而後,

---

〔註11〕〔宋〕胡安國著、錢偉強點校:春秋胡氏傳,杭州:浙江古籍出版社,2010,207。

〔註12〕〔宋〕胡安國著、錢偉強點校:春秋胡氏傳,杭州:浙江古籍出版社,2010,440。

六十年間，弒君十有四，亡國三十二，其應亦憯矣。〔註13〕

胡安國引左氏之文認為，遭受災異之事，人君外當遵照禮文，內當有恐懼、修省之心，並且再次列舉了成湯、高宗、周宣王正身修行以消除災異的例子，指責當時之諸侯，發生山川崩竭之事，「未聞有戒心而修德」，故造成了弒君、亡國的慘痛之事。

2.1.2 人倫秩序

在人倫秩序上，胡安國彰顯尊王、尊君之義，亦以天理加以理解。《春秋》「（成公十三年）三月，公如京師。夏五月，公自京師，遂會晉侯、齊侯、宋公、衛侯、鄭伯、曹伯、邾人、滕人伐秦」，胡安國云：

> 諸侯每歲侵伐四出，未有能修朝覲之禮者。今公欲會伐秦，道自王都，不可越天子而往也，故皆朝王而不能成朝禮。書曰，如京師，見諸侯之慢也，因會伐而行矣。又書，公自京師，以伐秦為遂事者，此仲尼親筆，明朝王為重，存人臣之禮。古者諸侯即位，服喪畢則朝，小聘大聘終則朝，巡狩於方岳則朝。觀《春秋》所載，天王遣使者屢矣，十二公之述職，蓋闕如也。獨此年書「公如京師」，又不能成朝禮，不敬莫大焉。君臣人道大倫，而至於此極，故仲尼嘗喟然歎曰，夷狄之有君，不如諸夏之亡也。為此懼，作《春秋》，或抑或縱，或與或奪，所以明君臣之義者至矣。其義得行，則臣必敬於君，子必敬於父，天理必存，人慾必消，大倫必正，豈曰小補之哉？此以伐秦為遂事之意也。〔註14〕

胡安國指出，經書「公如京師」，以顯示諸侯之怠慢，只是因會伐而如此，又書「公自京師」，乃孔子親筆，表明「朝王為重，存人臣之禮」，意在尊周天子也。胡氏進一步批評諸侯，儘管書「公如京師」，卻未能行朝禮，《春秋》乃加以褒貶、裁斷，以示君臣之義，如此則君臣、父子之倫乃正，「天理必存，人慾必消」。胡安國以尊王、尊天子為上，欲樹立君臣、父子大倫，此乃天理之所在也。胡氏對弒君、篡逆之舉批評得頗為嚴厲，「（隱公四年）宋公、陳侯蔡人、衛人伐鄭」，胡安國云：

〔註13〕〔宋〕胡安國著、錢偉強點校：春秋胡氏傳，杭州：浙江古籍出版社，2010，307～308。

〔註14〕〔宋〕胡安國著、錢偉強點校：春秋胡氏傳，杭州：浙江古籍出版社，2010，324～325。

　　　　《春秋》之法，誅首惡。興是役者，首謀在衛，而以宋主兵，
　　　何也？前書州吁弒君，其罪已極，至是阻兵修怨，勿論可也。而鄰
　　　境諸侯聞衛之有大變，可但已乎……然則鄰有弒逆，聲罪赴討，雖
　　　先發而後聞可矣。宋殤不恤衛有弒君之難，欲定州吁而從其邪說，
　　　是肆人慾、滅天理，非人之所為也。故以宋公為首，諸國為從，示
　　　誅亂臣、討賊子必先治其黨與之法。〔註15〕

胡氏猛烈批評宋主兵伐鄭，指責宋殤公不恤衛國的弒君之難，卻反而支持弒君
之賊州吁，乃是「肆人慾、滅天理」，意在誅殺亂臣、討賊子。又如「（桓公六
年）蔡人殺陳佗」，胡安國云：

　　　　佗殺太子而代其位，至是逾年，不成之為君者，以討賊也。書
　　　蔡人以善蔡，書陳佗以善陳。善蔡者，以蔡人知佗之為賊，善陳者，
　　　以陳國不以佗為君。知其為賊，故稱人，討賊之詞也，不以為君，
　　　故稱名，稱名，當討之賊也。魯桓弒君而鄭伯與之盟，宋督弒君而
　　　四國納其賂，則不知其為賊矣。齊商人弒君者，及其見殺則稱位，
　　　蔡般弒父者，及其見殺則稱爵，是齊、蔡人皆以為君矣。聖人於此，
　　　抑揚與奪，遏人慾於橫流，存天理於既滅，見諸行事，可謂深切著
　　　明矣。〔註16〕

胡安國批評陳佗殺太子之舉，而褒贊蔡人殺陳佗乃為討賊，列舉魯桓公、宋
督、齊商人、蔡般弒君惡行，揭示孔子的褒貶之法，意在「遏人慾於橫流，存
天理於既滅」。胡安國對殺君弒父之行，完全站在批評者的立場，加以貶絕，
反過來，尊君、尊父亦是天理。

　　尊王與尊君並不是絕對的，一成不變的，胡安國實際在這一基礎之上，制
定了另外一套制約系統，以天制王，以天制諸侯。胡安國認可天是天子權威的
最高依據，以天為王者庇護的永恆性，然亦是其監督者與批判者，〔註17〕制約
著周天子之行事。胡安國言「《春秋》以天自處，創制立名，繫王於天，為萬
世法，其義備矣」，〔註18〕乃是天高於王，是故，對於王悖天之行，自然當要

〔註15〕〔宋〕胡安國著、錢偉強點校：春秋胡氏傳，杭州：浙江古籍出版社，2010，
　　　　18。
〔註16〕〔宋〕胡安國著、錢偉強點校：春秋胡氏傳，杭州：浙江古籍出版社，2010，
　　　　59。
〔註17〕參見戴金波：胡安國《春秋傳》的王道思想，湖南大學博士論文，2010，126。
〔註18〕〔宋〕胡安國著、錢偉強點校：春秋胡氏傳，杭州：浙江古籍出版社，2010，4。

皆加以譏貶。如「（桓公五年）秋，蔡人、衛人、陳人從王伐鄭」，胡安國云：

> 按左氏，王奪鄭伯政，鄭伯不朝，王以諸侯伐鄭，鄭伯御之，戰於繻葛，王卒大敗。《春秋》書王必稱天者，所章則天命也，所用則天討也。王奪鄭政而怒其不朝，以諸侯伐焉，非天討也，故不稱天。或曰，鄭伯不朝，惡得為無罪？曰，桓公弒君而自立，宋督弒君而得政，天下大惡，人理所不容，則遣使來聘而莫之討。鄭伯不朝，貶其爵可也，何為憤怒自將以攻之也？移此師以加宋、魯，誰曰天討乎？《春秋》天子之事，述天理而時措之，既譏天王以端本矣。〔註19〕

胡氏指出，「《春秋》書王必稱天者，所章則天命也，所用則天討也」，以示天子權威的至高無上性是來自於天，他以為，周天王奪鄭伯之政而怒其不朝，以諸侯伐鄭，鄭雖有不朝之罪，不至於討，貶其爵即可，遂不書天，在譏貶周天王，以天理正之。又如「（莊公元年）王使榮叔來錫桓公命」，胡安國云：

> 啖助曰，不稱天王，寵篡弒以瀆三綱也。《春秋》書王必稱天，所履者天位也，所行者天道也，所上賞者天命也，所刑者天討也。今桓公弒君篡國，而王不能誅殺，反追命之，無天甚矣。桓無王，王無天，其失非小惡也，舉葬成風引為夫人，使妾並嫡無以異，故其文一施之。〔註20〕

胡氏引啖助之說，責周天王寵篡弒之罪，再次表示「《春秋》書王必稱天，所履者天位也，所行者天道也，所上賞者天命也，所刑者天討」，桓公弒君篡國，周天王不能將之誅殺，反倒錫命，是無天也，故不稱天，乃斥責天王。至於諸侯，亦應受天之制約，對諸侯之失，胡安國時常搬出天理、王法，加以評騭、臧否。如「（隱公三年）八月庚辰，宋公和卒」，胡安國云：

> 卒而或名或不名者何？會盟則名於載書，聘問則名於簡牘，未嘗會盟聘問而無所證者，雖使至告喪，其名亦不可得而知矣。凡此類因舊史而不革者也。諸侯曰薨，大夫曰卒，五等邦君何以書卒？夫子作《春秋》，則有革而不因者，周室東遷，諸侯放恣，專享其國，而上下請命，聖人奉天討以正王法，則有貶黜之刑矣。因其告喪，

〔註19〕〔宋〕胡安國著、錢偉強點校：春秋胡氏傳，杭州：浙江古籍出版社，2010，57。

〔註20〕〔宋〕胡安國著、錢偉強點校：春秋胡氏傳，杭州：浙江古籍出版社，2010，85。

> 特書曰卒，不與其為諸侯也。故曰，知我者其惟《春秋》，罪我者其
> 惟《春秋》乎！〔註21〕

胡安國對卒書名與不書名的情況進行了說明，然宋公作為邦君書卒，胡氏以
為，周室衰微，諸侯放恣，「聖人奉天討以正王法」，對之加以貶黜，故特書
卒，不與宋為諸侯。「（桓公）二年春，王正月戊申，宋督弒其君與夷」，胡安
國云：

> 桓無王而元年書「春王正月」，以天道、王法正桓公之罪也，桓
> 無王而二年書「春王正月」，以天道、王法正督之罪也。程氏曰，弒
> 逆者，不以王法正之，天理滅矣，督雖無王，而天理未嘗亡也。其
> 說是矣。穀梁子以二年書王，正與夷之卒，其義一爾。以為諸侯之
> 卒，天子所隱痛，故書王以正之，誤矣。〔註22〕

隱公被弒，桓公坐視不理，故胡氏以為，桓公無王而其元年書「春王正月」，
乃是「以天道、王法正桓公之罪」，而此年亦書「春王正月」，也是「以天道、
王法正督之罪」，進一步援引程頤之說為證，批評穀梁子正與夷之卒的說法。
胡氏繼續強調這一點，說「夫奉天討、舉王法以黜諸侯之滅天理、廢人倫者，
此名實所由定也」。〔註23〕胡安國以《春秋》為天，為最高之主宰，通過聖人
之筆獲得褒貶的合法性，若諸侯失道、有罪，則以天道、王法正之。

2.1.3 夷夏秩序

在夷夏秩序上，「攘夷」也是天理之所在，天理之所歸。胡安國有著十分
深刻的攘夷情結，堅持夷夏大防，如「（隱公二年）秋八月庚辰，公及戎盟於
唐」，胡安國云：

> 按《費誓》稱淮夷、徐戎，此蓋徐州之戎，久居中國，在魯之
> 東郊者也。韓愈氏言，《春秋》謹嚴，君子以為深得其旨。所謂謹嚴
> 者何謹乎？莫謹於華夷之辨矣。中國而夷狄則狄之，夷狄滑夏則膺
> 之，此《春秋》之旨也。而與戎歃血以約盟，非義矣。是故成於日

〔註21〕〔宋〕胡安國著、錢偉強點校：春秋胡氏傳，杭州：浙江古籍出版社，2010，
　　　　11～12。
〔註22〕〔宋〕胡安國著、錢偉強點校：春秋胡氏傳，杭州：浙江古籍出版社，2010，
　　　　45。
〔註23〕〔宋〕胡安國著、錢偉強點校：春秋胡氏傳，杭州：浙江古籍出版社，2010，
　　　　46。

者必以事繫日，而前此盟於蔑則不日，盟於宿則不日，後此盟於密
則不日，盟於石門則不日，獨此盟於唐書日者，謹之也。〔註24〕

胡氏對韓愈之說加以引申，指出《春秋》謹華夷之辨，「中國而夷狄則狄之，
夷狄滑夏則膺之」，指責隱公與戎相盟，故經書日。「（僖公三十二年）夏四月
辛巳，晉人及姜戎敗秦於殽」，胡安國云：

> 晉襄親將，紲不稱君者，俯逼葬期，忘親背惠，墨衰絰而即戎，
> 其惡甚矣。視秦猶狄，其罪云何？客人之館而謀其主，因人之信而逞
> 其詐，利人之危而襲其國，越人之境而不哀其喪，叛盟失信，以貪民
> 而棄其師，狄道也。夫杞子、先軫之謀，偷見一時之利，僥倖其成，
> 自以為功者也。二君皆過德而貪其利，是使為人臣者懷利以事其君，
> 為人子者懷利以事其父。君臣父子去仁義，懷利以相與，利之所在，
> 則從之矣，何有於君父？故一失則為夷狄，再失則為禽獸，而大倫滅
> 矣。《春秋》人晉子而狄秦，所以立人道、存天理也。〔註25〕

胡安國列出晉、秦二國之君的種種失德的罪惡，嚴厲斥責其「為人臣者懷利
以事其君，為人子者懷利以事其父」，無視君臣父子之倫，已然淪為了夷狄、
禽獸，是故「《春秋》人晉子而狄秦，所以立人道、存天理」。「（宣公十八年）
甲戌，楚子旅卒」，胡安國云：

> 楚僭稱王，降而稱子者，是仲尼筆之也。其不書葬者，恐民之
> 惑而避其號，是仲尼削之也。若楚若吳若徐，皆自王降而稱子，若
> 滕自侯降而稱子，若杞自伯降而稱子。四夷雖大皆曰子，其降而稱
> 子者，狄之也。或謂「《春秋》不擅進退諸侯，亂名實」，則非矣。
> 述天理、正人倫，此名實所由定也，奚名為亂哉？〔註26〕

胡氏指出，楚僭稱王，故降而稱子，「四夷雖大，皆曰子，其降而稱子者，狄之
也」，此乃謹夷夏之防也，彰顯攘夷之義，「述天理、正人倫，此名實所由定也」。
胡安國嚴守夷夏之防，對攘夷之義再三致意，這實際與其面臨的時政有關聯，
胡安國生活在兩宋之交，親眼目睹了北方國土的淪喪，也參與了南宋給偏安政

〔註24〕〔宋〕胡安國著、錢偉強點校：春秋胡氏傳，杭州：浙江古籍出版社，2010，
　　　　7。
〔註25〕〔宋〕胡安國著、錢偉強點校：春秋胡氏傳，杭州：浙江古籍出版社，2010，
　　　　205～206。
〔註26〕〔宋〕胡安國著、錢偉強點校：春秋胡氏傳，杭州：浙江古籍出版社，2010，
　　　　293。

權的建設，不滿於朝廷向金人奉幣求和，力主收復失地。〔註27〕「攘夷」既然是天理，夷夏大防作為一種根本性的政治，除此之外還要「用夏變夷」。胡安國云「雖微辭奧義，或未貫通，然尊君父、討亂賊、辟邪說、正人心，用夏變夷，大法略具」，〔註28〕旨在變夷。如「（莊公二十三年）荊人來聘」，胡安國云：

> 荊自莊公十年始見於經，十四年入蔡，十六年伐鄭，皆以州舉者，惡其猾夏不恭，故狄之也。至是來聘，遂稱人者，嘉其慕義自通，故進之也。朝聘者，中國諸侯之事，雖蠻夷而能修中國諸侯之事，則不念其猾夏，不恭而遂進焉，見聖人之心樂與人為善矣。後世之君能以聖人之為心，則天地相似。凡變於夷者，叛則懲其不恪，而威之以刑，來則嘉其慕義，而接之以禮。邇人安，遠人服。〔註29〕

胡安國並不是將夷狄完全加以排斥在中國之外的，荊因其猾夏不恭，故淪為夷狄，然此次來聘，經稱人，胡氏以為「嘉其慕義自通，故進之也」，即便是夷狄，能修中國諸侯之事，則亦給予褒獎，而那些變為夷狄的諸侯，即便有罪過，亦「來則嘉其慕義，而接之以禮」。胡安國以中國諸侯為中心，試圖影響夷狄向化，進而以禮待之，安定遠人。「（僖公十八年）邢人、狄人伐衛」，胡安國云：

> 狄稱人，進之也。慕義而來，進之可也。以夷狄伐衛而進之，可乎？伐衛而救齊也……桓公攘夷狄，安中國，免民於左衽，諸侯不念其賜，而於衛為尤。先書狄救齊，以著中國諸侯之無罪，再書狄人伐衛，所以見救齊之善，功近而德遠矣。〔註30〕

胡安國指出，此處狄稱人，乃是進之之意，「慕義而來，進之可也」，因其參與伐衛救齊，故而對其加以褒贊。儘管狄人在中國之外，能參與中國之事，嚮慕中國，《春秋》亦加以贊許，胡安國以中夏為準則，試圖變夷、進夷。

那麼，胡安國是如何判定夷夏之間的分際的呢？他是從地理、種族、禮義的角度判劃夷夏的，使得夷夏之間形成了一道天然的屏障而無法逾越。「（隱公二年）公會戎於潛」，胡安國云：

〔註27〕參見趙伯雄：春秋學史，濟南：山東教育出版社，2004，377。

〔註28〕〔宋〕胡安國著、錢偉強點校：春秋傳序，春秋胡氏傳，杭州：浙江古籍出版社，2010，2。

〔註29〕〔宋〕胡安國著、錢偉強點校：春秋胡氏傳，杭州：浙江古籍出版社，2010，120。

〔註30〕〔宋〕胡安國著、錢偉強點校：春秋胡氏傳，杭州：浙江古籍出版社，2010，175。

　　　　夷狄舉號，外之也。天無所不覆。地無所不載，天子與天地，
　　叁者也。《春秋》天子之事，何獨外戎狄乎？曰，中國之有戎狄，猶
　　君子之有小人，內君子外小人為泰，內小人外君子為否。《春秋》聖
　　人傾否之書，內中國而外四夷，使之各安其所。無不覆載者，王德
　　之體，內中國而外四夷者，王道之用也。是故以諸夏而親戎狄，致
　　金繒之奉，首顧居下，其策不可施也，以戎狄而朝諸夏，位侯王之
　　上，亂常失序，其禮不可行也。以羌胡居塞外，無出入之防，非我
　　族類，其心必異，萌猾夏之階，其禍不可長也。為此說者，其知內
　　外之旨而明於馭戎之道。〔註31〕

胡氏指出，天地本是無所不覆載的，然中國與夷狄卻有著內外之別，夷夏之間
當是「內中國而外四夷，使之各安其所」，諸夏更不能屈尊於戎狄，這是從地
理空間上將夷狄、諸夏進行絕然兩分，不僅如此，胡安國還套用《春秋》「非
我族類，其心必異」的傳統觀念，從種族上，將夷狄、諸夏加以一刀切割。地
理空間與種族上的差異，使得夷夏之間根本不能同日而語。又如「（文公八年）
冬十月壬午，公子遂會晉趙盾盟於衡雍。己酉，公子遂會雒戎盟於暴」，胡安
國云：

　　　　《春秋》記約而志詳，其書「公子遂盟趙盾」及「雒戎」，何詞
　　之贅乎？曰，聖人謹華夷之辨，所以明族類、別內外也。雒邑，天
　　地之中，而戎醜居之，亂華甚矣。再稱「公子」，各日其會，正其名
　　與地以深別之者，示中國、夷狄終不可雜也。自東漢已來，乃與戎
　　狄雜處而不辨，晉至於神州陸沉，唐亦世有戎狄之亂。〔註32〕

胡氏指出，「聖人謹華夷之辨，所以明族類、別內外也」，雒邑乃天地之中，而
夷狄居之，是嚴重亂華，而對於經文中兩次稱公子，並書各自會盟的時間，胡
安國亦稱「示中國、夷狄終不可雜也」，援引東漢、晉唐之史實，警惕夷狄亂
華之禍。胡氏繼續從地理、種族上，將夷夏之間的分野進行了嚴格的限定與劃
分。胡安國還以禮義為標準來看夷夏之間的區別，「（僖公二十三年）冬十有
一月，杞子卒」，他說：

　　　　或曰，信斯言，是《春秋》黜陟諸侯爵次以見褒貶，不亂名實

〔註31〕〔宋〕胡安國著、錢偉強點校：春秋胡氏傳，杭州：浙江古籍出版社，2010，
　　　　6。
〔註32〕〔宋〕胡安國著、錢偉強點校：春秋胡氏傳，杭州：浙江古籍出版社，2010，
　　　　224。

> 乎？曰，《春秋》固天子之事也，而尤謹於華夷之辨。中國之所以為
> 中國，以禮義也，一失則為夷狄，再失則為禽獸，人類滅矣。魯桓
> 篡弒，滕首朝之，貶而稱子，治其黨也，夷不亂華，成公變之，貶
> 而稱子，存諸夏也。〔註33〕

胡氏再次強調夷夏之防，指出「中國之所以為中國，以禮義也，一失則為夷狄，再失則為禽獸，人類滅矣」，中國與夷狄之根本區別在於禮義，無此則是夷狄、禽獸。又如「（昭公十二年）晉伐鮮虞」，胡安國以狄視晉，原因在於，楚奉孫吳討陳，進而滅陳，誘蔡般殺之，進而滅蔡，晉人皆坐視不理，轉而伐人之國，「中國居而夷狄行也」，指出「人之所以為人，中國之所以為中國，信義而已矣」，「一失則為夷狄，再失則為禽獸」，〔註34〕猶以信義為準來看夷狄、中國之別。「（襄公三十年）冬十月，葬蔡景公。晉人、齊人、宋人、衛人、鄭人、曹人、莒人、邾人、滕人、薛人、杞人、小邾人會於澶淵，宋災故」，胡安國云：

> 今蔡世子般弒其君，藏在諸侯之策，而往會其葬，是恩義情禮
> 世子般，不以為賊而討也。人之所以異於禽獸，中國之所以貴於夷
> 狄，以其有父子之親、君臣之義爾。世子弒君，是夷狄、禽獸之不
> 若也，而不知討，豈不廢人倫、滅天理乎？〔註35〕

胡安國貶斥蔡世之般弒君之行與諸侯之不討賊，指出人禽之別，中國貴於夷狄，乃是「以其有父子之親、君臣之義」，蔡世子般弒君是夷狄、禽獸不如。胡氏於此以父子、君臣之倫的人倫標準來看中國、夷狄的差異的，亦是從禮義的角度來看此一問題。

　　胡安國以天理為最高準則與象徵，塑造了以畏天、敬天為基礎的自然秩序，以尊王、尊君為基礎的人倫秩序，以攘夷與變夷為基礎的夷夏秩序。在自然秩序和人倫秩序上，胡安國從理學家的立場出發，強調人君當以天克己，以己制臣，在夷夏秩序上，以攘夷與變夷並舉，實則折射出君臣二人對北方金人戰與和的兩重性政治策略。因此，胡安國《春秋傳》可以說完全是為應對當時的政治形勢需要而作，具有極強的經世色彩。

〔註33〕〔宋〕胡安國著、錢偉強點校：春秋胡氏傳，杭州：浙江古籍出版社，2010，182。

〔註34〕〔宋〕胡安國著、錢偉強點校：春秋胡氏傳，杭州：浙江古籍出版社，2010，480。

〔註35〕〔宋〕胡安國著、錢偉強點校：春秋胡氏傳，杭州：浙江古籍出版社，2010，384。

2.2「夏時冠周月」辨

胡安國在理解《春秋》中的「春，王正月」時，提出「夏時冠周月」之說，以為以夏曆之春繫於周曆之正月上，乃孔子刻意改之之故，以此來顯示其筆削之義。胡安國「夏時冠周月」之說遭到了朱熹、陸粲、毛奇齡、萬斯同、皮錫瑞等後世學者的批評，同時，也受到高閌、吳澄、王元傑等人的推許。胡安國此論與《春秋》所記的若干史實不符，存有明顯的缺失，然若從精神價值的角度來看，則具有重要的意義。

2.2.1「夏時冠周月」本旨

「夏時冠周月」是胡安國在其《春秋傳》中提出的一個重要問題，引發了後來學者的諸多討論。胡安國提出的「夏時冠周月」之論到底是何意？隱公元年「春，王正月」，胡安國指出：

> 按左氏曰「王周正月」，周人以建子為歲首，則冬十有一月是也。前乎周者，以丑為正，其書始即位曰「惟元祀十有二月」，則知月不易也，後乎周者，以亥為正，其書始建國曰「元年冬十月」，則知時不易也。建子非春亦明矣，乃以夏時冠周月，何哉？聖人語顏回以為邦，則曰「行夏之時」，作《春秋》以經世，則曰「春王正月」，此見諸行事之驗也。或曰，非天子不議禮。仲尼有聖德，無其位，而改正朔，可乎？曰，有是言也。不曰「《春秋》，天子之事」乎？以夏時冠周月，垂法後世，用周正紀事，示無其位，不敢自專也，其旨微矣。〔註36〕

夏、商、周三代的曆法各有因革，按照斗柄所指的方向，夏以建寅為歲首，商以建丑為歲首（夏曆的十二月），周以建子為歲首（夏曆的十一月），依次相差一個月，即所謂的「三正」，在周以前，殷商的太甲改元「惟元祀十有二月」，還是按照夏曆，而到了秦，則以建亥（夏曆十月）為歲首，稱為「元年冬十月」，亦延續夏曆。如果按照此種紀錄之法，周人改元當是「元年冬十一月」，然《春秋》卻記成「元年春王正月」，胡安國認為這是聖人筆削，乃「以夏時冠周月」，明行夏之時，孔子雖非天子，然可以改正朔，是故「以夏時冠周月」，以周正紀事，乃「示無其位，不敢自專也」。胡安國所言的「以夏時冠周月」究竟是

〔註36〕〔宋〕胡安國著、錢偉強點校：春秋胡氏傳，杭州：浙江古籍出版社，2010，2。

何意呢？在隱公十一年「冬，十有一月，壬辰，公薨」，胡安國指出：

> 春之為夏正，何也？夫斗指寅，然後謂之春，建巳，然後謂之
> 夏。故《易》曰，兌，正秋也。以兌為正秋，則坎為正冬必矣。今
> 以冬為春，則四時易其位。《春秋》正名之書，豈其若是哉？故程
> 氏謂「周正月，非建春也，假天時以立義耳」。商人以建丑革夏正，
> 而不能行之於周，周人以建子革商正，而不能行之於秦，秦人以建
> 亥為正，固不可行矣。自漢氏改用夏時，經歷千載，以至於今，卒
> 不能易，謂為百王不易之大法，指此一事可知矣，仲尼豈以欺後世
> 哉？〔註37〕

春、夏、秋、冬本依斗柄而定，是四時之序，自然之理，是不會隨月份的變化
而變化，《春秋》以冬為春，四時易位，乃是「假天時以立義」，有其特殊的筆
法。按照周曆，周之正月對應是冬，而不能對應春，而此時卻在「正月」上冠
之以「春」，乃採用夏曆之「正月」所對應之「春」，故曰「以夏時冠周月」。
〔註38〕胡氏指出，商、周、秦之曆法皆不可行，只有自從漢改用夏曆，乃行之
千載，不可改易，成為「百王不易之大法」。曾亦指出：

> 是以孔子作《春秋》，改十一月為正月，又加「春」於其上以繫
> 之，乃「假天時以立義」耳。因此，夏之春，當指周之三、四、五
> 月，今以夏之春加於周之正月，是為「以夏時冠周月」也。〔註39〕

這個解釋與趙伯雄的大體一致。一言以蔽之，胡氏以為周人雖改正朔，然紀事
猶採夏曆，《春秋》卻用周月，乃是聖人筆削也。

　　胡安國「夏時冠周月」之說，此前並無人明確提出，《春秋》三傳中皆堅
持周正，並無孔子改正朔之意。對於「王正月」的理解，《左傳》云「元年，
春，王周正月」，杜預注曰「言周以別夏、殷」，〔註40〕可見乃採周正。《公羊
傳》云「元年者何？君之始年也。春者何？歲之始也，王者孰謂？謂文王也，
曷先言王而後言正月？王正月也」，何休云：

〔註37〕〔宋〕胡安國著、錢偉強點校：春秋胡氏傳，杭州：浙江古籍出版社，2010，38。

〔註38〕參見趙伯雄：春秋學史，濟南：山東教育出版社，2014，382～383。

〔註39〕曾亦：經史之別：程頤與朱熹《春秋》學之歧異，社會科學輯刊，2019（1），131。

〔註40〕〔戰國〕左丘明撰、〔晉〕杜預集解：春秋經傳集解，上海：上海古籍出版社，2015，3。

> 以上繫王於春,知謂文王也,文王,周始受命之王。天之所命,故上繫天端。方陳受命制正月,故假以為王法。不言諡者,法其生而不法其死,與後王共之,人道之始也。〔註41〕

《公羊傳》以文王受命而改正朔,亦是遵守周正。《穀梁傳》中范甯注曰「隱公之始年,周王之正月也」,〔註42〕亦是周正。《三傳》在此處,皆不約而同指出以周為正,亦沒有提及孔子筆削之義,胡安國的「夏時冠周月」之論是一個全新的看法,然胡氏此論並非無源之水、無本之木,他直接受到孔子、程頤的啟發。胡氏嘗云「聖人語顏回以為邦,則曰,行夏之時,作《春秋》以經世,則曰「春王正月」,〔註43〕「行夏之時」原出自《論語》,孔子告知顏回之語,則胡氏遵守夏時的看法逕自孔子,此外,胡安國還繼承的程頤之說,他言「《春秋》正名之書,豈其若是哉?故程氏謂:周正月,非建春也,假天時以立義耳」,〔註44〕即以為建子非春,只不過是聖人以此立義罷了。

2.2.2 後世的批評與讚譽

對於胡安國提出的「夏時冠周月」之論,朱子最先發難,他批評道:

> 某親見文定公家說,文定《春秋》說夫子以夏時冠月,以周正紀事,謂如「公即位」依舊是十一月,只是孔子改正作「春正月」,某便不敢信,恁地時二百四十二年,夫子只證得個「行夏之時」四個字。據今《周禮》,有正月,有正歲,則周實是元改作「春正月」。夫子所謂「行夏之時」,只是為他不順,欲改從建寅。如孟子說「七八月之間旱」,這斷然是五六月,「十一月徒杠成,十二月輿梁成」,這分明是九月、十月。若真是十一月、十二月時,寒自過了,何用更造橋樑?古人只是寒時造橋度人,若暖時又只時教他自從水裏過。〔註45〕

朱子並不相信孔子改「春正月」的說法,他援引《周禮》《孟子》為據,證實「春

〔註41〕〔漢〕何休解詁、〔唐〕徐彥疏:春秋公羊注疏,上海:上海古籍出版社,2013,6～10。

〔註42〕〔晉〕范甯注、〔唐〕楊士勳疏:春秋穀梁傳注疏,李學勤主編,十三經注疏,北京:北京大學出版社,1999,1。

〔註43〕〔宋〕胡安國著、錢偉強點校:春秋胡氏傳,杭州:浙江古籍出版社,2010,2。

〔註44〕〔宋〕胡安國著、錢偉強點校:春秋胡氏傳,杭州:浙江古籍出版社,2010,38。

〔註45〕〔宋〕黎靖德編:朱子語類,北京:中華書局,1986,2159。

正月」完全是當時的通行的記法，與孔子無關，而對於「行夏之時」，朱子也有自己的理解，他認為只是孔子覺得不順，欲改成夏曆而已。明儒陸粲云：

> 陽明王公曰：《春秋》書元年春王正月，仲尼作經始筆也。以予觀之，亦何有於可疑，而世儒紛紛之論，至不可勝舉。嗟夫！聖人亦人耳，豈獨其言之有遠於人情哉？夫子嘗曰，吾從周，又曰非天子不議禮、不制度。生乎今之世，反古之道，災及其身者也。仲尼有聖德無其位，而改正朔，是議禮制度自己出矣，其得為從周乎？聖人一言，世為天下法而身自違之，其何以訓天下？夫子患天下之夷狄橫諸侯，彊不復知有天王也，於是乎作《春秋》以誅僭亂、尊周室而已，乃首改周之正朔，其何以服亂臣賊子之心乎？孟子所謂，《春秋》，天子之事者，謂其時天王之法不行於天下，而夫子作是以明之耳。其賞人之善，罰人之罪誅、人之惡，與人之善，蓋亦據事直書而褒貶自見。若士師之斷獄，辭具而獄成然。夫子猶自嫌於侵史之職，而謂天下後世，且將以是而罪我，況敢取時王之制而更易之乎⋯⋯曰夏時冠周月，此胡文定之論，而程子亦嘗云爾，曾謂程子之賢而不及是哉？曰：程子蓋泥於《論語》行夏之時之言也，夫《論語》者夫子議道之書，而《春秋》者，魯國紀事之史，議道自夫子則不可以不盡，紀事在魯國則不可以不實，且周雖建子而不改時與月，則固夏時矣。而夫子復何以云行夏之時乎？程子之云蓋亦推求聖言之過耳，庸何傷？夫子嘗曰，不以人廢言，使程子而猶在也，其殆不廢予言矣。〔註46〕

陸粲對胡安國的駁斥十分細膩，他援引孔子「吾從周」「非天子不議禮、不制度」之論，對改周正朔之說加以批評，他認為，《春秋》重點在於誅僭亂、尊周室，改正朔不足以服亂臣賊子之心，《春秋》本是天子之事，意在維護天子權威。不僅如此，陸氏還對持「夏時冠周月」之說的胡安國、程頤予以直接的反駁，批評程頤「泥於《論語》行夏之時之言」，指出《論語》之「議道」與《春秋》之「紀事」的不同性質，是故「夏時冠周月」不是能成立的。陸粲試圖以子之矛、攻子之盾，可以說對程頤、胡安國之論批評是頗有力道的。清儒毛奇齡指出：

〔註46〕〔明〕陸粲：春秋胡氏傳辨疑，文淵閣四庫全書（第 167 冊），上海：上海古籍出版社，1987，756～757。

　　孔安國謂改正只殷、周二代，故注《尚書》云，湯承堯舜禪位之後，始革命創制，改正易服，是改正始於商成湯也。有云三代以前皆改正者，三正紀云，正朔三而改此，該庖犧以後，三代以前統言之，故鄭注《尚書》、孔疏《禮記》皆云舜以十一月為正，堯以十二月為正，高辛氏以十三月為正……此三代以前皆改正也，雖諸說不同，而三代改正則無可疑者，且改正必改月，改月必改時，亦無可擬議者。乃胡氏不知何據，逞其武斷，謂「以夏時冠周月」，致有明以來，數百年盡為所惑。〔註47〕

毛氏對三代前後的曆法進行了細緻考證，指出三代前後皆改正，改正必然改月，改月必然改時，批駁胡安國的「夏時冠周月」乃武斷之說。萬斯同亦指責道：

　　宋自慶曆、皇佑以後，真儒繼出，經術大明，後學實賴之。而私智自是、違經背傳者，亦復不少，其於他經皆然，而《春秋》為尤甚。即「春王正月」一語，聖人曰春，而宋人曰非春也，乃冬也。聖人曰正月，而宋人曰非正月也，乃十一月也。不但不信傳，並不信經，此非侮聖人之言乎？而謂漢唐諸儒之解經，有是謬妄乎？此其說總由於程子，而蔡氏復變之，劉絢、胡安國、陳傅良、項安世、魏了翁皆繼程氏而附和者也。葉時、戴溪、陳則通、黃震、家鉉翁、陳深、陽恪、程端學、周洪謨，則繼蔡氏而附和者也。辨雖詳而理不足，吾安敢信之哉！〔註48〕

萬斯同對宋儒程頤、胡安國及其繼承者對「春王正月」一語的理解皆採取貶斥的態度，以之為謬妄。晚清時，皮錫瑞指出：

　　胡安國《春秋傳》始有夏時冠周月之說，云以夏時冠月，垂法後世，以周正紀事，示無其位，不敢自專……錫瑞案，《春秋》本是魯史舊文，魯史奉周王正朔，王正月之為周正，無可疑者。孔子作《春秋》，述時事必不擅改周曆以致事實不明，《春秋》之書無冰皆在春，此周正也，若夏正，則春無冰，何足為異？又書冬十月，隕霜殺菽，此周正也，若夏正，則十月隕霜，何足為異？十月亦未必

<hr>

〔註47〕〔清〕毛奇齡：春秋毛氏傳，文淵閣四庫全書（第176冊），上海：上海古籍出版社，1987，16～17。

〔註48〕〔清〕萬斯同：周正辨二，群書疑辨（卷5），嘉慶二十一年刻本。

有穀。僖公三年，自去冬十月不雨，至春書王正月不雨，夏四月不
雨，至六月雨，若夏正則六月建未之月，歷三時不雨，至六月不得
耕種矣，惟六月為周正建巳之月得雨猶可耕種，故《春秋》是年不
書旱，亦不書饑，傳曰，不為災也，此顯有可據者。乃胡氏諸人好
逞異說，此宋人說經所以多不可從，朱子不以胡傳為然。〔註49〕

皮錫瑞站在《春秋》為史的角度，堅持王正月乃周正，指出孔子不會擅自改動
曆法，列舉出《春秋》中的許多災異史實，駁斥胡安國「夏時冠周月」之論，
他與朱子的看法是頗為一致的。

　　胡安國「夏時冠周月」之說亦擁有許多的擁護者與支持者，宋儒高閌指出：

　　　　《春秋》託文以示義，大要尊周而主魯，尊周者，使天下知有天
王也，主魯者，略諸國而詳魯，以盡作書之體也。文既主魯，故元年春
下書王正月，若周史則不復稱王矣，然以建子為春，正月非春也，聖人
蓋假天時以立義耳，斯可見行夏之時者，萬世不易之法也。〔註50〕

元儒吳澄指出：

　　　　經所書春，蓋斗柄建子，建丑、建寅之月前兩月未是春，惟三
月建寅乃夏時之孟春也。按一歲十二月，天氣雖肇始於子而人事則
肇功於寅，故唐虞夏之敬授人時皆以建寅之月為歲首，商代夏，周
代殷，改正朔以新天下之耳目而一其心，故商之歲首建丑，周之歲
首建子……冬至在周之正月，大寒在二月，驚蟄在三月，周曆改夏
之十二月為正月也，商、周雖改月數，天之四時則不可改。〔註51〕

高閌、吳澄皆以為建子非春，夏時乃以節氣、物候為據，故月數可改，四時卻
無法更改。王元傑指出：

　　　　天以生物為心，於時為春，乾之德也，體乾之仁，尊臨天位，
王之德也。《易》曰，天地之大德曰生，聖人之大寶曰位，周道既衰，
王者有其位而無其德，天人之理泯矣。仲尼雖無其位有天德，便可
語王道。《春秋》行夏之時，加王於正，達天人之理，通古今之義，
示一王之大法也。春，天時也，正者，政也，王者成位乎其中，上

〔註49〕〔清〕皮錫瑞：經學通論，北京：中華書局，1982，87～88。
〔註50〕〔宋〕高閌：春秋集注，文淵閣四庫全書（第151冊），上海：上海古籍出版
　　　　社，1987，256～257。
〔註51〕〔元〕吳澄：春秋纂言，文淵閣四庫全書（第159冊），上海：上海古籍出版
　　　　社，1987，428～429。

奉天時，下行仁政，先正其心，上合天心，天下人心皆歸於正，天
人一理也……百世俟聖人而不惑是也。書王次春者明，王者受命於
天，弗克若天，《春秋》代天以示賞罰。程子所謂，假天時以立義，
是也。書正次於王者，明正者，王之所為也。王政不修，《春秋》筆
削以定其是非，程子所謂假周以正王法是也。吾夫子天理之所在，
其所為者，天也。是以行夏時冠周月，天道也，百王之道也。〔註52〕

王氏的解釋更為圓融、完整，他指出「《春秋》行夏之時，加王於正，達天人之
理」，以天時制王政，聖人「假天時以立義」，孔子乃天理之所在，盛讚「夏時
冠周月」是百王之道。可以說，胡安國所提出的「夏時冠周月」之論是頗有爭
議性的一個話題，後世對其批評與讚譽是並駕齊驅的，各執一詞。總體來說，
後世對胡安國「夏時冠周月」的說法毀譽參半，在入清後，批評之聲變得尤為
激烈，毛奇齡、萬斯同、皮錫瑞等學者前赴後繼，對胡安國進行徹底批判。

2.2.3「夏時冠周月」的缺失與價值

如果從純粹歷史考證的角度來看，胡安國所提出的「夏時冠周月」確實缺
乏依據，《春秋》中記事採用周正，是改時又改月的。〔註53〕如桓公四年「春
正月，公狩於郎」，左傳云「書時，禮也」，杜預的注曰：

冬獵曰狩，得田獵之時，故傳曰，書時，禮也。周之春，夏之
冬也，田狩從夏時，郎非國內之狩地，故書地。〔註54〕

胡安國《春秋傳》云「何以書，譏遠也，戎、祀，國之大事，狩所以講大事
也」，〔註55〕如果按照夏正，不當是狩獵之時，此處實際上是改時改月的。桓
公八年「冬十月雨雪」，杜預注曰「今八月也，書時，失也」，〔註56〕《公羊
傳》曰「何以書，記異也。何異爾？不時也」，何休曰「周之十月，夏之八月，
未當雨雪，此陰氣大盛，兵象也」，〔註57〕若按夏曆，十月雨雪乃屬正常情形，

〔註52〕〔元〕王元傑：春秋讞義，文淵閣四庫全書（第162冊），上海：上海古籍出
版社，1987，7～9。

〔註53〕吳強：胡安國「夏時冠周月」考論，湘潭大學碩士論文，2008，18。

〔註54〕〔戰國〕左丘明撰、〔晉〕杜預集解：春秋經傳集解，上海：上海古籍出版社，
2015，51～52。

〔註55〕〔宋〕胡安國：春秋胡氏傳，杭州：浙江古籍出版社，2010，52。

〔註56〕〔戰國〕左丘明撰、〔晉〕杜預集解：春秋經傳集解，上海：上海古籍出版社，
2015，61～62。

〔註57〕〔漢〕何休解詁、〔唐〕徐彥疏：春秋公羊注疏，上海：上海古籍出版社，2013，
162～163。

自然不屬於異常天氣了，《春秋》自然不必記之了，此記按照周曆，乃是異象，
故當記之。這是從《春秋》經文本身來看的，似乎與胡安國的說法相齟齬了。

　　我們還不能完全以此來判斷胡安國的看法是非與否，必須理解「夏時冠
周月」背後的蘊藏的價值，趙伯雄先生曾指出：

　　　　胡氏這裡所說的「夏時」，已不是單純是指夏曆的春夏秋冬，而
　　　主要是指夏曆裏春夏秋冬四時與月份的對應關係，或者說是夏曆的內
　　　部秩序。只有理解了這一點，才不會認為胡氏之說荒誕無稽……表面
　　　上看，「行夏時」只是一個曆法問題，孔子要推行一種萬世同行的曆
　　　法，但這卻是一個象徵，象徵著《春秋》裏所體現的原則、法度、精
　　　神、價值，一句話，《春秋》的大義是可以傳之萬代而不廢的。〔註58〕

也就說，理解胡安國此論不能僅從歷史層面理解，還有理解其追尋的價值，其
希望通過「夏時」樹立一套百世通行之法，象徵著《春秋》中的精神價值，這
也是彰顯《春秋》作為大經大法，《春秋》作為經的作用。胡安國通過褒貶義
例來解釋《春秋》的，立下諸多條例，如天王例、諸侯即位例、王臣名爵例、
盟會及書人例等，〔註59〕強調《春秋》經的性質。他在《春秋傳序》中云：

　　　　百王之法度，萬世之準繩，皆在此書。夫君子以為，《五經》之
　　　有《春秋》，由法律之有斷例也。學是經者，信窮理之要矣；不學是
　　　經，而處大事、決大疑能不惑者，鮮矣。自先聖門人以文學名科如
　　　游、夏，尚不能贊一辭，蓋立意之精如此。去聖既遠，欲因遺經窺
　　　測聖人之用，豈易能乎？然世有先後，人心之所同然一爾，苟得其
　　　所同然者，雖越宇宙，若見聖人親炙之也，而《春秋》之權度在我
　　　矣。近世推隆王氏新說，按為國是，獨於《春秋》，貢舉不以取士，
　　　庠序不以設官，經筵不以進讀，斷國論者無所折衷，天下不知所適，
　　　人慾日長，天理日消，其效使夷狄亂華，莫之遏也。噫，至此極矣。
　　　仲尼親手筆削，撥亂反正之書，亦可以行矣。天縱聖學，崇信是經，
　　　乃於斯時，奉承詔旨，輒不自揆，謹述所聞為之說以獻。雖微辭奧
　　　義，或未貫通，然尊君父、討亂賊、辟邪說、正人心、用夏夷，大法
　　　略具，庶幾聖王經世之志，小有補云。〔註60〕

〔註58〕趙伯雄：春秋學史，濟南：山東教育出版社，2014，383。
〔註59〕參見宋鼎宗：春秋胡氏學：臺北：萬卷樓圖書公司，2000，65～99。
〔註60〕〔宋〕胡安國：春秋傳序，春秋胡氏傳，杭州：浙江古籍出版社，2010，2。

胡氏認為《春秋》為百王法度，萬世準繩，為撥亂反正之說，強調其作為經的
作用，有「聖王經世之志」，因此胡氏對《春秋》的理解著重於經的層面。

胡安國對「夏時冠周月」這一問題的解讀，實則隱藏著政治價值，一是宣
揚孔子「行夏之時」的主張，另一方面，又堅持以周正紀事，強調周王朝的正
統，胡氏欲以此來尊孔、尊王並舉，也就說尊孔、尊王是完全可以並存的。在
《春秋傳》中，胡安國一直拔高孔子的地位，同時亦重視天子權威的維護。胡
安國在《春秋序》中云：

> 《春秋》魯史爾，仲尼就加筆削，乃史外傳心之要典也。而孟氏
> 發明宗旨，目為天子之事者，周道衰微，王綱解紐，亂臣賊子接跡，
> 當世人慾肆而天理滅矣。仲尼，天理之所在，不以為己任而誰可？五
> 典弗惇，己所當敘；五禮弗庸，己所當秩，五服弗章，己所當命，五
> 刑弗用，己所當討。故曰文王既沒，文不在茲乎？天之將喪斯文也，
> 後死者不得與於斯文也，天之未喪斯文也，匡人其如予何？聖人以天
> 自處，斯文之興喪在己，而由人乎哉？故曰：我欲載之空言，不如見
> 諸行事之深切著明也。空言獨能載其理，行事然後見其用，是故假魯
> 史以寓王法，撥亂世反之正，敘先後之倫，而典自此可惇，秩上下之
> 分，而禮自此可庸，有德者必襃，而善自此可勸，有罪者必貶，而惡
> 自此可懲。其志存乎經世，其功配於抑洪水、膺戎狄、放龍蛇、驅虎
> 豹，其大要則皆天子之事也。故曰知我者其惟《春秋》乎？罪我者其
> 惟《春秋》乎？知孔子者，謂此書之作遏人慾於橫流，存天理於既
> 滅，為後世慮至深遠也。罪孔子者，謂無其位而託二百四十二年南面
> 之權，使亂臣賊子禁其欲而不得肆，則戚矣。〔註61〕

胡安國以聖人孔子為天理之所在，「聖人以天自處」，完全彰顯孔子的至高無上
的地位，他引用孟子「《春秋》，天子之事」，孔子以魯史寓王法，進行撥亂反
正。胡安國視孔子為天理的代表，以天為名進行襃誅賞罰，這可以說是給了孔
子一個非常高的定位了。定公十年「齊人來歸鄆、讙、龜陰田」，胡安國云：

> 桓公以義責楚而楚人求盟，夫子以禮責齊而齊人歸地，皆書曰
> 「來」，序績也。《春秋》，夫子之筆削，自序其績，可乎？聖人會人
> 物於一身，萬象異形而同體。通古今於一息，百王異世而同神。於

〔註61〕 〔宋〕胡安國著、錢偉強點校：春秋傳序，春秋胡氏傳，杭州：浙江古籍出版
社，2010，1～2。

土皆安而無所避也，於我皆真而無所忘也。其曰，天之將喪斯文也，
後死者不得與於斯文也，天之未喪斯文也，匡人其如予何？是以天
自處矣，而亦何嫌之有？〔註62〕

胡安國以為此處書「來」，是夫子自序其續，指出聖人「會人物於一身，萬象
異形而同體」，以天自處，故可以不必避諱自序功績，這也是繼續抬高孔子的
形象。在桓公二年「滕子來朝」，胡安國云：

或曰：「非天子不制度，不議禮，不考文。仲尼豈以匹夫專進退
諸侯亂名實哉？」則將應之曰：「仲尼固不以匹夫專進退諸侯，亂名
實矣。不曰：《春秋》天子之事乎？知我罪我者，其惟《春秋》乎，
世衰道微，暴行交作，仲尼有聖德無其位，不得如黃帝、舜、禹、
周公之伐蚩尤、誅四凶、戮防風、殺管蔡，行天子之法於當年也，
故假魯史，用五刑，奉天討，誅亂賊，垂天子之法於後世。其事雖
殊，其理一耳。何疑於不敢專進退諸侯以為亂名實哉？夫奉天討，
舉王法，以黜諸侯之滅天理，廢人倫者，此名實所由定也。故曰，
《春秋》成而亂臣賊子懼。〔註63〕

胡安國再次強調《春秋》乃天子之事，「非天子不制度，不議禮，不考文」，孔
子雖無有德無位，雖不能行天子之法，故假借魯史進行褒貶，以垂天子之法。
如此一來，尊天子與尊孔子就不存在現實的矛盾了。胡氏一則尊天子，一則尊
孔子，將兩者融合、統一在一起，來解釋《春秋》的政治面目，這也是其提倡
「夏時冠周月」內在的依據。是故，我們在理解胡安國「夏時冠周月」時要深
入其精神價值上看，並且能夠看出其將尊聖與尊王統合起來的政治意圖。

胡安國在其《春秋傳》中討論隱公元年「春，王正月」時，殷商的太甲改
元「惟元祀十有二月」，而到了秦，則以建亥（夏曆十月）為歲首，稱為「元
年冬十月」，皆按照夏曆紀時，如此，則周人改元當是「元年冬十一月」，然
《春秋》卻記成「元年春王正月」，此乃孔子筆削，「以夏時冠周月」。他在討
論隱公十一年「冬，十有一月，壬辰，公薨」時，進一步指出，春、夏、秋、
冬本依斗柄而定，是四時之序，《春秋》以冬為春，四時易位，故以夏曆之春
冠於周正月之上，乃是「假天時以立義」。胡安國「夏時冠周月」之說乃一個

〔註62〕〔宋〕胡安國著、錢偉強點校：春秋胡氏傳，杭州：浙江古籍出版社，2010，
　　　　468。
〔註63〕〔宋〕胡安國著、錢偉強點校：春秋胡氏傳，杭州：浙江古籍出版社，2010，
　　　　46。

新的說法，《春秋》三傳皆無此論，然其受到了孔子、程頤的直接影響。

胡安國所提出的「夏時冠周月」之論是頗有爭議性的一個話題，後世對其批評與讚譽是並駕齊驅、毀譽參半。朱熹、陸粲皆對此論持有批評，在入清後，批評之聲變得尤為激烈，毛奇齡、萬斯同、皮錫瑞等學者前赴後繼，對胡安國進行徹底批判，然高閌、吳澄、王元傑等人卻支持胡安國此說。

從《春秋》經文本身來看，胡安國「夏時冠周月」之說頗有失實之處。然而，我們若從精神價值上看，「夏時冠周月」之說有其特殊的意義。胡安國藉此說，一則宣揚孔子「行夏之時」的主張，另則堅持以周正紀事，強調周王朝的正統。在《春秋傳》中，胡安國一直刻意彰顯孔子的地位，強調「聖人以天自處」，同時亦堅決維護周天子權威，胡安國試圖將尊聖與尊王聯繫、統合起來，使得《春秋》成為經世之法，這是頗值得人留意之處。

2.3 胡安國《春秋傳》與元、明科舉

元朝建立後，科舉一度停擺，直到元仁宗時期才正式恢復。仁宗於皇慶二年（1313）下詔云：

> 考試程序，蒙古色目人第一場經問五條，《大學》《論語》《孟子》《中庸》內設問，用朱氏《章句集注》，其義理精明、文詞典雅者為中選，第二場策一道，以時務出題，限五百字以上。漢人、南人，第一場明經經疑二問，《大學》、《論語》、《孟子》、《中庸》內出題，并用朱氏章句集注，復以己意結之，限三百字以上。經義一道，各治一經，《詩》以朱氏為主，《尚書》以蔡氏為主，《周易》以程氏、朱氏為主，已上三經，兼用古注疏，《春秋》許用《三傳》及胡氏《傳》，《禮記》用古注疏，限五百字以上，不拘格律。第二場古賦詔誥章表內科一道，古賦詔誥用古體，章表四六，參用古體。第三場策一道，經史時務內出題，不矜浮藻，惟務直述，限一千字以上成。〔註64〕

元朝朝廷在考試程序中，將胡安國的《春秋傳》與三傳並列，正式列入科考之中。於次年，也就是延祐元年（1314）正式實行。雖科考規定如此，然在實際的考試之中，考官還是《胡傳》為主要去取，以《胡傳》為唯一定準，對於答卷中以完全依傍《胡傳》的，皆給予好評：

〔註64〕〔明〕宋濂等：選舉志，元史，北京：中華書局，1976，2019。

延祐元年（1314）湖廣鄉試，第三名孫以忠答卷，考官批云：
是兩節援得《胡傳》。（卷一）

延祐四年（1317）江浙鄉試，第六名陸文圭答卷，初考官彭庭
玉評語云：融會《胡傳》，如自胸中流出，必老于麟經者。（卷二）

延祐七年（1320）江西鄉試，第八名周自得考卷，考官批云：
以胡《傳》為主，視它卷為優。同卷甘楚材評曰：說本《胡傳》而不
雜以它說，誠為老筆。（卷三）

至治三年（1323）江西鄉試，十五名曾立民考卷，考官批云：
《春秋》義本《胡傳》，文字婉曲，必一作者。（卷四）

天曆二年（1329）江浙鄉試，第六名應才考卷，覆考汪推官澤
民批：義深得胡氏之意，文亦縝密。（卷六）

同年江西鄉試，十二名劉聞考卷，考官甘縣尹楚材批：行文明，
立說本《胡傳》。（卷六）

同年湖廣鄉試，第一名曾策考卷，考官方縣丞回孫批：挈出陳
鄭而以胡氏之旨斷之。既得經旨，且有深度，眾中之傑然者，行文
婉而當，用事富而整。（卷六）〔註65〕

與此同時，對於所有不依照胡安國的解釋作答的，皆不予通過，乃至遭到罷黜。
〔註66〕延祐七年（1320）鄉試，江西士子馮翼翁因未按照《胡傳》作答，而遭
考官罷斥，幸以文章出色，得到歐陽玄青睞，方得入選，不料次年會試中，再
次因與《胡傳》相異，而最終落選。〔註67〕毫無疑義，《胡傳》與其他三傳相
比，則是完全處於獨尊的地位。胡安國的《春秋傳》為何能夠順利躋身廟堂，
成為官學呢？

2.3.1 朝臣的支持與程朱理學譜系中的《胡傳》

元初，程朱理學北傳成為一股強勁風勢，這為日後《胡傳》躋身官學奠定
了充分的基礎。元朝初立，許多南方崇尚程朱理學的學者家紛紛北上，收納弟
子，傳授學問，燕京成為理學家雲集之地，他們也帶去了《胡傳》，《胡傳》隨

〔註65〕〔元〕劉霖編：類編歷舉三場文選春秋義，靜嘉堂文庫藏本。

〔註66〕〔日〕三浦秀一、曾睿譯：「己意」與「繩尺」：元朝南人的科舉與朱子學，科
　　　　舉學論叢，2020（2），79。

〔註67〕〔元〕王禮：高州通守馮公哀辭，李修生編，全元文（第60冊），南京：鳳凰
　　　　出版社，2004，776～777。

之北傳。〔註68〕曾身在南宋的趙復是一個傑出人物，他在北地講授《胡傳》不遺餘力，並取得了很好的效果：

> 自宋季德安之潰，有趙先生者北至燕，燕趙之間，學徒從者殆百
> 人。嘗乎出一二經傳及《春秋胡氏傳》，故今胡氏之說特盛行。〔註69〕

北地學者郝經受到趙復的影響，也服膺程朱理學，對胡安國深為讚許：

> 宋，《易》有程氏傳，《書》有夏氏解，《詩》有朱氏傳，《春秋》
> 有胡氏傳，《禮》有方氏、王氏解。於是六經傳注於漢，疏釋於唐，
> 議論於宋，聖人之大義備，真儒之學與天地並，而立人極焉。〔註70〕

受到理學薰染的姚樞，作為一個行動者，決定刊刻理學家的一些列著作，這些著作中也包括了《胡傳》：

> 中堂龕魯司寇容，傍垂周、兩程、張、邵、司馬六君子像，讀
> 書其間。衣冠莊肅，以道學自鳴。佳時則鳴琴百泉之上，遁世而樂
> 天，若將終身。後生薄夫或造庭除，出語人曰：幾禠吾魄。汲汲以
> 化民成俗為心，自版《小學書》《語孟或問》《家禮》，俾楊中書版《四
> 書》、田和卿版《尚書聲》《詩折衷》《易程傳》《書蔡傳》《春秋胡傳》，
> 皆脫於燕。又以《小學書》流佈未廣，教弟子楊古為沈氏活版，與
> 《近思錄》《東萊經史說》諸書，散之四方。〔註71〕

姚樞傳授程朱理學，並教益了其著名弟子、後來執掌國子監的許衡，不僅授其程朱之學，亦授其《春秋》胡氏之學：

> 姚樞時方以道學自任，傳伊洛之學於南士趙仁甫，衡往蘇門求
> 之，得《易》程氏傳、《春秋》胡氏傳、《書》蔡氏傳、《詩》朱氏傳，
> 與《論語（孟子）集注》《大學（中庸）章句》。或問小學之書讀之，
> 深有所契，皆手鈔以歸。〔註72〕

元初趙復、郝經、姚樞等理學名儒的推動，使得研習《胡傳》在北地已漸成風

〔註68〕張欣：胡安國《春秋傳》在元代北方的接受，中國傳統文化研究，2021（2），85～87。

〔註69〕〔元〕吳萊：春秋通旨後題，全元文（第44冊），南京：鳳凰出版社，2004，94。

〔註70〕〔元〕郝經：鄭元傳，續後漢書，上海：商務印書館，1936，718。

〔註71〕〔元〕姚燧：中書左丞姚文獻公神道碑，全元文，南京：鳳凰出版社，第9冊，2004，575。

〔註72〕〔明〕王褘：元列傳，王忠文公文集（卷14），景印文淵閣四庫全書（1226冊），臺北：商務印書館，1986，285。

氣，到了元仁宗時期，《胡傳》躋身科舉程序似乎已是水到渠成之事。

皇慶二年（1313），朝臣李孟向元仁宗進言，試圖恢復科考，並得到了翰林學士承旨伯帖木兒的支持。隨即，元仁宗下令中書省，召集朝臣商議開科之事，翰林院承旨程鉅夫、中書平章政事李孟、參知政事許師敬、翰林學士貫雲石等皆參與其中。程鉅夫建議，科舉當以經學為主，「經學當主程頤、朱熹傳注」，最終為仁宗所採納，〔註73〕並由其擬定了詔書。〔註74〕與此同時，中書省上奏仁宗的《中書省奏准試科條目》亦頒行天下，云：

> 為這上頭，翰林院、集賢院、禮部先擬德行為本，不用詞賦來。俺如今將律賦、省題詩、小義等都不用，止存留詔誥、章表，專立德行明經科。明經內《四書》《五經》，以程子、朱晦庵注解為主，是格物致知修己治人之學，這般取人呵，國家後頭得人才去也。〔註75〕

再次確立了程頤、朱熹注解在科舉中的地位。在這一過程中，如果說李孟是延祐復科的關鍵性人物，那程鉅夫是將程頤、朱熹抬升至官學的關鍵性人物。那麼，科舉程序採用程頤、朱熹之注到底與胡安國有何關聯呢？危素在《大元敕賜故翰林學士承旨贈光祿大夫大司徒柱國追封楚國公諡文憲程公鉅夫神道碑銘》一文中指出：

> 議行貢舉法，公請以朱文公《貢舉私議》損益行之，經學當祖程、朱傳注，文詞宜革宋金宿弊。此詔實公所草。〔註76〕

這裡說的更為細緻了，程鉅夫實際是以朱熹的《學校貢舉私議》為依據而裁定科舉程序的。也是在這一年，吳澄在贈其門人虞槃的序中推崇朱熹的《學校貢舉私議》：

> 盛時方行貢舉。貢舉者，所以興斯文也。而文之敝往往由之，何也？文也者，垂之千萬世，與天地日月同其久者也。貢舉之文，則決得失於一夫之目，為一時苟利祿之計而已矣，暇為千萬世計哉？貢舉莫盛於宋。朱子雖少年登科，而心實陋之。嘗作《學校貢舉私

〔註73〕〔明〕宋濂等：程鉅夫傳，元史，北京：中華書局，1976，4017。

〔註74〕即前文之考試程序。

〔註75〕中書省奏准試科條目，轉引自陳高華：元朝科舉詔令文書考，紀宗安、湯開建主編，暨南史學，廣州：暨南大學出版社，2002（1），155～156。

〔註76〕〔明〕危素：大元敕賜故翰林學士承旨贈光祿大夫大司徒柱國追封楚國公諡文憲程公鉅夫神道碑銘，程敏政輯撰，何慶善、于石點校：新安文獻志（卷75），合肥：黃山書社，2004，1851。

議》，直以舉子所習之經、所業之文為經之賊、文之妖。今將以尊經
右文也，而適以賊之、妖之，可乎？斯敝也，惟得如歐陽公者知貢
舉，庶其有瘳乎？閉之於未然，拯之於將然，俾不至於為賊為妖，
而為朱子所陋，則善矣。倘有今之歐陽公，試問所以閉之、拯之之
道。皇慶二年十月甲子。〔註77〕

吳澄在國子監為官時，還曾試圖採用程頤《學校奏疏》、胡安國的《六學教法》
以及朱熹的《學校貢舉私議》施教：

皇慶元年，升司業，用程純公《學校奏疏》、胡文定公《六學教
法》、朱文公《學校貢舉私議》，約之為教法四條：一曰經學，二曰
行實，三曰文藝，四曰治事，未及行。〔註78〕

可見當時在議論科舉之事時，朱熹的《學校貢舉私議》往往被士人所標榜。
《學校貢舉私議》是朱熹晚年撰寫的一份有關科舉變革的奏議，文中談到了科
舉中五經的注疏問題：

如《易》則兼取胡瑗、石介、歐陽修、王安石、邵雍、程頤、
張載、呂大臨、楊時，《書》則兼取劉敞、王安石、蘇軾、程頤、楊
時、晁說之、葉夢得、吳棫、薛季宣、呂祖謙，《詩》則兼取歐陽修、
蘇軾、程頤、張載、王安石、呂大臨、楊時、呂祖謙，《周禮》則劉
敞、王安石、楊時，《儀禮》則劉敞，二戴《禮記》則劉敞、程頤、
張載、呂大臨，《春秋》則啖助、趙匡、陸淳、孫明復、劉敞、程頤、
胡安國，《大學》《論語》《中庸》《孟子》則又皆有集解等書，而蘇
軾、王雰、吳棫、胡寅等說亦可採。〔註79〕

對於《春秋》的注疏，朱熹則列舉出了啖助、趙匡、陸淳、孫明復、劉敞、程
頤、胡安國，實際上將程頤、胡安國納入到一個系統了。程鉅夫既然提倡程頤、
朱熹的注解，同時又依照朱熹的《學校貢舉私議》，那麼在朱熹提倡的《春秋》
注疏的名目中，能夠代表程頤、朱熹的除了程、朱本人之外，即是胡安國了。
頗為可惜的是，程頤雖傳《春秋》，僅僅止於桓公九年，而朱熹則無《春秋》
專書，《胡傳》卻是頗為完整的一部，在程頤、朱熹的譜系之中，只有《胡傳》

〔註77〕〔元〕吳澄：送虞叔常北上序，吳文正公集（卷15），元人文集珍本叢刊影印
　　　　明成化二十年刊本，22～23。

〔註78〕〔明〕宋濂等：吳澄傳，元史，北京：中華書局，1976，2681。

〔註79〕〔宋〕朱熹著：郭齊、尹波點校，朱熹集，成都：四川教育出版社，1996，
　　　　3638～3639。

是成熟可用的了。

　　從師承譜系上看，亦可以看出一些端倪來，胡安國與程頤、朱熹有著明確的師承關聯。時人袁桷指出：

　　　　許文正公定學制，悉取資朱文公。至仁宗皇帝集群儒定貢舉法，五經皆本建安書，蔡氏為文公門人，而《春秋》傳則正字胡公之從父文定公，師友授受，宗於一門，會於一郡。至若訓蒙士，正史統，度積筆錄，悉師於文公，何其盛也。〔註80〕

在袁桷看來，元仁宗定科舉時，《春秋》採用胡安國之傳，乃是因為胡公（胡憲）之故，遂在學統上與朱熹聯繫起來了，這是一個不錯的觀察。胡憲乃胡安國之侄，師事胡安國，而其又是朱熹之師，如此，則朱熹則與胡安國在師承上搭上了關係。袁桷尚未指出的是，胡安國與程頤也存在師承關係，胡安國師從楊時，而楊時乃程頤弟子，由此可見，胡安國前能承程頤，後能接朱熹，在師承譜系上是名正言順的一脈相承。胡安國《春秋傳》立為科舉，意義重大，姜廣輝指出：

　　　　南宋胡安國的《春秋傳》，受到後世學者的重視，元代以後被作為科舉考試的官方定本。此書甚至與《春秋》三傳並列，被稱為「《春秋》四傳」。〔註81〕

可見元朝立科對胡安國《春秋傳》的重要影響，以至於將之與《春秋》三傳並稱，成為《春秋》四傳。

2.3.2「尊王」之義因應元朝的「大一統」觀

　　胡安國在其《春秋傳》中極力宣揚「尊王」之義，突出刻畫天子的絕對權威，強調君臣之倫。譬如《春秋》「（成公十三年）三月，公如京師。夏五月，公自京師，遂會晉侯、齊侯、宋公、衛侯、鄭伯、曹伯、邾人、滕人伐秦」，胡安國指出，經書「公如京師」，以顯示諸侯之怠慢，只是因會伐而如此，又書「公自京師」，乃孔子親筆，表明「朝王為重，存人臣之禮」，意在尊周天子也。胡氏進一步批評諸侯，儘管書「公如京師」，卻未能行朝禮，《春秋》乃加以褒貶、裁斷，以示君臣之義，如此則君臣、父子之倫乃正，「天理必存，人慾必消」。〔註82〕胡安國以尊王、尊天子為上，欲樹立君臣、父子大倫，此乃

〔註80〕〔元〕袁桷：送朱君美序，清容居士集（卷24），四部叢刊初編本。
〔註81〕姜廣輝：先秦尚書學的再認識，中國哲學史，2016（2），41。
〔註82〕〔宋〕胡安國著、錢偉強點校：春秋胡氏傳，杭州：浙江古籍出版社，2010，
　　　　324～325。

天理之所在也。胡氏對弒君、篡逆之舉批評的頗為嚴厲，如「（隱公四年）宋公、陳侯蔡人、衛人伐鄭」，胡氏猛烈批評宋主兵伐鄭，指責宋殤公不恤衛國的弒君之難，卻反而支持弒君之賊州吁，乃是「肆人慾、滅天理」，意在誅殺亂臣、討賊子。〔註83〕胡安國以理學家的立場來彰顯《春秋》中的君臣、父子之倫，乃完全因應了元朝作為大一統王朝的合法性敘事。

從草原到中原，元朝已經不是當時一支驍勇善戰的部落、游牧政權，而是已經立足於廣袤疆土的中國政權。元世祖忽必烈甫一即位，就下詔聲稱：

> 祖宗以神武定四方，淳德禦群下。朝廷草創，未遑潤色之文，政事變通，漸有綱維之目。朕獲纘舊服，載擴丕圖，稽列聖之洪規，講前代之定制。建元表歲，示人君萬世之傳，紀時書王，見天下一家之義。法《春秋》之正始，體大《易》之乾元。炳煥皇猷，權輿治道……於戲！秉籙握樞，必因時而建號，施仁發政，期與物以更新。敷宣懇惻之辭，表著憂勞之意。凡在臣庶，體予至懷。〔註84〕

忽必烈表示要繼承舊制，人君為天下主，視天下一家。至元八年（1271），忽必烈在《建國號詔》中云：

> 誕膺景命，奄四海以宅尊；必有美名，紹百王而紀統。肇從隆古，匪獨我家。且唐之為言蕩也，堯以之而著稱；虞之為言樂也，舜因之而作號。馴至禹興而湯造，互名夏大以殷中。世降以還，事殊非古。雖乘時而有國，不以利而制稱。為秦為漢者，著從初起之地名；曰隋曰唐者，因即所封之爵邑。是皆徇百姓見聞之狃習，要一時經制之權宜，概以至公，不無少貶。我太祖聖武皇帝，握乾符而起朔土，以神武而膺帝圖，四震天聲，大恢土宇，輿圖之廣，歷古所無。頃者耆宿詣庭，奏章申請，謂既成於大業，宜早定於鴻名。在古制以當然，於朕心乎何有。可建國號曰大元，蓋取《易經》「乾元」之義。〔註85〕

忽必烈欲「四海以宅尊」「紹百王而紀統」，對唐堯以來稱號的傳統進行了追溯，稱讚元朝祖先開疆拓土之德，取《易經》中的「乾元」的元作為國號，意在表示元朝的正統性淵源有自，實乃承接中國歷代王朝之統。《元史·地理

〔註83〕〔宋〕胡安國著、錢偉強點校：春秋胡氏傳，杭州：浙江古籍出版社，2010，18。

〔註84〕〔明〕宋濂等：世祖傳，元史，北京：中華書局，1976，45。

〔註85〕〔明〕宋濂等：世祖傳，元史，北京：中華書局，1976，138。

志》中云：

> 自封建變郡縣，有天下者，漢、隋、唐、宋為盛，然幅員之廣，
> 咸不逮元。漢梗於北狄，隋不能服東夷，唐患在西戎，宋患在西北。
> 若元，則起朔漠，並西域，平西夏，滅女真，臣高麗，定南沼，遂下
> 江南，而天下為一。〔註86〕

元朝勝於漢唐之盛的原因，在於幅員之廣大，而清除了戎狄邊患問題，使得
「天下為一」，完全是繼中國之統。至元二十二年（1285），忽必烈下詔修纂
《大元大一統志》，表示：

> 欲實著作之職，乃命大集萬方圖志而一之，以表皇元疆理無外
> 之大。詔大臣近侍提其綱聘，鴻生碩士立局置屬庀其事，凡九年而
> 成書。續得雲南、遼陽等書，又纂修九年而始就，今秘府所藏大一
> 統志是也，因詳其原委節目為將來成盛事之法。〔註87〕

忽必烈欲通過修纂《大一統志》來「表皇元疆理無外之大」，確立元朝在版圖、
疆域上的絕對合法性。元文宗於天曆二年（1329 年）編撰《經世大典》即說：

> 至四海之混一，若夫北庭回紇之部，白霫高麗之族，吐蕃河西
> 之疆，天竺大理之境，蜂屯蟻聚，俯伏內向，何可勝數，自古有國
> 家者，未若我朝之盛大矣。〔註88〕

指出四海混一，從廣袤的地理疆域上稱頌元朝的大一統。元朝諸帝從制度繼
承、疆域拓展上表達大一統中國的敘事話語，以此確定天子擁有天下權威的合
法性。在具體的政治實踐上，元朝繼承與借用尊號、廟號、諡號等漢地稱謂，
以及都城、宮闕、朝儀、印璽、避諱等漢地禮儀制度，將漢地的尊君卑臣傳統
與大蒙古國汗權結合起來，以此進一步確保了元朝天子權威的至高無上性。
〔註89〕這些正好與《胡傳》所竭力倡導的「尊王」之義具有高度的一致性，
《胡傳》遂成為元朝帝王操持天子斧鉞的有利支撐。

　　胡安國除了表達「尊王」之義，亦時刻表達「攘夷」之義，夷夏之防芥蒂
甚深。元朝作為外來政權，理應於此諱莫如深的，緣何又如此推重《胡傳》呢？

〔註86〕〔明〕宋濂等：地理志，元史，北京：中華書局，1976，1345。
〔註87〕〔元〕王士點、商企翁：秘書監志，高榮盛點校，杭州：浙江古籍出版社，
　　　　1992，87。
〔註88〕〔元〕趙世延等：經世大典序，蘇天爵編，元文類（卷40），北京：商務印書
　　　　館，1936，513。
〔註89〕張帆：論蒙元王朝的「家天下」政治特徵，北大史學，2001，64。

趙伯雄指出：

> 其實此事說來頗有些滑稽，因為《胡傳》的主旨之一為尊王攘
> 夷，主張「復九世之仇」，主張嚴華夷之辨，對於以少數民族入主
> 中原的蒙古貴族來說，這些都絕非耳順之言，然而元廷居然將《胡
> 傳》立於學官。對此有人以元統治者文化水平低解之，自然也不無
> 道理。但主要原因，恐怕還在於此時的儒學本身並不為統治者所看
> 重，統治者既不把儒學看成是國家生存的思想基礎，也不視之為治
> 國行政的理論武器，則經典之中究竟有多少違礙字句，自也不必嚴
> 查深究了。〔註90〕

趙伯雄將元廷不避諱《胡傳》華夷之辨而將之立為學官歸因於元朝統治者文
化水平低下，不重視儒學，此說甚為有理，不僅如此，元廷不避諱《胡傳》中
夷狄問題，亦需從元朝的中國認同來看。元世祖與朝臣賀勝曾就夷夏問題進行
過討論：

> 世祖甚器重之，入則侍帷幄，出則參乘輿，無晝夜寒暑，未嘗
> 暫去左右。故事論奏兵政機密，非國族大臣無得與聞者，時獨不避
> 公，或更命留聽。近侍或言論語八佾之五章若訕今日者盍去諸，上
> 以問公，公曰，夫子為當時言，距今二千餘載，豈相及哉？且國家
> 受天命為天子、有天下，固當下比古之邈遠小名而自居乎？上然
> 之。〔註91〕

《論語》中的八佾篇第五章即是「夷狄之有君，不如諸夏之亡」，此句意在貶
斥夷狄，而抬高諸夏，當有朝臣建議除去時，元世祖請教賀勝，賀勝指出，天
子得天命、有天下，不當以夷狄自居，元世祖接受了其建言。元朝在地理、疆
域上遠邁漢唐，大一統之盛，故以往夷狄之地域已經完全被超越與突破了，
《元史·地理志》中云：

> 自封建變郡縣，有天下者，漢、隋、唐、宋為盛，然幅員之廣，
> 咸不逮元。漢梗於北狄，隋不能服東夷，唐患在西戎，宋患在西北。
> 若元，則起朔漠，並西域，平西夏，滅女真，臣高麗，定南沼，遂下
> 江南，而天下為一。〔註92〕

〔註90〕 趙伯雄：春秋學史，濟南：山東教育出版社，2014，424。
〔註91〕 〔元〕虞集：賀忠貞公墓誌銘，全元文（第27冊），南京：鳳凰出版社，2004，
511。
〔註92〕 〔明〕宋濂等：地理志，元史，北京：中華書局，1976，1345。

至元二年（1265），元世祖稱：

> 高麗，朕之東藩也。日本密邇高麗，開國以來亦時通中國，至
> 於朕躬，而無一乘之使以通和好。尚恐王國知之未審，故特遣使持
> 書，布告朕志，冀自今以往，通問結好，以相親睦。且聖人以四海
> 為家，不相通好，豈一家之理哉？〔註93〕

元帝對外以中國自居，且言「四海一家」。元帝既然以中國自居，擁有天下，
成為中國之主，自然就不能稱之為夷了，是故元朝此時已經不是塞外的夷狄身
份了，乃是君臨天下的中國身份了，乃是中國的代表。不唯如此，漢人、蒙古
人皆稱元朝為中國，認同元朝為中國，蒙古人完澤、哈剌哈孫亦皆稱自稱中
國。〔註94〕元朝上上下下，無論漢、蒙，皆目以元朝為中國，在自我認同上具
有強烈的中國意識，既然如此，那麼夷夏問題也就不存在了。

2.3.3 張洽《春秋集注》的添設與廢止

　　明初科舉基本延續元代舊制，嚴守程朱理學的傳統，只不過《春秋》沿
用《胡傳》的同時，亦將朱熹弟子張洽的《春秋集注》納入進去。洪武三年
（1370），朱元璋下詔頒布科舉程序：

> 第一場試《五經》義，各試本經一道，不拘舊格，惟務經旨通
> 暢，限五百字以上。《易》程、朱氏注，古注疏，《書》蔡氏傳，古注
> 疏，《詩》朱氏傳，古注疏，《春秋》左氏、公羊、穀梁、胡氏、張洽
> 傳，《禮記》古注疏。〔註95〕

張洽的《春秋集注》緣何被添設到新的科舉程序之中？明儒鄭真如此理解：

> 《春秋》之學，自左氏、公穀氏以及文定胡氏之說，天下家傳
> 而人誦之際，今聖朝科舉取士，復增用宋直閣張主一氏。胡氏得於
> 伊川程子，張氏得於考亭朱子，大經大法，前後一揆，士君子取與
> 之公，固足以信諸天下後世矣。有能因其學而見諸政，其非明體適
> 用之士哉！〔註96〕

〔註93〕〔明〕宋濂等：列傳，元史，北京：中華書局，1976，4625～4626。
〔註94〕趙永春：多民族視角考察古代「中國觀」，中國社會科學報，2021，10，11，
　　　　4～5。
〔註95〕〔明〕王世貞：弇山堂別集，北京：中華書局，1985，1540。
〔註96〕〔明〕鄭真：滎陽外史集，景印文淵閣四庫全書（第1234冊），臺北：商務印
　　　　書館，1986，82。

鄭真以為，胡安國繼承程頤，張洽繼承朱熹，乃「大經大法，前後一揆」，是故張洽的《春秋集注》被立是其完全在程朱理學的系統之中。《四庫全書總目》亦持相同的看法：

> 以安國之學出程氏，張洽之學出朱氏，故《春秋》定用二家，蓋重其淵源，不必定以其書也。〔註97〕

《胡傳》與張洽的《春秋集注》一起被列為科舉之中，乃是與程朱的學術有著密切的淵源之故。鄭真與四庫官臣的看法乃是從師承上看的，他們不約而同指出張洽得朱子之傳，故而被立為科舉官學，然張洽的《春秋集注》與朱子在學問上是否完全保持一致，是否傳承了朱子本意？實際上，張洽理解《春秋》與朱子之論相去甚遠，這也為永樂時期，明廷停用張洽的《春秋集注》埋下伏筆。

永樂十二年（1414），明成祖令翰林院學士胡廣等修纂《四書大全》《五經大全》，並於次年完成，於永樂十五年（1417）正式頒行天下。《春秋大全》中有如此規定：

> 經文以胡氏為據，而詳注各傳異同，增損於下。諸傳以胡氏為主，大字錄於經後而左氏、公羊、穀梁三傳，雖有異同，難輕去取，今載其全文，同先儒表著事變始終之要分注經下。程子、朱子說並三傳注疏有發明經意者，繼三傳後諸儒之說與胡傳合而有相補益者，附注胡傳下，文異旨同者去之，其或意義雖殊而例理可通，則別附於後。〔註98〕

此度《胡傳》又回到到了科舉的獨尊之位，張洽的《春秋集注》被廢止了。張洽的《春秋集注》為何只用了短短的四十多年就被明廷廢止了？首先要從明成祖的意志來看，明成祖的意志決定了的《四書大全》《五經大全》去取，張洽的《春秋集注》不符合明太祖對《四書大全》《五經大全》的體例要求。《五經大全》總纂官為胡廣、楊榮、金幼孜，其中《春秋大全》的底本乃採用元儒汪克寬的纂疏之作，《四庫全書總目》云：

> 延祐科舉新制，始以《春秋》用胡安國《傳》定為功令。汪克寬作《春秋纂疏》，一以安國為主，蓋遵當代之法耳。廣等之作是編，即因克寬之書，稍為點竄。〔註99〕

〔註97〕〔清〕永瑢等：四庫全書總目，北京：中華書局，1965，219。

〔註98〕〔明〕胡廣等：春秋集傳大全，儒藏精華編（第92冊），吳長庚等校點，北京：北京大學出版社，2014，9。

〔註99〕〔清〕永瑢等：四庫全書總目，北京：中華書局，1965，230。

對於汪氏《春秋胡氏傳附錄纂疏》，《四庫全書總目》云：

> 然能於胡《傳》之說一一考其援引所自出，如《注》有《疏》。
> 於一家之學，亦可云詳盡矣。明永樂中，胡廣等修《春秋大全》，其
> 《凡例》云：「紀年依汪氏《纂疏》，地名依李氏《會通》，經文以胡
> 氏為據，例依林氏。」其實乃全剿克寬此書。原本具在，可以一一
> 互勘也。〔註100〕

也就說，汪克寬的《春秋胡氏傳附錄纂疏》的體例實際是在《胡傳》的基礎上，添加了注疏，胡廣所修纂的《春秋大全》則完全加以沿襲。在修纂《四書大全》《五經大全》之前，明成祖下令云：

> 《五經》、《四書》唱聖賢精義要道。其傳注之外，諸儒議論有
> 發明餘蘊者，爾等採其切當之言，增附於下。其周、程、張、朱諸
> 君子性理之言，如《太極》《通書》《西銘》《正蒙》之類，皆六經之
> 羽翼，然各自為書，未有流會，爾等亦別類聚成編。二書務極精備，
> 庶幾以垂後世。〔註101〕

這道詔令中，明成祖在要求以程朱理學為定準之外，特對修纂體例進行了清楚的說明，在傳注之外，亦要增附「諸儒議論」，張洽的《春秋集注》乃採仿照《論語》《孟子》之體例，並不符合明太祖的這一要求，汪克寬的《春秋胡氏傳附錄纂疏》卻完全滿足明成祖的體例要求，最終得以為胡廣等人採用，張洽的《春秋集注》遂遭剔除。

　　其次，從學問傳承上來看，張洽的《春秋集注》不得朱子學問真傳。宋元學者車若水、程端學，明朝學者王樵皆指出張洽並不能盡得朱子《春秋》學的正傳，故《春秋集注》不能完全視作朱學的續延，相反對程頤的繼承頗多，同時張洽的《春秋集注》與《胡傳》存在諸多矛盾之處，〔註102〕遂在遭到罷黜乃是情理之中的事情。張洽雖是朱子頗為器重的嫡傳弟子，但在《春秋》的研究上並沒有傳承朱子的學問。宋儒車若水即對張洽表示質疑：

> 中間義理自善，但《春秋》一書，質實判斷不得，文公論之詳
> 矣。除非起孔子出來，說當時之事，與所以褒貶去取之意，方得。

〔註100〕〔清〕永瑢等：四庫全書總目，北京：中華書局，1965，229。
〔註101〕明太宗實錄（卷158），「中研院」歷史語言研究所影印本，1962，1803。
〔註102〕李曉明：論張洽「得程遺意」而非「補朱未備」──從《春秋集注》學術宗
　　　　屬看宋明經學分野，中國哲學史，2018（3），51～53。

> 今作《集注》，便是質實判斷，此照《語》、《孟》例不得。《語》、《孟》
> 是說道理，《春秋》是紀事，且首先數句便難明。「惠公仲子」，不知
> 惠公子之仲子耶？或惠公同仲子耶？「尹氏卒」，一邊道是婦人，一
> 邊道是天子之世卿。諸儒譏世卿之說，自是明訓，恐是舉燭尚明之
> 論。理雖是而事則非也。〔註103〕

朱熹對《春秋》任意褒貶持否定態度，車若水予以認同，張洽傳《春秋》乃仿
照《論語》《孟子》的體式，車氏對此加以批駁，堅持《春秋》是紀事之說，
指出《春秋》中「惠公仲子」「尹氏卒」兩處，若作譏世卿來理解，就會造成
理是而事非的窘境。元儒程端學就一針見血地指出張洽之傳《春秋》對朱子之
意的背離：

> 竊疑張氏之學出於朱子，朱子嘗曰，《春秋》直書其事而善惡自
> 見，以爵氏、名字、日月、土地為褒貶之類，若法家之深刻，乃傳
> 者之鑿說。朱子又以《春秋》之任付之張洽，其授受之際必以時告
> 之矣。及其為傳也，則每事反之，豈當時已非其師之說邪？抑晚年
> 之見別有得邪？吾不能知也。〔註104〕

朱子理解《春秋》，以直書其事而見善惡，書名、書爵、書日月、書土地並無
褒貶之義，而張洽於此卻每相違背。清儒陸隴其亦云：

> 然其論工夫則與朱子不同，學者辨之，朱子與張元德諸書論《春
> 秋》者，止「狩河陽」「許世子」二事，不說其不是，想其所作《春
> 秋傳》必多可觀。〔註105〕

陸隴其指出張洽與朱子論工夫之不同，二人在討論《春秋》只有「狩河陽」
「許世子」二事，非常之少見，可知張洽在《春秋》上繼承朱子那是不太可能
之事。清儒王懋竑在《朱熹主要門人及所傳派別略表》一文中梳理了朱熹主要
的門人及其流派傳承，然並未將張洽納入進去，〔註106〕這也顯示張洽在學問
上與朱子的疏離。永樂時期這次修纂活動將張洽的《春秋集注》從科舉中清除
出去，逐漸湮沒無聞，而《胡傳》卻再次定於一尊。

〔註103〕〔宋〕車若水，李偉國、田芳園整理：腳氣集，全宋筆記（第7卷），鄭州：
大象出版社，2016，230。
〔註104〕〔元〕程端學：春秋或問，通志堂經解（第10冊），揚州：廣陵書社，2007，
575。
〔註105〕〔清〕陸隴其：讀朱隨筆（卷4），清刻陸子全書本。
〔註106〕〔清〕王懋竑：朱熹年譜，北京：中華書局，2006，556。

2.3.4　汪克寬與胡安國《春秋傳》

　　汪克寬，字德輔，安徽祁門人，是程朱理學的繼承者，其以羽翼《胡傳》功不可沒，《明史》有這樣一段記載：

> 以羽翼、聖經為己任，著有《春秋胡傳附錄纂疏》三十卷、《春秋作義要訣》一卷、《疏易》、《程朱傳義音考》、《詩經集傳音義會通》三十卷、《經禮補逸》九卷、《周禮類要》、《通鑒綱目凡例考異》、《環谷集》八卷諸書。教授宣、歙間，與鄭玉、汪澤民講學。澤民遣其孫世賢，執經門下，四方從遊者日益眾。克寬嘗言：「聖賢之學以躬踐存省為先，文章餘事耳。」至正壬辰，蘄黃兵至，焚其家，既貧困無慍色。洪武二年，徵修元史，書成，授以官，力辭不受。賜金帛，宴禮部，給驛歸。所居山谷環繞，學者因稱「環谷先生」。〔註107〕

《春秋胡傳附錄纂疏》於至正六年（1646）寫成，乃是其成名之作，在明朝形成了很大的影響效果。汪克寬在卷首指出其撰寫凡例時云：

> 近代諸儒，惟胡氏發明程子之意最詳。朱子稱，義理正當，是以國家設科專用三傳及胡傳。然三傳自有注疏全文，故今纂疏以胡氏為主，而於經下分注附錄三傳要語及程子傳，並採止齋陳氏《後傳》，事變始終附於經文之下。諸侯見於經者，皆旁注謚號以備參考。地名、人名則引杜氏、張氏等注或諸家注，義於經有所發明而不可附於傳者亦附於下……然詳注諸國紀年、謚號而可究事實之悉備，列經文同異而可求聖筆之真，益以諸家之說而禪胡傳之闕疑，附以辨疑權衡而知三傳之得失。〔註108〕

可見汪氏的《春秋胡傳附錄纂疏》則完全以《胡傳》為宗主，只不過加入三傳之語以及程頤等人的注解，補充了紀年、謚號、人名、地名等內容。那麼汪克寬與胡安國《春秋傳》具體有何聯繫？通過《春秋胡傳附錄纂疏》的內容，我們可以將之概括為這樣幾個方面，第一，疏解胡安國《春秋傳》，圍繞胡安國的理解進行延展性的解釋，第二，禪補胡安國《春秋傳》，對胡安國《春秋傳》中的缺疑、遺失之處進行補充，第三，修正胡安國《春秋傳》，對胡安國《春秋傳》中的訛誤、錯漏之處進行進一步考證、修繕。

〔註107〕〔清〕張廷玉等：儒林傳，明史，北京：中華書局，1974，7225。
〔註108〕〔元〕汪克寬：春秋胡傳附錄纂疏，景印文淵閣四庫全書（第 165 冊），臺北：臺灣商務印書館，1983，7〜9。

首先，汪克寬的《春秋胡傳附錄纂疏》對胡安國《春秋傳》頗有疏解之功，使得《胡傳》成了完整的經、傳、疏的解釋體系。如隱公元年，胡安國云：即位之一年，必稱元年者，明人君之用也，大哉乾元，萬物資始。〔註109〕汪克寬云：易乾彖傳，朱子本義，元，大也。乾元，天德之大始，故萬物之生皆資之以為始也。〔註110〕汪克寬對胡安國所言的「大哉乾元，萬物資始」一句進行了充分的疏解。隱公六年「秋七月」，胡安國云：若夫上下異致，天人殊觀，聖學不傳，而《春秋》之義隱矣。〔註111〕汪克寬云：

> 愚按，聖人致中和而天地位，萬物育。自聖人以下，不能體乾之四德，毫釐有差則天壤易位，一位不得其所而天變應之。宋神宗時，王安石言水旱氣數，堯湯所不免。王珪言，天象既如此，必至於用兵，必天數也。此皆人臣不能諫，人君儆省以答天戒，蓋不通《春秋》之義，而以為天人異致故也。〔註112〕

汪克寬對胡安國的「上下」「天人」具體內容進行分析，對其所言的「天人異致」進行了進一步的解釋。僖公二十一年「十有二月，癸丑，公會諸侯盟於薄，釋宋公」，胡安國云：

> 盟不書所為而盟於薄，言釋宋公者，宋方主會，而楚人執而伐之，以其俘獲來遺，是僭亂之勢，日益張禽獸將逼人而食之矣，此正天下大變，《春秋》所以謹也。〔註113〕

汪克寬云：

> 愚按，亂臣賊子弒君父，蠻荊凌中國，皆天下大變，故會於稷、於澶淵、於薄皆書其所為，然於稷、於薄不人諸侯，而澶淵人諸侯之大夫者，世子弒君，尤天下大變之不忍言者，故尤謹之也。〔註114〕

〔註109〕〔元〕汪克寬：春秋胡傳附錄纂疏，景印文淵閣四庫全書（第 165 冊），臺北：臺灣商務印書館，1983，28。

〔註110〕〔元〕汪克寬：春秋胡傳附錄纂疏，景印文淵閣四庫全書（第 165 冊），臺北：臺灣商務印書館，1983，28。

〔註111〕〔元〕汪克寬：春秋胡傳附錄纂疏，景印文淵閣四庫全書（第 165 冊），臺北：臺灣商務印書館，1983，71。

〔註112〕〔元〕汪克寬：春秋胡傳附錄纂疏，景印文淵閣四庫全書（第 165 冊），臺北：臺灣商務印書館，1983，71。

〔註113〕〔元〕汪克寬：春秋胡傳附錄纂疏，景印文淵閣四庫全書（第 165 冊），臺北：臺灣商務印書館，1983，314。

〔註114〕〔元〕汪克寬：春秋胡傳附錄纂疏，景印文淵閣四庫全書（第 165 冊），臺北：臺灣商務印書館，1983，314。

汪克寬對盟進行了更為細緻的解釋，盟的原因是「亂臣賊子弒君父，蠻荊淩中國」，於薄不書諸侯是因為世子弒君，乃「尤天下大變之不忍言者」，較胡安國的解釋更為具體。

其次，汪克寬對胡安國《春秋傳》中的缺漏之處進行了補充。如隱公六年「春，鄭人來輸平」，胡安國云：「輸者，納也，平者，成也。」〔註115〕汪克寬云：

> 朱子語，言輸則渝之義，自在其中，如秦詛楚文云，變輸盟，刺沙隨。程氏曰，輸如呂刑，輸而孚之輸，我無欲平之意，而鄭輸其平於我。臨川吳氏曰，來者，彼來求我，非我往求彼也，輸謂輸寫其情，平謂兩國昔有忿怨，如地之不平，今悉劃削而使之平也，輸平猶曰納歟也。杜氏曰，和而不盟曰平。〔註116〕

汪克寬對胡安國將輸理解成納，平理解成成之說進行了補充，引用朱熹、程頤、杜預等人的說法，對輸、平之意加以擴展性的理解。閔公元年「春，王正月」，胡安國云：

> 今魯有大故，不告於周，閔既主喪而王不遣使，是上不請命於天子也。內無所承，上不請命，故不書即位，正人道之大倫也。〔註117〕

汪克寬云：

> 家氏曰，子般者，莊之大子，雖非嫡子，而受命於其父，般而見弒，魯之大臣當以莊公諸子之長者聞於王，朝請所以立，今也驟扳幼子而投之以國，以其為齊之甥，奉桓公意而立之，非正，故春秋不書即位。張氏曰，閔公以幼為慶父所立，初不知子般不終之故，齊桓若能仗義請於天子，誅哀姜、慶父，為之置君，則君臣、父子之倫定，而大義明矣，乃從慶父歸其國，以致閔公為弒，逆者所立，故不書即位，亦所以累齊桓也。〔註118〕

胡安國指出，閔公不書即位，乃是上不請命，且內無所承，以此來正人倫，汪

〔註115〕〔元〕汪克寬：春秋胡傳附錄纂疏，景印文淵閣四庫全書（第 165 冊），臺北：臺灣商務印書館，1983，69。

〔註116〕〔元〕汪克寬：春秋胡傳附錄纂疏，景印文淵閣四庫全書（第 165 冊），臺北：臺灣商務印書館，1983，69。

〔註117〕〔元〕汪克寬：春秋胡傳附錄纂疏，景印文淵閣四庫全書（第 165 冊），臺北：臺灣商務印書館，1983，242。

〔註118〕〔元〕汪克寬：春秋胡傳附錄纂疏，景印文淵閣四庫全書（第 165 冊），臺北：臺灣商務印書館，1983，242。

克寬採用家鉉翁、張洽的說法，對胡安國之說進行了詳細地補充，並且對齊桓公不能仗義而為，定魯君進行了嚴厲批評，這一點是胡安國的解釋之中所沒有的。定公元年「春王」，胡安國云：

> 元年必書正月，謹始也。定何以無正月，昭公薨於乾侯，不得正其終，定公制在權臣，不得正其始。〔註119〕

汪克寬云：

> 唐陳氏曰，春秋諸公即位之歲，有書即位者，有不書即位者，然皆備五始以謹其始，唯定公即位，第書定元年春王，而不書正月。劉氏曰，其非正始，奈何？定公者，公子宋也，昭公之弟也，昭薨於乾侯，季孫立其喪，廢太子衍及務人而立公子宋焉，喪至於壞隤，公子宋先入以主社稷，蓋受之季氏也，非受之先君者也，定無正，不言正月，微辭也。〔註120〕

胡安國指出，此處不書正月，乃昭公不得其終，而定公為權臣所制，故不得正其始，汪克寬在此引用劉炫的解釋，指出定公本是昭公之弟，季孫廢太子而立定公，其先入國而成君，乃完全是憑藉季氏，故其君位非來自先君，自然是不能言正月的，汪氏的這一引文，於季氏、定公皆採批評的態度，且更為細緻，相較胡安國而言，多有裨補之處。

再者，汪克寬對胡安國《春秋傳》中的若干看法加以駁正。如桓公「元年」，胡安國云：

> 元年，即位之始年也，自是累數雖久而不易，此前古人君記事之例，春秋祖述為編年法，及漢文帝惑方士之言，改後元年，始亂古制，夫在位十有六載矣。〔註121〕

汪克寬云：

> 前郊祭志，文帝十六年，趙人新垣平言，闕下有寶玉氣來者，詐令人持玉杯獻之，刻曰，人主延壽，又言候日再中，居頃之日，卻復中詔，更以十七年為元年。愚按，《史記·秦紀》惠文君十四年

〔註119〕〔元〕汪克寬：春秋胡傳附錄纂疏，景印文淵閣四庫全書（第 165 冊），臺北：臺灣商務印書館，1983，685。

〔註120〕〔元〕汪克寬：春秋胡傳附錄纂疏，景印文淵閣四庫全書（第 165 冊），臺北：臺灣商務印書館，1983，685。

〔註121〕〔元〕汪克寬：春秋胡傳附錄纂疏，景印文淵閣四庫全書（第 165 冊），臺北：臺灣商務印書館，1983，96。

更為元年，索隱云，魏惠王三十六年改稱一年，則改元不自漢文始
矣。〔註122〕

胡安國以為，改元年自漢文帝始，而汪克寬以《史記》所記秦惠文君改元年，
魏惠王改元年，對胡氏之說加以駁斥。又如莊公九年「公及齊大夫盟於蔇」，
胡安國云：

> 有父之讎而不知怨，乃欲以重德報之也，則人倫廢、天理滅矣，
> 然則如之何，以直報怨，以德報德？〔註123〕

汪克寬云：

> 愚按，莊公素無報讎之念，自以為出於齊，倚齊為援，故於襄
> 之死，要齊大夫至於魯地，而謀立糾以為君，為植黨市恩之計，初
> 非以德報怨，實欲以德報德也，使莊公幡然悔悟，思其父之所以沒，
> 因無知之亂信大義而伐之，斫其棺而暴其罪，謀於齊，眾擇僖公之
> 賢子而立之，豈不為桓公之孝子，而為《春秋》之賢君也哉！〔註124〕

胡安國批評魯莊公不報父仇而與齊大夫盟，乃是人倫廢、天理滅，汪克寬卻對
此說加以修正，以為魯莊公無報讎的想法，乃是以德報德，後懲治了無知，乃
是「桓公之孝子，而為《春秋》之賢君」，汪氏完全反過來理解。襄公十二年
「春三月，莒人伐我東鄙，圍臺，季孫宿帥師救臺，遂入鄆」，胡安國云：

> 有可以安國家、利社稷者，專之可也。曰，此為境外言之也，
> 臺在邦域之中，而專行之，非有無君之心者，不敢為也。昭公逐，
> 定無正，夫豈一朝一夕之故哉？其所由來者漸矣。〔註125〕

汪克寬云：

> 家氏曰，宿始繼其父，即美城賜邑，繼而作三軍，取公室之丘
> 甸，以為己之私有，今而救臺，遂事入鄆取邑以自廣，其心非為國
> 也。愚按，《春秋》書遂事者十九，而內大夫遂事有三，公子遂如京
> 師，遂如晉，乃受君命而以二事出者也。公子結媵陳人之婦於鄄，

〔註122〕〔元〕汪克寬：春秋胡傳附錄纂疏，景印文淵閣四庫全書（第 165 冊），臺
　　　　北：臺灣商務印書館，1983，96。

〔註123〕〔元〕汪克寬：春秋胡傳附錄纂疏，景印文淵閣四庫全書（第 165 冊），臺
　　　　北：臺灣商務印書館，1983，185。

〔註124〕〔元〕汪克寬：春秋胡傳附錄纂疏，景印文淵閣四庫全書（第 165 冊），臺
　　　　北：臺灣商務印書館，1983，185。

〔註125〕〔元〕汪克寬：春秋胡傳附錄纂疏，景印文淵閣四庫全書（第 165 冊），臺
　　　　北：臺灣商務印書館，1983，556。

> 遂及齊侯、宋公盟季孫宿救臺，遂入鄆，皆以一事出而專繼事者也，
> 然結之遂盟，致三國之伐，乃禮樂之事，事雖有害而意猶公也。宿
> 之入鄆，乃征伐之事，事雖有利，然意則純乎？私矣，於惡之中亦
> 有惡焉，遂入鄆之類是也。〔註126〕

胡安國對公子遂入鄆之舉實際是持肯定的態度，而汪克寬引家鉉翁的說法，並加上案語，對公子宿入鄆之舉猛烈批評，故對胡安國的理解進行了駁正。總體而言，汪克寬的《春秋胡傳附錄纂疏》是完全依循《胡傳》的，只不過在拓展、補正《胡傳》上亦下了一番工夫。

〔註126〕〔元〕汪克寬：春秋胡傳附錄纂疏，景印文淵閣四庫全書（第 165 冊），臺北：臺灣商務印書館，1983，556。

第 3 章　清初士人對胡安國《春秋傳》的去取

明清鼎革，許多身在明朝的士大夫一夜之間一腳踏入清朝，可謂是天崩地坼，一部分人仍然心繫舊國，殊死抵抗，不入新朝，一部分人則逐漸投入到新朝的懷抱，《胡傳》正是基於此一歷史背景，而被清初士人賦予了新的意義。《春秋》本是最講夷夏之防的，而面臨從關外入主中原的清朝，清初士人進行了一番自我解讀。王夫之、顧炎武對胡安國皆十分推重，他們一方面對《胡傳》加以因襲，另一方面沿著胡安國的方向繼續向前推進，在「尊王」「攘夷」的次第上，「攘夷」明顯高於「尊王」，這與他們反抗的情緒是一致的。而另有一部分人，如毛奇齡卻激烈地批評《胡傳》，他倡導「尊王」，積極參與清廷的事務，故而轉向了對新朝的認同。本章以明清鼎革這一時期為背景，分析士大夫對《胡傳》的去取，展示他們的政治抉擇與俯仰沉浮。本章與前一章一樣，所要表達的是，學術、思想不可完全剝離當時的政治情勢，若單就學術、思想而論學術、思想，而不關照時代與政治，則難免會有偏狹之處。

3.1　王夫之對胡安國的繼承與推進

明清鼎革之際，有諸多的明朝士大夫雖身在新朝，卻心繫故國，這一時代情景影響到他們的學術思想，在《春秋》學中尤為明顯，胡安國《春秋傳》中「尊王攘夷」的問題，不間斷地被討論著。王夫之十分推重胡安國，深受胡安國的影響，他直接承襲了胡安國《春秋傳》的天理觀，以天理觀來解釋《春秋》，

以之闡述「尊王攘夷」。王夫之雖然堅持「尊王攘夷」，但他卻有偏重地去理解「尊王」與「攘夷」兩者之間的關係，在胡安國《春秋傳》中，尊王是壓倒攘夷的，王夫之對胡安國「尊王攘夷」之義的次第進行了調換，突出攘夷高於尊王。他不僅從禮義、種族方面論證夷夏之別，還從自然環境方面論證夷夏之別，對胡安國的夷夏之論有了新的發展與推進。

3.1.1 以天理觀解釋《春秋》

　　王夫之（1619～1692），字而農，號薑齋，世稱船山先生，在清初一直是一個十分隱晦的人物，他的著作直到道光時期才為人逐漸知曉。他對《胡傳》的討論主要集中在《春秋稗疏》《春秋家說》《春秋世論》《續春秋左氏傳博議》《黃書》《宋論》《讀通鑒論》中。王夫之幼年即隨其父王朝聘習《春秋》，並深受到胡安國的影響。王夫之在《春秋家說》序言中即言：

　　　　先徵君武夷府君早受《春秋》於酉陽楊氏，進業於安成劉氏。畢業而疑，疑帖《經》之術已疏，守《傳》之述未廣也。已乃研心曠目，歷年有得，惜無傳人。夫之凤賦鈍怠，欲請而不敢。歲在丙戌，大運傾覆，府君於時春秋七十有七，悲天憫道，誓將謝世，乃呼夫之而命之曰：「詳者，略之開也，明者，晦之迪也。雖然，慕詳而得略，慕明而得晦，不鮮矣。三《傳》之折衷，得文定而明，河南之舉要，得文定而詳，習其讀者之所知也。經之緯之窮於幅，日之月之翳於陰，習其讀者之未知也。小子其足以知之乎？」夫之蹴然而對曰：「敢問何謂也？」曰：「文定之於《春秋》也，錯綜已密，所謂經緯也，昭回不隱，所謂日月也。雖然，有激者焉，有疑者焉。激於其所感，疑於當時之所險阻。方其激，不知其無激者之略也；方其疑，不知厚疑之以得晦也。」夫之請曰：「何謂激？」曰：「王介甫廢《春秋》，立新說，其言曰，天戒不足畏，人言不足恤。文定激焉，核災異，指事應，祖向歆，尚變復。孔子曰，畏天命，非此之謂也。畏刑罰而忠者，臣之道薄；畏譴責而孝者，子之誼衰。若此者，激而得滯，滯而得略，天人之微不詳矣，載憤辨之心以治經，而略者不一一也。」〔註1〕

〔註1〕〔清〕王夫之：春秋家說敘，船山全書（第5冊），長沙：嶽麓書社，1993，106。

從王氏父子這一段問答式對白之中，我們不難發現，王朝聘在臨終時前將胡安國《春秋傳》之大義傳授給王夫之，其對胡安國的評價相當之高，「三《傳》之折衷，得文定而明，河南之舉要，得文定而詳」，指出王安石在科舉中廢除《春秋》之舉乃激起胡安國作《春秋》。王夫之以《春秋》為明王道之書，並將孔子與董仲舒、胡安國並列，他在《黃書》中云：

> 述古繼天而王者，本軒轅之治，建黃中，拒間氣殊類之災，扶長中夏以盡其材，治道該矣。客曰，昔者夫子懲禍亂，表殷憂，明王道，作春秋。後儒紹隆其說，董、胡為尤焉，莫不正道誼，絀權謀。今子所撰，或異於是，功力以為固，法禁以為措，苟窮諸理，抑衍而論其數。雖復稱仁義，重德化，引性命，探天地之素，恐乖異乎春秋之度也！〔註2〕

是故，王夫之在理解《春秋》時自然會承襲胡安國。

胡安國將宋代程頤的天理觀引入《春秋》學之中，使之成為一切正確東西的代名詞，〔註3〕並將「尊王攘夷」之論納入到天理觀的解釋範疇之內。他在成公十三年經「夏五月，公自京師，遂會晉侯、齊侯、宋公、衛侯、鄭伯、曹伯、邾人、滕人伐秦」一條即指出：

> 為此懼，作《春秋》，或抑或縱，或與或奪，所以明君臣之義者至矣。其義得行，則臣必敬於君，子必敬於父，天理必存，人慾必消，大倫必正，豈曰小補之哉？此以伐秦為遂事之意也。〔註4〕

即以君臣之義為天理之所，尊君、尊父即是存天理。在桓公元年經「公及鄭伯盟於越」一條中指出：

> 而鄭與之盟以定其位，是肆人慾，滅天理，變中國為夷狄，化人類為禽獸，聖人所為懼，《春秋》所以作，無俟於貶絕，而惡自見矣。〔註5〕

胡安國對鄭與越盟之舉持貶絕的態度，乃「變中國為夷狄，化人類為禽獸」，泯滅天理。王夫之對此加以移用。他在《春秋家說》中討論桓公時云：

〔註2〕〔清〕王夫之：黃書後序，船山全書（第 12 冊），長沙：嶽麓書社，1993，538。
〔註3〕趙伯雄：春秋學史，濟南：山東教育出版社，2004，375。
〔註4〕〔宋〕胡安國著、錢偉強點校：春秋胡氏傳，杭州：浙江古籍出版社，2010，324～325。
〔註5〕〔宋〕胡安國著、錢偉強點校：春秋胡氏傳，杭州：浙江古籍出版社，2010，44。

　　　　有夫婦然後有父子，有父子然後有君臣。夫婦，倫之始也。乃既
　　成乎有矣，而人之行乎此倫也，父子之仁，性也，君臣之義，夫婦之
　　禮，道也。道率性而成乎性之用，則天理、人慾並行其間，以聽修道
　　者，非猶乎父子之一乎性矣。君臣之間有利焉，夫婦之間有情焉。是
　　以修道者正其義，以明夫不謀利也，崇其禮，以明夫不狎情也。陽者，
　　質與也，陰者，質之求也。稱其質，以俾陰求而陽與，則陰以情動，
　　以利往，而不保其貞。故陽任與而使之求。陽雖求而剛者之貞不失，
　　是以大正。故君下賢以為義，夫逆婦以為禮。酌剛者使可求而以崇陰
　　之恥，聖人之以裁成天地之宜者，大矣哉……乃《春秋》書之曰：「公
　　會齊侯於讙。」不正其親迎之文，是不於逆之於讙也。不與逆則不與
　　送，不與送則逆之境者則無所授受，若相遭於逆旅，又豈非野合耶？
　　故逆女必親，親必於國。爵之尊卑，國之大小，道之遠近，一也。崇
　　禮以替欲，伸道以抑權，率義而忘利，求心之安而不恤其勞，陽道也，
　　剛之貞也，健之行也，道在求而彼皆輕矣。〔註6〕

王夫之討論夫婦、父子、君臣關係，並以天理、人慾加以解釋，批評桓公不親
迎的非禮之舉，「不與逆則不與送，不與送則逆之境者則無所授受」。他在討論
「師曠論衛侯出奔」時表示：

　　　　言行者，君子之樞機也。持樞機而喪乎己，未有得乎人者也。
　　故君子之言行，期乎寡過，不期乎為功，期乎中理，不期乎矯時。
　　矯時之所失而欲以為功，則恒激而偏有所重，偏有所重，則功見於
　　此而過即叢於彼。且其所矯者既因矯而得偏，偏重之失，自不容掩。
　　天下之見吾行而聞吾言也，早已窺其發端之旨存乎相矯，抑又窺其
　　一偏之失，持之以相詰必不吾信，求其功也，亦卒不得已。君之必
　　君，不因臣之可以叛我逐我而始儆也，臣之必臣，不因君之可以譴
　　我誅我而始戢也。君有懼於臣而始禮其臣，臣有畏於君而始忠於君，
　　則人倫之交互相鈐唖，以爭禍福於施報，民彝絕，天理亡矣。〔註7〕

王夫之指出「君之必君」「臣之必臣」，而不必「君有懼於臣而始禮其臣，臣有
畏於君而始忠於君」，否則「民彝絕，天理亡」，亦是從天理的角度來理解君臣

〔註6〕〔清〕王夫之：春秋家說，船山全書（第5冊），長沙：嶽麓書社，1993，127
　　　　～129。
〔註7〕〔清〕王夫之：續春秋左氏傳博議，船山全書（第5冊），長沙：嶽麓書社，
　　　　1993，566。

關係。他繼續說：

> 以魯視諸侯，魯親矣。為我親者，我所尊也。戰於奚，戰於紀，
> 戰於郎，以魯及者，親加疏。若曰，我不欲戰，則彼不我戰，不使
> 敵之加我。親者全乎親，而於我尊矣。以中國使楚，尊於中國者，
> 我所宜親也。戰於城濮，戰於邲，戰於鄢陵，以晉及者，尊統卑。
> 若曰，楚不敢必戰，晉與之戰而後戰，不使楚加乎中國。尊者全乎
> 尊，而於我親矣。尊之同卑，親之加疏，人倫之紀也。尊或失其可
> 尊而必尊之，親或失其可親而必親之，全尊親之體也。義繫於尊則
> 不問其曲直，義繫於親則不相為重輕，以尊親為裁也。體裁者，因
> 天之理，正人之紀，一事之是非，不足以掩之矣。故城濮之戰，得
> 臣志之，邲之戰，林父所弗志也，鄢陵之戰，楚晨壓晉軍而陣，之
> 三戰者，志皆在楚，而奪其志以伸晉，功不問其成虧，義不問其得
> 失，因天之理，正人之紀，而大義行矣。〔註8〕

王夫之討論親與尊的問題，將楚排斥於中國之外，「以中國使楚，尊於中國者，
我所宜親也」，指出尊、親之體乃「因天之理，正人之紀」，城濮之戰，邲之戰，
鄢陵之戰，「志皆在楚，而奪其志以伸晉」，此亦天理、人紀也。楚在《春秋》
中以夷狄視之，王夫之視尊、親為天理，刻意強調楚與中國之別，乃是用天理
觀來解釋華夷之別。王夫之的《春秋》論述將君臣之倫、華夷之防引入到天理
的框架之內，這並非其創見，而是直接來自於胡安國。

3.1.2「攘夷」高於「尊王」

在「尊王」與「攘夷」的關係上，宋儒孫明復、程頤強調尊王為先，攘夷
居次，胡安國接續了他們的傳統，在胡安國《春秋傳》中，尊王是壓倒攘夷的，
王夫之亦對胡安國「尊王攘夷」的次第進行了調換，突出《春秋》的「攘夷」
之義高於「尊王」。〔註9〕他在《宋論》中討論「尊王」與「攘夷」的關係：

> 嘗讀胡氏《春秋傳》而有憾焉。是書也，著攘夷尊周之大義，
> 入告高宗，出傳天下，以正人心而雪靖康之恥，起建炎之衰，誠當
> 時之龜鑑矣。古義思之，夷不攘則王不可得而尊。王之尊，非唯諾
> 趨伏之能尊，夷之攘，非一身兩臂之可攘。師之武、臣之力、上所

〔註8〕〔清〕王夫之：春秋家說，船山全書（第5冊），長沙：嶽麓書社，1993，230。
〔註9〕許蘇民：論王夫之對宋朝士大夫政治文化的批判：以《春秋家說》《讀通鑑論》
《宋論》為中心的考察，天津社會科學，2017（5），151。

思、上所任者也。而胡氏之說經也，於公子翬之伐鄭，公子慶父之

伐於餘丘，兩發「兵權不可假人」之說，不幸而翬與慶父終於逆弒，

其說伸焉。而考古驗今，人君馭將之道，夫豈然哉？〔註10〕

王夫之對胡安國《春秋傳》「著攘夷尊周之大義」深表贊許，同時亦指出「夷
不攘則王不可得而尊」，攘夷高於尊王，對胡安國討論公子翬之伐鄭，公子慶
父之伐於餘丘，兩發兵權不可假人之論，並不認同，強調攘夷要以要依靠「師
之武、臣之力、上所思、上所任者」。他在《讀通鑑論》中說：

為天下所共奉之君，君令而臣共，義也；而夷夏者，義之尤嚴者
也。五帝、三王，勞其神明，殫其智勇，為天分氣，為地分理，以絕
夷於夏，即以絕禽於人，萬世守之而不可易，義之確乎不拔而無可徙
者也。《春秋》者，精義以立極者也，諸侯不奉王命而擅興師而貶之，
齊桓公次陘之師，晉文公城濮之戰，非奉王命，則序其跡而予之。乃
至楚子伐陸渾之戎，猶書爵以進之，鄭伯奉惠王之命撫以從楚，則書
逃歸以賤之，不以一時之君臣，廢古今夷夏之通義也。〔註11〕

王夫之認為與君臣之義相比，夷夏之義尤嚴。他指出，從上古歷史中的五帝、
三王來看，「為天分氣，為地分理，以絕夷於夏，即以絕禽於人」，此「萬世守
之而不可易」，而《春秋》中齊桓公次陘之師，晉文公城濮之戰，「非奉王命，
則序其跡而予之」，以及楚子伐陸渾之戎，書爵進之，鄭伯奉惠王之命撫以從
楚，而書逃歸賤之，皆是因「不以一時之君臣，廢古今夷夏之通義」。

將攘夷視為重中之重的看法也深深扎根在王夫之的史觀之中。王夫之在
評論若干歷史人物時，卻有著非同尋常的看法：

庾亮之北略，形王導之不振也，而左袒導者，詘亮以伸導。桓
溫之北伐，志存乎篡也，而惡溫之逆者，忌其成而抑之，於是而中
撓之情深於外禦，為宰相保其勳名，為天子防其篡奪，情繫於此，
則天下胥以為當然，而後世因之以無異議。嗚呼！天下之大防，人
禽之大辨，五帝、三王之大統，即令桓溫功成而篡，猶賢於戴異類
以為中國主，況僅王導之與庾亮爭權勢而分水火哉！則晉之所謂賢，
宋之所謂姦，不必深察其情，而繩以古今之大義，則一也。蔡謨、

〔註10〕〔清〕王夫之：宋論，船山全書（第11冊），長沙：嶽麓書社，1993，234～
236。

〔註11〕〔清〕王夫之：讀通鑑論（卷14），船山全書（第10冊），長沙：嶽麓書社，
1993，536。

孫綽、王羲之惡得不與汪、黃、秦、湯同受名教之誅乎？〔註12〕
桓溫北伐本是為了篡奪帝位，本是逆君之人，理應遭到抑制，然王夫之卻對這
種成見完全不予認可，在他看來，「天下之大防，人禽之大辨」是古之五帝王
大統，即便是桓溫北伐成功而篡逆帝位，也比異族統治中國好。他在評論秦
檜、岳飛時云：

> 秦檜之稱臣納賂而忘讎也，畏岳飛之勝而奪宋也。飛亦未決其
> 能滅金耳。飛而滅金，因以伐宋，其視囚父俘兄之怨奚若？而視梟
> 亭潮落、硐門颸發、塊肉無依者，又奚若也？溫亦未能舉燕之為憂
> 耳。溫而舉燕，其篡不篡亦未可知也。為君相者，居重以不失人望
> 之歸，盡道以得民，推誠以得士，以禮待溫，以道馭溫，靜正而不
> 驚，建威以自固，溫抑惡能逞志以逆而不恤天下之公討？不然，則
> 王莽、蕭道成固無毫髮之勳庸，而竊大寶如拾芥矣。庸主陋臣，如
> 嬰兒之護餌，而徒忌其姊娣，尚能安於位以有為乎？處堂以嬉，授
> 兵柄於溫，而又幸其敗，溫之怨且深，其輕朝廷也益甚。故會稽立
> 而憤盈以逞，非其死之速也，晉必移社於桓氏矣。捨夷、夏之大防，
> 置君父之大怨，徒為疑忌以沮喪成功，庸主具臣之為天下僇，晉、
> 宋如合一轍，亦古今之通憾已！春秋予桓、文之功，譁召王請隧之
> 逆，聖人之情見矣。若孫盛之流，徇流俗而矜直筆，幸災樂禍，亦
> 惡足道哉！〔註13〕

王夫之將宋人秦檜、岳飛與桓溫相比較，他認為秦檜稱臣納賂，乃是畏懼岳飛
滅金成功而奪宋帝之權，然與金人囚父俘兄相比，遠不能相及，故「捨夷、夏
之大防，置君父之大怨」乃造成「庸主具臣之為天下僇」的結果。與之相反的
是，王夫之對名不見經傳的夏侯詳加以褒揚：

> 自宋以來，貞人志士之言絕於天下。夏侯詳者，名不顯於當時，
> 而能昌言以救劉勔之失，殆蹇然空谷之足音矣。殷琰在壽楊，畏明帝
> 之誅己，欲降於拓拔氏。詳曰：「今日之事，本效忠節，何可北面左衽
> 乎？」至哉言乎！司馬楚之、王琳而知此，不為千載之罪人矣。以宋
> 事言之，子業之弒，宵小挾怨弑壽而弒之，起明帝於囚繫之中而扳之以

〔註12〕〔清〕王夫之：讀通鑑論（卷13），船山全書（第10冊），長沙：嶽麓書社，
1993，487。

〔註13〕〔清〕王夫之：讀通鑑論（卷14），船山全書（第10冊），長沙：嶽麓書社，
1993，504～505。

立，為賊所立，乘閒以竊位，不能正其始矣。子勳雖反，乃以獨夫之
將覆宗社而起，未純乎不正也。孝武以討賊而為神人主，一子不肖，
以次而仍立其子，位固子勳之位也。應子勳而起者，名亦近正，志亦
近義。詳曰「本效忠節」，皎皎初心，豈自誣哉？夫既以名義為初心，
則於義也當審。為先君爭嗣子之廢興，義也；為中國爭人禽之存去，
亦義也；兩者以義相衡而并行不悖。如其不可兩全矣，則先君之義猶
私也；中國之義，人禽之界，天下古今之公義也。不以私害公，不以
小害大，則恥臣明帝而歸拓拔，奚可哉？〔註14〕

夏侯詳勸阻殷琰投降於拓拔氏，王夫之稱許其「空谷之足音」「皎皎初心」，他
認為先君爭嗣子之廢興與為中國爭人禽之存去皆是義，君臣之義乃私，而中國
之義卻是「天下古今之公義」，不應以私害公。在王夫之看來，講究華夷之辨
遠比講究君臣之倫重要的多。

3.1.3 對胡安國夷夏之防的推進：從禮義、種族到自然環境

　　王夫之在夷夏之防上是十分堅定的，他不僅從禮義、種族的角度來看夷夏
之別，亦從自然地理環境的角度來看夷夏之別。王夫之將禮義作為夷夏之別的
一種標準，他在《春秋家說》中言：

立人之道，仁智而已矣。仁顯乎禮，智貞乎義。故夫禽獸者，仁
智之介然或存者有矣，介然之仁弗能顯諸禮，介然之智弗能貞諸義，
斯以為禽心。夷狄之仁，視禽廣大矣，夷狄之智，視禽通明矣，亦唯
不義無禮，無以愈於禽也，斯以為狄道。雖然，義以貞智，智以立事，
事以備功，功以免敗。是故狄之免於敗也，必有功矣。功必因智，智
之傲叛於義，則亦以召敗而墮功，其功而免於敗，則其義由參差遇之
也。若夫介然之仁，不準諸禮，而亦有以動愚賤。故狄雖假義，終必
棄禮，棄禮以為功，是之為狄。《春秋》之狄，荊、吳、徐、越、杞、
莒者，惟其亡禮也。僭王，盜行也。亡禮，盜行也。有狄之道，則必
有盜之行，狄故盜也。有狄之道，則必有盜之行，狄故盜也。何也？
以狄為道，則盜行而不知其盜，蕩然蔑禮，斯以僭王矣。其僭王也，
不能並其典章儀物而僭之。枵然自大，視虞夏商周之王，猶其王也。

〔註14〕〔清〕王夫之：讀通鑑論（卷15），船山全書（第10冊），長沙：嶽麓書社，
　　　　1993，588～589。

介然之仁足以聚人，介然之智足以立事，事立人聚，抑或因介然之義
以輔其智，免乎桀紂、幽厲之敗，遂進而爭虞夏商周之功，自信以王，
因自王焉。若夫夏之時，殷之輅，周之冕，虞之韶，且唯恐不利其介
然之仁智而決去之，斯狄之所以為狄，而《春秋》之狄之以不疑也。
諸侯之僭，猶中國之盜，所僭者猶禮也。荊、吳、徐、越之僭，非直
盜也，狄也，禮亡故也。禮亡，則杞、莒遂不僭也，而亦狄也。禮者，
人之所安，禽之所必昧，狄之所必不知，而欲去之。借其知禮，而狄
可進矣。故《春秋》有時進荊、吳，而僭王之罪姑且置之。嗚呼！禮
亦重矣。禮之蔑也，禍成於狄，則欲救狄禍者，莫禮急也。功能驅狄，
而道不足弘禮，其驅之也必復。〔註15〕

王夫之以為狄無禮無義，視之為禽獸，「狄雖假義，終必棄禮，棄禮以為功，
是之為狄」，《春秋》中的狄，如荊、吳、徐、越、杞、莒，皆無禮也，「以狄
為道，則盜行而不知其盜，蕩然蔑禮，斯以僭王」，儘管僭王，「不能並其典
章儀物而僭之」，只要是禮亡，即便杞、莒不僭王，也是狄。但是他亦指出狄
是可以進的，只要知禮義，「《春秋》有時進荊、吳，而僭王之罪姑且置之」。
他亦以為君子、小人之種族之異來譬喻華夏與夷狄之別：

君子之與小人，所生異種，異種者，其質異也，質異而習異，
習異而所知所行蔑不異焉。乃於其中亦自有其巧拙焉，特所產殊類、
所尚殊方，而不可亂，亂則人理悖，貧弱之民亦受其吞噬而憔悴。
防之於濫，所以存人理而裕人之生，因乎天也。嗚呼！小人之亂君
子，無殊於夷狄之亂華夏，或且玩焉，而孰知其害之烈也！〔註16〕

他在《黃書》中亦指出夷狄與中夏的種族之異：

而聖人之所深長思者，或不在此，作春秋，明王道，內中夏，
外戎狄，疑號者正其辜而終徠之，外會者斥其賤而等擯之。夫周之
衰，非有匈奴、吐蕃、契丹、韃靼以為之外逼也，陸渾、吾離、允
姓、僑如之族種不能配中國之一名都也，燕之北鄙，秦之西陸，未
嘗晨夕於奔命也。〔註17〕

〔註15〕〔清〕王夫之：春秋家說，船山全書（第 5 冊），長沙：嶽麓書社，1993，145
　　　　～146。
〔註16〕〔清〕王夫之：讀通鑒論（卷 14），船山全書（第 10 冊），長沙：嶽麓書社，
　　　　1993，502。
〔註17〕〔清〕王夫之：黃書，船山全書（第 12 冊），長沙：嶽麓書社，1993，502。

王夫之在劃定華夏、夷狄的時候具有強烈的個人感情色彩,他以禮義、種族為準來細分華夷之分。胡安國指出「中國之所以為中國,以禮義也,一失則為夷狄,再失則為禽獸,人類滅矣」,〔註18〕「聖人謹華夷之辨,所以明族類、別內外也」,〔註19〕亦是以禮義、種族作為依據來斷定中國、夷狄,王夫之在此一點上與其看法是完全一致。

王夫之除了禮儀、種族上來看夷夏之別,他亦十分注重從「天地之氣」的自然環境上看夷夏之別。他指出:

> 三代以上,淑氣聚於北,而南為蠻夷。漢高帝起於豐、沛,因楚以定天下,而天氣移於南。郡縣封建易於人,而南北移於天,天人合符之幾也。天氣南徙,而匈奴始強,漸與幽、并、冀、雍之地氣相得。故三代以上,華夷之分在燕山,三代以後在大河。非其地而闌入之,地之所不宜,天之所不佑,人之所不服也。〔註20〕

王夫之認為,三代以前,天氣在北地聚集,而南方即是蠻夷,而漢高祖得天下後天氣南移,使得匈奴逐漸強大,是故三代以前華夷之分在燕山,三代以後在黃河,這完全是站在地理環境的角度來看華夷之別的。他在《讀通鑒論》中表示:

> 天以洪鈞一氣生長萬物,而地限之以其域,天氣亦隨之而變,天命亦隨之而殊。中國之形如箕,坤維其膺也,山兩分而兩迤,北自賀蘭,東垂於碣石,南自岷山,東垂於五嶺,而中為奧區、為神臬焉。故裔夷者,如衣之裔垂於邊幅,而因山阻漠以自立,地形之異,即天氣之分,為其性情之所變,即其生理之所存。濫而進宅乎神臬焉,非不歆其美利也。地之所不宜,天之所不佑,性之所不順,命之所不安。是故拓跋氏遷雒而敗,完顏氏遷蔡而亡,游鱗於沙渚,嘯狐於平原,將安歸哉?待盡而已矣。〔註21〕

王夫之從地形、地理環境的角度來看中國、裔夷的區別,故造成「地形之異,

〔註18〕 〔宋〕胡安國著、錢偉強點校:春秋胡氏傳,杭州:浙江古籍出版社,2010,182。

〔註19〕 〔宋〕胡安國著、錢偉強點校:春秋胡氏傳,杭州:浙江古籍出版社,2010,224。

〔註20〕 〔清〕王夫之:讀通鑒論(卷12),船山全書(第10冊),長沙:嶽麓書社,1993,454。

〔註21〕 〔清〕王夫之:讀通鑒論(卷13),船山全書(第10冊),長沙:嶽麓書社,1993,485~486。

即天氣之分，為其性情之所變，即其生理之所存」，「地之所不宜，天之所不佑，性之所不順，命之所不安」，這種差異是天生形成的，無法更改。他在《讀通鑒論》中云：

> 天下之大防有二，中國、夷狄也，君子、小人也。非本未有別，而先王強為之防也。夷狄之與華夏，所生異地，其地異，其氣異矣，氣異而習矣，習異而所知所行，蔑不異焉。乃於其中亦自有其貴賤焉，特地界分、天氣殊，而不可亂，亂則人極毀，華夏之生民亦受其吞噬而憔悴。防之於早，所以定人極而保人之生，因乎天也。〔註22〕

王夫之從生存環境、地理的角度來看夷夏之別，「夷狄之與華夏，所生異地，其地異，其氣異矣，氣異而習矣，習異而所知所行，蔑不異焉」，正是由此，二者不可相亂，「亂則人極毀，華夏之生民亦受其吞噬而憔悴」，故夷夏之防是「因乎天」。吳根友指出：

> 王夫之雖然不像歐洲十八世紀的自然環境決定論者那樣討論地理與文明形態的關係，但也有類似的思想觀念。他反覆申說的「地氣天情」說，可以視之為自然環境論的萌芽狀態。〔註23〕

王夫之如此強調地理環境對華夷之別的決定作用，而且進行了十分詳盡地論述，這與胡安國《春秋》所強調的禮儀、種族之差決定華夷之別的看法有了進一步的推進。

王夫之《春秋家說》中討論夫婦、父子、君臣關係，以天理、人慾加以解釋，討論親與尊的問題，將楚排斥於中國之外，指出尊、親之體乃「因天之理，正人之紀」，王夫之視尊、親為天理，刻意強調楚與中國之別，乃是用天理觀來解釋華夷之別。在君臣之倫、夷夏之別上以天理來解釋二者的關係，完全是繼承自胡安國。

在尊王與攘夷的關係上，宋儒孫明復、程頤強調尊王為先，攘夷居次，胡安國接續了他們的傳統，在胡安國《春秋傳》中，尊王是壓倒攘夷的。王夫之卻對胡安國「尊王攘夷」的順序進行了調整，彰顯《春秋》的攘夷之義高於尊王。在《宋論》中，他對胡安國《春秋傳》「著攘夷尊周之大義」深表認同，同時亦指出「夷不攘則王不可得而尊」，攘夷高於尊王。在《讀通鑒論》中，

〔註22〕〔清〕王夫之：讀通鑒論（卷14），船山全書（第10冊），長沙：嶽麓書社，1993，502。
〔註23〕吳根友：王夫之「文明史觀」探論，中國哲學史，2021（1），104。

王夫之對胡安國所持「兵權不可假人」之說並不認同，強調攘夷要以要依靠君臣之間的上下合作實現。王夫在《讀通鑑論》中指出，《春秋》中所載齊桓公次陘之師，晉文公城濮之戰，儘管非奉王命，猶「序其跡而予之」，楚子伐陸渾之戎，書爵進之，鄭伯奉惠王之命從楚，卻書逃歸以賤之，皆是因為「不以一時之君臣，廢古今夷夏之通義」。夷夏之防高於君臣之義的看法也影響了他的史觀，他在《讀通鑑論》討論桓溫、岳飛、夏侯詳時也堅持了這一點。

在《春秋家說》中，王夫之指出，夷狄無禮無義，故視之為禽獸，「狄雖假義，終必棄禮，棄禮以為功，是之為狄」，乃從禮義角度華夏與夷狄之別，在《讀通鑑論》《黃書》中亦以人種之異來區別夷夏，此兩方面與胡安國的看法相當一致。除此，王夫之還從「天地之氣」的自然環境上對夷夏之別進行了深入的討論。在《讀通鑑論》中，他從地形、地理、「天氣」自然環境的角度來分析中國、夷狄的區別，「地形之異，即天氣之分，為其性情之所變，即其生理之所存」，「夷狄之與華夏，所生異地，其地異，其氣異矣，氣異而習矣，習異而所知所行，蔑不異焉」，正是自然環境之異，造成了中國、夷狄在生理、習性上的根本不同，是故夷夏之防是因天而定，此乃對胡安國的華夷之別的論述有了進一步的推進。

王夫之所以堅持《春秋》中的「攘夷」高於「尊王」，並對夷夏之防從禮義、種族、自然環境上進行細緻的論述，並非是無源之水、無本之木，這與明清之際的時政有著密切關聯。滿清入關，刺痛了明末士大夫的亡國痛感，對漢族士大夫造成了強烈衝擊，王夫之身先士卒，進行了一系列的抗清活動。順治五年（1648），清軍進入湖南，王夫之與友人管嗣裘、夏汝弼等人一起發動衡山起義，然遭到失敗。之後，投奔在肇慶的永曆帝，順治六年（1649）前往桂林依附力主抗清的瞿式耜，與瞿氏一道進行抗清活動，不久清軍攻陷桂林，瞿式耜被俘，王夫之遂奔命回湘。順治十一年（1654），舉家避居於零陵北洞、雲台山等處，改名換姓，甚至以傜人自詡，晚年一直流寓衡湘各地，誓不降清。王夫之對胡安國《春秋傳》中夷夏大防之義的發掘、宣揚，以及對其進行重新理解，乃是表達其對清朝的反抗之意，這也是這一時期士人的共同的心曲。

3.2 顧炎武對胡安國的改進

顧炎武（1613～1682），本名顧絳，字寧人，世稱亭林先生，是清初十分

有影響力的思想家，他充分肯定胡安國在學術史上的地位，並給予高度的評價，他推重胡安國的「尊王攘夷」之論。顧炎武在《左傳杜注補正》《日知錄》《五經同異》中對《春秋》中的許多問題皆進行了專門討論。在《左傳杜注補正》中，顧炎武從征伐、會盟、天文、地理上表達「尊王攘夷」之義；在《日知錄》中，顧炎武亦宣揚「尊王攘夷」的精神，在曆法、禮儀、稱號方面進行了條分縷析地探討；在《五經同異》中，顧炎武亦從《春秋》的褒貶義例等方面十分清楚地表達「尊王攘夷」思想。顧炎武雖然堅持胡安國所言之的「尊王攘夷」的論述，然其對此進行了進一步的理解，在顧炎武看來，「攘夷」在前，「尊王」居後，「攘夷」比「尊王」更為重要，夷夏之防要遠高於君臣之分。

3.2.1 夷夏之防高於君臣之分

顧炎武對胡安國頗為推重，他在《日知錄》討論孔廟從祀時說：

> 神宗元豐七年，始進荀況、揚雄、韓愈三人。此三人之書雖有合於聖人，而無傳注之功，不當祀也。理宗寶慶三年，進朱熹。淳祐元年，進周頤（避光廟諱，去惇字）、張載、程顥、程頤。景定二年，進張栻、呂祖謙。度宗咸淳三年，進邵雍、司馬光。以今論之，唯程子之《易傳》，朱子之《四書章句集注》、《易本義》、《詩傳》及蔡氏之《尚書集傳》，胡氏之《春秋傳》，陳氏之《禮記集說》，是所謂「代用其書，垂於國胄」者爾，南軒之《論語解》、東萊之《讀詩記》抑又次之，而《太極圖通書》、《西銘正蒙》，亦羽翼《六經》之作也。〔註24〕

顧炎武認為荀況、揚雄、韓愈無傳注之功，故不當祀，而將周敦頤、二程、朱熹、胡安國皆躋身孔廟，將胡安國的《春秋傳》與程頤的《易傳》，朱子的《四書章句集注》、《易本義》、《詩傳》相列，並盛讚其是「代用其書，垂於國胄」，是六經羽翼，他將胡安國的學問置於程頤、朱熹系統之中。顧炎武在討論性與天道時云：

> 夫子之言性與天道夫子之教人文行忠信，而性與天道在其中矣。故曰：「不可得而聞。」子曰：「二三子以我為隱乎？吾無隱乎爾。

〔註24〕〔清〕顧炎武：日知錄（卷14），顧炎武全集（第18冊），上海：上海古籍出版社，2011，592。

吾無行，而不與二三子者，是丘也。」謂夫子之言性與天道不可得
而聞，是疑其有隱者也。不知夫子之文章，無非夫子之言性與天道，
所謂「吾無行而不與二三子者，是丘也。」子貢之意，猶以文章與
性與天道為二，故曰：「子如不言，則小子何述焉？」子曰：「天何
言哉？四時行焉，百物生焉。天何言哉！」是故可仕、可止，可久、
可速，無一而非天也。恂恂便便，侃侃誾誾，無一而非天也。動容
周旋中禮者，盛德之至也，孟子以為堯舜性之之事。夫子之文章莫
大乎《春秋》，《春秋》之義，尊天王，攘戎翟，誅亂臣賊子，皆性
也，皆天道也。故胡氏以《春秋》為聖人性命之文，而子如不言，
則小子其何述乎？〔註25〕

顧炎武在認為孔子之性與天道即是其文章，而文章即是《春秋》，《春秋》中的
「尊王攘夷」即是性與天道，並以胡安國之說為據。他在著作中亦時常稱引
胡安國之說：

滕侯之降而子也，薛侯之降而伯也，杞侯之降而伯而子也，貶
之乎？（滕子來朝，張無垢、胡康侯謂貶其朝桓）貶之者，人之可
也，名之可也；至於名盡之矣，降其爵非情也。古之天下猶今也。
崔呈秀、魏廣微，天下之人無字之者，言及之則名之，名之者惡之
也，惡之則名之焉盡之矣。〔註26〕

顧炎武在探討滕侯降成子爵時，援引胡安國「貶其朝桓」之說。在討論谷伯、
鄧侯書名時，亦引用胡氏之說云：

谷伯綏來朝，鄧侯吾離來朝……而何氏乃有去二時者，桓公以
火攻人君之說，又有不月者，失地君朝惡人之說。胡氏因之，遂以
朝桓之貶歸之於天道矣。〔註27〕

以為谷伯、鄧侯朝桓之貶，乃是天道所決定的。可見，顧炎武推許胡安國在
學術史上的地位，對其倡導之「尊王攘夷」亦深表認同，他在《左傳杜注補
正》《日知錄》《五經同異》三部著作皆有專門討論《春秋》經義，其頗得婉

〔註25〕〔清〕顧炎武：日知錄（卷7），顧炎武全集（第18冊），上海：上海古籍出
版社，2011，306。

〔註26〕〔清〕顧炎武：日知錄（卷4），顧炎武全集（第18冊），上海：上海古籍出
版社，2011，174。

〔註27〕〔清〕顧炎武：日知錄（卷4），顧炎武全集（第18冊），上海：上海古籍出
版社，2011，212。

而成章的遺味，並不會直陳大義，而是在平順的考證文字中，蜻蜓點水，將他的想法表達出來。「尊王攘夷」是胡安國《春秋》的時刻強調的話題，顧炎武亦秉持這一點。

《左傳杜注補正》雖然從考證的角度對杜預的注多有駁正，但其中亦夾雜著顧氏「尊王攘夷」的想法。譬如桓公五年「蔡人、衛人、陳人從王伐鄭」一條，顧氏云：解：王師敗，不書，不以告。非也。改云：王師敗，不書，不可書也，為尊者諱。〔註28〕顧氏駁斥杜預的解釋，以為經不書王師敗，並不是不來告，而是為尊者諱，意在尊王。文公十四年「有星孛於北斗」條，顧氏云：

> 解：既見，而後入北斗。非也，改云：有者，非常之辭。孛，妖星之有光芒者也，如帶星則謂之彗。劉向以為，君臣亂於朝政，令虧於下，則上濁三光之精，五星嬴縮，變色逆行，甚則為孛。孛星，亂臣象，篡弒之表也。〔註29〕

批駁杜預的解釋，並徵引劉向的「亂臣象，篡弒之表」的理解，隱然表達君臣之倫的大義。定公十年「公會齊侯於祝其，實夾谷」條，顧氏云：

> 《水經注》萊蕪縣曰：城在萊蕪谷，當路岨絕兩山間，道由南北門。舊說云，齊靈公滅萊，萊民播流此谷，邑落荒蕪，故曰萊蕪，禹貢所謂萊夷也。夾谷之會，齊侯使萊人以兵劫魯侯，宣尼稱夷不亂華是也。〔註30〕

顧炎武引《水經注》的說法考證萊蕪地名，並言「夷不亂華」，表達夷夏之防。定公十三年「公會晉侯及吳子於黃池」條，顧氏云：

> 解：夫差欲霸中國、尊天子，自去其僭號而稱子，以告令諸侯，故史承而書之。非也。四夷雖大，皆稱子。〔註31〕

顧炎武駁斥杜預的解釋，表達「四夷雖大，皆稱子」之義，亦是強調夷夏之防。

顧炎武在《日知錄》卷四中，專門討論《春秋》的若干問題，亦表達「尊

〔註28〕〔清〕顧炎武：左傳杜注補正，顧炎武全集（第 1 冊），上海：上海古籍出版社，2011，13。

〔註29〕〔清〕顧炎武：左傳杜注補正，顧炎武全集（第 1 冊），上海：上海古籍出版社，2011，47。

〔註30〕〔清〕顧炎武：左傳杜注補正，顧炎武全集（第 1 冊），上海：上海古籍出版社，2011，112。

〔註31〕〔清〕顧炎武：左傳杜注補正，顧炎武全集（第 1 冊），上海：上海古籍出版社，2011，116。

王攘夷」的精神，這其中除了涉及到曆法、禮儀等方面，〔註32〕還有稱號，借由《春秋》書法來裁定褒貶。他在討論「王正月」時說：

> 《廣川書跋》載《晉姜鼎銘》曰，惟王十月乙亥。而論之曰，聖人作《春秋》，於歲首則書王，說者謂謹始以正端。今晉人作鼎而曰王十月，是當時諸侯皆以尊王正為法，不獨魯也……未為天子，則雖建子而不敢謂之「正」，《武成》「惟一月壬辰是也」。已為天子，則謂之「正」，而復加「王」，以別於夏、殷，《春秋》「王正月」是也。〔註33〕

顧氏引用《晉姜鼎銘》對「王十月乙亥」的討論，言《春秋》於歲首書王乃謹始以正端，「當時諸侯皆以尊王正為法」，進一步指出未為天子，即便是建子也不敢謂之「正」，已為天子，才能稱「正」，再加「王」。顧炎武對正朔的討論中，亦表達出強烈的尊王、尊周意識，他在討論「謂一為元」時云「正朔必自天子出，改正朔，恐聖人不為也」。〔註34〕他在討論「天王」時說：

> 《尚書》之文但稱王，《春秋》則曰天王，以當時楚、吳、徐、越皆僭稱王，故加天，以別之也。趙子曰「稱天王以表無二尊也」。
> 〔註35〕

顧炎武對天王加以討論，指責楚、吳、徐、越皆僭稱王，故加一天字以相別，並引趙子「稱天王以表無二尊也」之論，亦是表達尊王之意。而在「王貳於虢」一條，顧氏說：

> 名不正則言不順，言不順則事不成。而《左氏》之記周事曰「王貳於虢」，「王叛王孫蘇」。以天王之尊而曰「貳」，曰「叛」，若敵者之辭，其不知《春秋》之義甚矣！〔註36〕

顧炎武批評《左傳》中「王貳於虢」，「王叛王孫蘇」的說法，指出以天王之尊，不當言「貳」，言「叛」，此乃尊王之論。顧炎武在討論「楚、吳書君，書大夫」時說：

〔註32〕 古偉瀛：顧炎武對《春秋》及《左傳》的詮釋，臺大歷史學報，2001（28），77。
〔註33〕 〔清〕顧炎武：日知錄（卷4），顧炎武全集（第18冊），上海：上海古籍出版社，2011，166。
〔註34〕 〔清〕顧炎武：日知錄（卷4），顧炎武全集（第18冊），上海：上海古籍出版社，2011，168。
〔註35〕 〔清〕顧炎武：日知錄（卷4），顧炎武全集（第18冊），上海：上海古籍出版社，2011，170。
〔註36〕 〔清〕顧炎武：日知錄（卷4），顧炎武全集（第18冊），上海：上海古籍出版社，2011，193。

　　　　《春秋》之於夷狄，斤斤焉不欲以其名與之也。楚之見於經也，
　　始於莊之十年，曰「荊」而已。二十年，於其來聘，而「人」之……
　　終《春秋》之文，無書帥者使之終不得同於中夏也。是知書君、書
　　大夫，《春秋》之不得已也。政交於中國矣。以後世之事言之，如五
　　胡十六國之輩，夷之而已。至魏齊周則不得不成之為國而列之於史，
　　金元亦然，此夫子所以錄楚吳也，然於備書之中而寓抑之之意，聖
　　人之心蓋可見矣！〔註37〕

顧氏認為，《春秋》記夷狄，「斤斤焉不欲以其名與之」，書吳、楚，稱「人」，
稱「子」，乃有大義，使其不得與中夏相同。他亦將《春秋》的這一書法與後
世之歷史聯繫起來，對五胡十六國進行討論，魏齊周、金元皆以夷視之，否定
其在中國的合法性。此亦表達了顧炎武深重的夷夏之防觀念。顧炎武在討論
「邢人、狄人伐衛」時說：

　　　　僖十八年，邢人、狄人伐衛。二十年，邢人、狄人盟於邢。並
　　舉二國，而狄亦稱人，臨文之不得不然也。若惟狄而已，則不稱人。
　　十八年，狄救齊，二十一年，狄侵衛是也。《穀梁傳》謂，狄稱人，
　　進之也。何以不進之於救齊，而進之於伐衛乎？則又為之說曰，善
　　累而後進之。夫伐衛，何善之有？〔註38〕

顧氏指出，僖公十八年、二十年，狄稱人乃臨文之需，如果只有狄，則不會稱
人，批評《穀梁傳》「狄稱人，進之」「善累而後進之」的說法，將狄完全排斥
於中原之外，意在貶斥夷狄也。

　　《五經同異》亦對《春秋》中的問題進行專門討論，亦十分清楚地表達
「尊王攘夷」思想。顧炎武在討論「《春秋》褒貶之例」時說：

　　　　抑愚嘗深考《春秋》之義，竊以為其大旨有三：一曰明分義，
　　二曰正名實，三曰著幾微。所謂明分義者何也？每月書正，以明正
　　朔之所自出，王人雖微，必序諸侯之上，皆所以序君臣。內齊而外
　　楚，內晉而外吳，開始荊而後書楚，始書吳而後書子，皆所以別夷
　　夏。書陳黃、衛縶所以明兄弟之義；書晉申生、許止，所以明父子
　　之恩……皆所以明分義。所謂正名實者何也？傳稱隱為攝，而聖人

〔註37〕〔清〕顧炎武：日知錄（卷4），顧炎武全集（第18冊），上海：上海古籍出
　　　　版社，2011，178～179。
〔註38〕〔清〕顧炎武：日知錄（卷4），顧炎武全集（第18冊），上海：上海古籍出
　　　　版社，2011，181。

書之曰公，則非攝也。〔註39〕

顧氏總結《春秋》大義的三個方面，即明分義、正名實、著幾微，在明分義上，顧氏以為，「每月書正，以明正朔之所自出」，王人雖微，一定排在諸侯之上，以表君臣之序，「內齊而外楚，內晉而外吳」，《春秋》對楚、吳稱謂之變化，乃皆是別夷夏。顧炎武對明分義的理解則完全站在「尊王攘夷」的立場上。顧炎武錄唐順之讀《春秋》之內容：

> 《春秋》，王道也。天下無二尊，是正道也。禮樂征伐、會盟朝聘、生殺之權一出於天子，而無一人之敢衡行，無有一人之敢作好惡作福威也，是王道也。〔註40〕

表明《春秋》乃王道，天下無二尊，而以天子為尊，禮樂征伐、會盟朝聘、生殺之權皆只有天子所有，意在尊王，同時亦表示「戎狄攘斥，中夏久安，未有召陵、城濮者」，〔註41〕意在攘夷。在討論「元年春王正月」時言「正朔自天子出，改正朔，聖人不為也」，〔註42〕與《日知錄》中一樣，強調正朔出自天子。在「吳萊孔子不貶季札論」中言「長幼之序不可紊，君臣之分不可奸」。〔註43〕

顧炎武雖然堅持胡安國所言之「尊王攘夷」，但他卻將此話題倒轉過來，「攘夷」在前，「尊王」居後。顧炎武的《春秋》經學中所表達的「尊王攘夷」之論實際上有個先後的次第之分，在顧氏看來，「攘夷」比「尊王」更為要緊，夷夏之防要遠高於君臣之分。〔註44〕他在《日知錄》中討論「管仲不死子糾」表示：

> 管仲不死子糾，君臣之分所關者在一身，華裔之防所繫者在天下。故夫子之於管仲，略其不死子糾之罪，而取其一匡九合之功，蓋權衡於大小之間，而以天下為心也。夫以君臣之分猶不敵華裔之

〔註39〕〔清〕顧炎武：五經同異，顧炎武全集（第1冊），上海：上海古籍出版社，2011，210～211。

〔註40〕〔清〕顧炎武：五經同異，顧炎武全集（第1冊），上海：上海古籍出版社，2011，214。

〔註41〕〔清〕顧炎武：五經同異，顧炎武全集（第1冊），上海：上海古籍出版社，2011，218。

〔註42〕〔清〕顧炎武：五經同異，顧炎武全集（第1冊），上海：上海古籍出版社，2011，221～222。

〔註43〕〔清〕顧炎武：五經同異，顧炎武全集（第1冊），上海：上海古籍出版社，2011，236。

〔註44〕鄭任釗：顧炎武《春秋》觀及《春秋》大義，南明史學術研討會論文集，2015，279。

防，而《春秋》之志可知矣。有謂管仲之於子糾未成為君臣者，子
糾於齊未成君，於仲與忽則成為君臣矣。狐突之子毛及偃從文公在
秦，而曰：「今臣之子名在重耳，有年數矣。」若毛、偃為重耳之
臣，而仲與忽不得為糾之臣，是以成敗定君臣也，可乎？又謂桓兄
糾弟，此亦強為之說。論至於尊周室，存華夏之大功，則公子與其
臣區區一身之名分小矣。雖然，其君臣之分故在也，遂謂之無罪，
非也。〔註45〕

顧氏眼中，管仲不死子糾是因君臣之分在身，而夷夏之防卻與天下相繫，故孔
子略其罪，而取其一匡天下之功，乃論證「君臣之分猶不敵華裔之防」，夷夏
之防是高於君臣之分的。

3.2.2 顧炎武的反抗

顧炎武在其著作中堅持《春秋》中「尊王攘夷」，以夷夏之防遠勝於君臣
之分，乃為其反清、抗清之事張本，顧氏一直以抗清復明為職志，參與了大大
小小的反抗活動。順治元年（1644），顧炎武經崑山縣令楊永言舉薦，被南明
弘光政權授予兵部司務之職，他在《感事》一詩中說：

> 縞素稱先帝，春秋大復讎。告天傳玉冊，哭廟見諸侯。詔令屯
> 雷動，恩波解澤流。須知六軍出，一掃定神州。〔註46〕

表達《春秋》大復仇之義，希望「一掃定神州」，對抗清復明充滿昂揚鬥志。
順治二年（1645），顧炎武撰就《軍制論》《形勢論》《田功論》《錢法論》四論，
提出自己對南明政權政治、軍事、民生等方面的革新建議，試圖拯救弊政，復
興南明，為抗擊清人做準備，他《聞詔》一詩中明確表示「尊王攘夷」之義：

> 聞道今天子，中興自福州。二京皆望幸，四海願同仇。滅虜須
> 名將，尊王仗列侯。殊方傳尺一，不覺淚頻流。〔註47〕

顧炎武意欲「滅虜」「尊王」，對南明中興滿是期許。五月，顧炎武前往南京赴
任，在經過京口時，賦《京口即事》兩首云：

〔註45〕〔清〕顧炎武：日知錄（卷7），顧炎武全集（第18冊），上海：上海古籍出
　　　　版社，2011，314。
〔註46〕〔清〕顧炎武：亭林詩文集，顧炎武全集（第21冊），上海：上海古籍出版
　　　　社，2011，312。
〔註47〕〔清〕顧炎武：亭林詩文集，顧炎武全集（第21冊），上海：上海古籍出版
　　　　社，2011，509。

　　　　白羽出揚州，黃旗下石頭。六雙歸雁落，千里射蛟浮。河上三
　軍合，神京一戰收。祖生多意氣，擊楫正中流。其一

　　　　大將臨江日，匈奴出塞時。兩河通詔旨，三輔急王師。轉戰收
　銅馬，還兵飲月支。從軍無限樂，早賦仲宣詩。其二〔註48〕

從詩中不難看出，顧炎武對收復失地、堅持抗爭的豪氣，不料清兵攻破南京，弘光帝被俘，南明政權瓦解。六月，顧炎武前往蘇州，與歸莊一道參加抗清義軍，遭到失敗，後回到崑山，繼續抵抗清兵，不久崑山失陷，顧炎武因省母而得以幸免。七月，常熟城破，顧炎武的母親聞訊絕食殉國，並留下遺言叮囑顧炎武「我雖婦人，身受國恩，與國俱亡，義也。汝無為異國臣子，無負世世國恩，無亡先祖遺訓，則吾可以瞑於地下」。〔註49〕八月，顧炎武再次被南明隆武政權授予兵部方司主事，繼續堅持抗清。順治四年（1647），顧天逵、顧天遴因幫助陳子龍被捕，顧炎武設法營救卻不得。順治五年（1648）至順治十四年（1656），顧炎武易名蔣山傭、顧奎年，假扮成商人，在江浙地區進行秘密反清活動，暗地結交、聯絡各類反清人士。順治六年（1649），顧炎武《元日》詩中說：

　　　　一身不自拔，竟爾墮胡塵。旦起肅衣冠，如見天顏親。天顏不可
　見，臣意無由伸。伏念五年來，王塗正崩淪。東夷擾天紀，反以晦為
　元。我今一正之，乃見天王春。正朔雖未同，變夷有一人。歲盡積陰
　閉，玄雲結重垠。是日始開朗，日出如車輪。天造不假夷，夷行亂三
　辰。人時不授夷，夷德違兆民。留此三始朝，歸我中華君。願言御六
　師，一掃開青旻。南郊答天意，九廟恭明禋。大雅歌文王，舊邦命已
　新。小臣亦何思，思我皇祖仁。卜年尚未逾，眷言待曾孫。〔註50〕

顧炎武在詩中對清廷的貶斥與鞭撻溢於言表，他斥責清廷是「東夷擾天紀，反以晦為元」，而自己則堅持採用舊曆，並試圖正之，「我今一正之，乃見天王春。正朔雖未同，變夷有一人」，即便此時清廷已經入關多年，然顧炎武還是以夷狄來看待，表示「天造不假夷」「人時不授夷」，在顧炎武心中，夷夏大防是揮之不去的。順治八年（1651），顧炎武達到南京，首度拜謁明孝陵，他在

〔註48〕〔清〕顧炎武：亭林詩文集，顧炎武全集（第 21 冊），上海：上海古籍出版社，2011，313。

〔註49〕〔清〕顧炎武：先妣王碩人行狀，亭林詩文集，顧炎武全集（第 21 冊），上海：上海古籍出版社，2011，228。

〔註50〕〔清〕顧炎武：亭林詩文集，顧炎武全集（第 21 冊），上海：上海古籍出版社，2011，510。

《恭謁孝陵》一詩中云：

> 閏位窮元季，真符啟聖人。九州殊夏裔，萬古肇君臣。武德三
> 王後，文思二帝鄰。卜年乘王氣，定鼎屬休辰。江水縈丹闕，鍾山
> 擁紫宸。衣冠天象遠，法駕月遊新。正寢朝群后，空城走百神。九
> 變超嶙峋，原廟遍嶙峋。實祚方中缺，災精且下淪。郊坰來獵火，
> 苑籞動車塵。繫馬神宮樹，樵蘇御道薪。歸然唯殿宇，一望獨荊榛。
> 流落先朝士，間關絕域身。干戈逾六載，雨露接三春。患難形容改，
> 艱危膽氣真。天顏杳靄接，地勢鬱紆親。尚想初陵制，仍詢徙邑民。
> 因山皆土石，用器不金銀。紫氣浮天宇，蒼龍捧日輪。願言從鄧禹，
> 修謁待西巡。〔註51〕

顧炎武褒贊明太祖滅元之功，「九州殊夏裔，萬古肇君臣」，再次重申自己雖飽受流離之苦卻不改抗爭精神，「患難形容改，艱危膽氣真」。此後顧炎武陸續分別於順治十年（1653）兩度，順治十二年（1655）、順治十三年（1656）、順治十四年（1657）、順治十七年（1660）拜謁明孝陵，顧炎武追蹤亡明的心意一直沒有改變。順治十八年（1661），顧炎武的《元日》詩云「雰雪晦夷辰，麗日開華始。窮陰畢除節，復旦臨初紀」，小注道「夷曆元日，先大統一日」，〔註52〕顧炎武依舊不承認清朝的正統，還是將之視為夷狄。康熙十年（1671），清廷下詔纂修《明史》，熊賜履本打算舉薦顧炎武參與纂修工作，然遭到顧炎武的斷然拒絕，言「願以一死謝公，最下則逃之世外」。〔註53〕可以說，「嚴夷夏之防」「不失吾中國之道」成為顧炎武著述、行事的基本準則，無論是思想上，還是實踐上，顧炎武都是地地道道的遺民。〔註54〕對於顧炎武而言，夷夏大防觀念基本是貫徹其一生之始終，成為其與清廷進行抗爭的精神力量。

　　顧炎武肯定胡安國在學術史上的地位，推重胡安國的「尊王攘夷」之論，他在《左傳杜注補正》從征伐、會盟、天文、地理上理解「尊王」與「攘夷」。桓公五年「蔡人、衛人、陳人從王伐鄭」一條，顧氏駁斥杜預的解釋，以為經

〔註51〕〔清〕顧炎武：亭林詩文集，顧炎武全集（第 21 冊），上海：上海古籍出版社，2011，349～350。

〔註52〕〔清〕顧炎武：亭林詩文集，顧炎武全集（第 21 冊），上海：上海古籍出版社，2011，510。

〔註53〕〔清〕全祖望：亭林先生神道表，全祖望集彙校集注，上海：上海古籍出版社，2000，232。

〔註54〕郭英德：論顧炎武的遺民心態，新國學，1999，122。

不書王師敗，是為尊者諱，意在尊王；文公十四年「有星孛於北斗」條，顧氏批駁杜預的解釋，並徵引劉向的「亂臣象，篡弒之表」的理解，表達君臣之倫的大義。定公十年「公會齊侯於祝其，實夾谷」條，顧炎武引《水經注》的說法考證萊蕪地名，並言「夷不亂華」，表達夷夏之防；定公十三年「公會晉侯及吳子於黃池」條，顧炎武駁斥杜預的解釋，表達「四夷雖大，皆稱子」之義，亦是強調夷夏之防。

　　顧炎武在《日知錄》中，表達「尊王攘夷」的精神，在曆法、禮儀、稱號方面進行探討。在尊王上，強調天子之尊，顧炎武在討論「王正月」時，引用《晉姜鼎銘》對「王十月乙亥」的討論，言《春秋》於歲首書王乃謹始以正端，「當時諸侯皆以尊王正為法」，進一步指出未為天子，即便是建子也不敢謂之「正」，已為天子，才能稱「正」；顧炎武對正朔的討論中，他在討論「謂一為元」時云「正朔必自天子出，改正朔，恐聖人不為也」，意在尊王；他在討論「天王」時，指責楚、吳、徐、越皆僭稱王，故加一天字以相別，並引趙子「稱天王以表無二尊也」之論，亦是表達尊王之意。在攘夷上，強調夷夏之防，顧炎武在討論「楚、吳書君，書大夫」時，《春秋》記夷狄，「斤斤焉不欲以其名與之」，書吳、楚，稱「人」，稱「子」，乃是使其不得與中夏相同，將魏、齊、周、金、元視之夷視，否定其在中國的合法性。顧炎武在討論「邢人、狄人伐衛」時，批評《穀梁傳》「狄稱人，進之」「善累而後進之」的說法，將狄完全排斥於中原之外，意在貶斥夷狄。

　　《五經同異》亦對《春秋》中的問題進行專門討論，亦十分清楚地表達「尊王攘夷」思想。顧炎武在討論「《春秋》褒貶之例」時，總結《春秋》大義的三個方面，即明分義、正名實、著幾微，在明分義上，「每月書正，以明正朔之所自出」，王人雖微，一定排在諸侯之上，以表君臣之序，「內齊而外楚，內晉而外吳」，《春秋》對楚、吳稱謂之變化，乃皆是別夷夏。顧炎武錄唐順之讀《春秋》之內容，表明《春秋》乃王道，天下無二尊，而以天子為尊，禮樂征伐、會盟朝聘、生殺之權皆只有天子所有，同時亦表示「戎狄攘斥，中夏久安，未有召陵、城濮者」。

　　顧炎武雖然堅持胡安國所言之「尊王攘夷」，但他卻將此話題倒轉過來，「攘夷」在前，「尊王」居後。在顧炎武看來，「攘夷」比「尊王」更為要緊，夷夏之防要遠高於君臣之分。他在《日知錄》中討論「管仲不死子糾」指出，管仲不死子糾是因君臣之分在身，而夷夏之防卻與天下相繫，故孔子略其罪，

而取其一匡天下之攻，乃論證「君臣之分猶不敵華裔之防」。攘夷高於尊王同時也成為了顧炎武行動的思想支撐與精神力量，他始終以抗清復明為職志，他曾參與過許許多多的抗清活動，他對清廷一直抱持著反抗的態度。

3.3　毛奇齡對《胡傳》的批評

清初的毛奇齡（1623～1713），字大可，浙江蕭山人，又稱西河，著有《春秋毛氏傳》三十六卷，《春秋簡書刊誤》二卷，《春秋屬辭比事記》四卷。毛奇齡在《春秋毛氏傳》中對胡安國幾乎是逐條批駁的，聲勢異常激烈。首先，毛奇齡堅持《春秋》乃史的性質，在《春秋毛氏傳》中對胡安國所堅持的諸多義例加以批判，對一字褒貶加以否定。其次，毛奇齡在《春秋》中提倡尊王之義，彰顯天子的絕對權威性，胡安國在提倡尊王的同時，亦提倡制王，即是天對王有制約的作用，毛奇齡對胡安國此點並不接受，在《春秋》中，對於胡安國批評天子、國君之處，多帶有批駁之聲。最後，胡安國在《春秋》中堅持夷夏大防，毛奇齡對此亦持貶抑的態度，不僅如此，毛奇齡對胡安國激烈討論夷夏問題之處皆予以迴避。

3.3.1　視《春秋》為史，批評胡氏義例

毛奇齡尤其推重《左傳》，而貶抑《公羊傳》《穀梁傳》。他指出：

> 特其書（《左傳》），則猶是魯史與晉、楚諸史，較之《公羊》《穀梁》道聽途說、徒事變亂者，迴乎不同。故當時左氏以其傳授之曾申，神授之吳起以及虞卿、荀況輩，皆有論著，《漢志》所稱《虞氏春秋》《虞氏微傳》，皆推明左氏之學，即傳自西漢，猶有賈誼為《左傳》訓詁，以授京兆尹張敞、中大夫劉公子等，原不止劉歆獲內府秘書，始責讓太常博士以發其義也。乃不幸其書出壁中時，孔安國已獻之內府，而未立學官，遂至公、穀之徒，各持門戶，以相牴牾。然究之日月一出，而爝火自熄，彼《墨守》《廢疾》，皆不攻自下，不事痏壞，而其庳已不起矣。〔註55〕

毛氏指出《左傳》乃魯史，而「較之《公羊》《穀梁》道聽途說、徒事變亂者，迴乎不同」，並對《左傳》的傳授情況進行了一番細緻地梳理。在《春秋》「（隱

〔註55〕〔清〕毛奇齡：春秋毛氏傳（卷1），景印文淵閣四庫全書（第176冊），臺北：臺灣商務印書館，1983，10。

公）三年，王二月，己巳，日有食之」，毛氏云：

> 此不書朔者，係史闕文，而公、穀遂發一例，曰，言日不言朔，
> 食晦日也，朔日並不言，食晦夜也，朔日並言者，食正朔也，言朔
> 不言日，食既朔也。其義其例似甚切當而可聽，而不知仍不然者。
> 杜氏注曰，《釋例》以《長曆》推經傳，明此日是二月之朔，而漢魏
> 言歷家以後，凡《三統》《乾象》諸曆，無不以此魯隱二年二月之己
> 巳，實係朔日，徒以魯史闕文，偶失朔字。而公、穀無賴作此妄談，
> 幸而日月干支無襃譏耳。不然，而明明朔日，偏不書朔，深文之徒
> 幾何？不又以為己巳有罪，此仲尼所特筆而削之者耶。〔註56〕

毛氏指出，此不書朔，乃史之闕文，用歷代曆法論證此處乃魯史闕文，偶失朔
字，批評公、穀借機襃貶，「其義其例似甚切當而可聽，而不知仍不然者」，
「公、穀無賴作此妄談」，進一步強調日月干支並沒有襃貶之意。他推崇左氏，
乃是將《春秋》看作史，他云：

> 《春秋》者，魯史之名也。古凡史官記事，必先立年、時、月、
> 日，而後書事於其下，謂之記年。故每歲所書，四時必備，然而只
> 名《春秋》者，春可以該夏，夏可以該冬也……第《春秋》立名，不
> 始夫子，在夫子未修前早有是名。傳稱韓宣子來聘，觀《易象》《春
> 秋》，此在昭二年，父子未修以前之文。而《坊記》謂《魯春秋》記
> 晉喪曰，殺其君之子奚齊及其君卓，其文在僖九年，夫子且未嘗生
> 也。故公羊道聽途說亦云，有未修時《春秋》，見莊七年傳。而魯史
> 自西狩獲麟後，尚有二年共二十六條，皆曰此魯《春秋》文也。故
> 孟子曰，詩亡而《春秋》作，此夫子《春秋》也，魯之《春秋》，此
> 魯《春秋》也。〔註57〕

毛氏以《春秋》為魯史，乃史官之所記，四時具備，引用若干史料論證《春秋》
之名早於孔子，孔子不過是對魯《春秋》加以修改而已。毛氏在《春秋》開篇
解釋「隱公」二字時又強調了這一點：

> 此二字亦魯史之文也，公本侯爵而稱公，惟史文有之，他即不

〔註56〕〔清〕毛奇齡：春秋毛氏傳（卷4），景印文淵閣四庫全書（第176冊），臺北：
臺灣商務印書館，1983，33～34。
〔註57〕〔清〕毛奇齡：春秋毛氏傳（卷1），景印文淵閣四庫全書（第176冊），臺北：
臺灣商務印書館，1983，5。

然，故《尚書》「費誓」，史文稱公曰嗟，而作書序者便稱魯侯，則

此稱公者，非史官舊標字乎？〔註58〕

毛氏討論魯本侯爵而稱公，乃是魯史為之，並不存在他義，亦是在強調《春秋》
所載乃魯史而為。正是基於此種體認，毛奇齡對《春秋》義例之說大加伐撻，
否定一字褒貶。他指出：

《春秋》義例不一，無一是處。大抵此墨彼白，前三后四，必不

能畫一，而前人相傳科指，又極其龐賾。如所云二類、三體、五情、

五始、六輔、七缺、九旨，諸所流衍，皆猥劣不足道。若孔疏所云稱

凡五十，其別四十有九，釋例四十部，無凡者十五，則專指左氏所據

典禮與杜氏所數為言，並非通例。其餘年時月日，與國、氏、人、名、

天王、天子種種漏義，則此前注《春秋》者已痛闢之，以為一爻可錯

諸卦，一字不能成一義。晉、唐以後，早已不屑置喙者。〔註59〕

毛氏對以往之將《春秋》劃分為若干義例的做法頗為不滿，表示「一字不能成
一義」。毛奇齡對胡安國的義例之說亦加以貶斥，對其種種義例尤為不滿。〔註
60〕他在序言中即給胡安國當頭棒喝：

惟三傳引例，猶尚有參變餘論，見諸疏義，而胡氏則概以武斷施

之，拗曲揉直，仍襲從前年時月日、國氏人名諸陋義，而深文其間，

骫經傳正旨而剿令就我，使明明大文，一經鍛鍊，便成冤獄。〔註61〕

毛氏語氣頗為激烈，對於胡安國將經文中的年時月日、國氏人名加以褒貶的做
法深以指責。

在經文之中，亦時常可見毛奇齡對胡安國以義例解《春秋》的批評。《春
秋》「（隱公三年）」「八月庚辰，宋公和卒」，毛氏云：

至於或月或日，則史文詳略，無關義例，惟書名與卒則核之通

經而有必然者，乃胡氏又造為例曰，諸侯曰薨，大夫曰卒，五等邦

君何得書卒，此夫子作《春秋》，革舊史之稱而不因其文，以諸侯放

〔註58〕〔清〕毛奇齡：春秋毛氏傳（卷1），景印文淵閣四庫全書（第176冊），臺北：
　　　　臺灣商務印書館，1983，14。

〔註59〕〔清〕毛奇齡：春秋毛氏傳（卷1），景印文淵閣四庫全書（第176冊），臺北：
　　　　臺灣商務印書館，1983，10～11。

〔註60〕趙伯雄：春秋學史，濟南：山東教育出版社，2004，467。

〔註61〕〔清〕毛奇齡：春秋毛氏傳（卷1），景印文淵閣四庫全書（第176冊），臺北：
　　　　臺灣商務印書館，1983，11。

恣，不奉王命，故於其薨時，特書曰卒以貶黜之，使不得為諸侯也。

夫鈇鉞之誅，不加乎生前，而第為此禠魂笞墓之舉既已非法，況且
哀十四年簡書書莒子狂卒，此魯史原文也，史例原稱卒，而夫子特
革之以誅，此五等邦君不亦異乎？〔註62〕

毛奇齡指出，書月、書日，乃史文詳略，與義例無關，而書卒亦在經文中十分
常見，批駁胡安國的義例之解。胡安國以為夫子在此對舊史加以變革，書卒乃
是貶黜諸侯，不奉王命，不以諸侯視之，毛氏對此加以駁斥，舉哀公十四年之
莒子狂卒之例，意在表明書卒乃魯史之原文。又如「（桓公三年）春，正月，
公會齊侯於嬴」，毛氏云：

《春秋》書時、月，或書王，或不書王者，皆史有詳略而無關義
例……胡氏亦曰，二年書王正華督之罪，得母？《春秋》二百四十餘
年，凡有王者悉治罪之年乎？況有王治罪，無王又治罪，是亂刑也。

無王是削而惡桓，有王是筆而又惡桓，是筆是削俱無所準也。〔註63〕

毛氏還是指出，《春秋》書時、月，或書王，或不書王者，皆是史有詳略而無
關義例，對胡安國以義例理解桓公二年書王是正華督之罪進行了批駁，乃是
「有王治罪，無王又治罪，是亂刑也」。

萬斯大（1633～1683），字充宗，浙江鄞縣人，著有《學春秋隨筆》十卷。
其多從考證的角度來理解《春秋》，對宋儒理解《春秋》之處多有反省、批評，
其中就包括胡安國。萬斯大以禮為據理解《春秋》，褒貶皆依禮而定，對胡安
國所持一字定褒貶之論加以否定，對書名、書時之處皆加以重新檢討。萬斯大
精通三禮，常以禮為根據解釋《春秋》，這正是一種徵實風尚的體現。「（隱公
元年）春，王正月」，萬斯大云：

公羊云，以諸侯之踰年即位，亦知天子之踰年即位也，此就《春
秋》言之也。以天子三年然後稱王，亦知諸侯於其封內稱子也，此
則合於禮矣。諸侯嗣世必即位稱公乃可以臨臣民、稱政事，故十二
年，公無不行即位禮者。〔註64〕

〔註62〕〔清〕毛奇齡：春秋毛氏傳（卷4），景印文淵閣四庫全書（第176冊），臺北：
臺灣商務印書館，1983，38。

〔註63〕〔清〕毛奇齡：春秋毛氏傳（卷6），景印文淵閣四庫全書（第176冊），臺北：
臺灣商務印書館，1983，60～61。

〔註64〕〔清〕萬斯大：學春秋隨筆（卷2），續修四庫全書（第139冊），上海：上海
古籍出版社，2002，239～240。

萬氏根據禮來討論天子、諸侯之稱呼，以及即位之事。「（隱公七年）齊侯使其弟年來聘」，萬斯大云：

> 曲禮云，「諸侯使大夫問於諸侯曰聘」。周官大行人亦云，「諸侯之邦交，歲相問，殷相聘」，此相於之禮，無往不來，有施必報，不以國之大小強弱論也。儀禮著諸侯聘禮甚詳，大要欲諸侯相屬以輕財重禮，俾民作讓而聯甥舅之情，篤兄弟之好，大字小，小事大之意即寓其中也。春秋時，眾暴強陵……皆各以其意為辭，非復邦交舊典矣。〔註65〕

萬斯大引曲禮、周官來引證諸侯聘問之禮，批評春秋時諸侯禮崩樂壞之局面。「（桓公）十年夏，衛人來媵」，萬斯大云：

> 媵必與嫡偕行，故他國來媵者必先期而後至，乃嫡媵相習，情意始孚，並效於歸，兩無扞格。伯姬明年歸宋，而衛媵以今年冬至，此為得禮，得禮而書者，以見晉、齊後期之失。〔註66〕

萬氏褒贊衛人來媵之舉，乃是得禮，以此貶斥晉、齊之失禮。可見，在稱謂、朝聘、嫁娶上，萬斯大乃以禮為標準進行褒貶的。《四庫提要》對萬斯大的《學春秋隨筆》有這樣一番描述：「其學根柢於三禮，故其釋《春秋》，亦多以禮經為據，較之宋元以後諸家空談書法者有殊。」

萬斯大在理解《春秋》時基本上堅持據事直書，鄭梁在《跛翁傳》中對《學春秋隨筆》有個總結：

> 其言《春秋》也，一曰專傳。經無事實，待傳而明。公、穀、左氏互相同異，生今論古，事難懸斷。左氏詳覈，宜奉為主。一曰論世。春秋二百四十二年，世皆無道，孔子但就無道之世，據事直書，是非自見，而初未嘗以後生之匹夫，責已往之夫子。一曰屬辭比事。《春秋》所書，一事必有本末，異事亦有同形，如上書衛人殺州吁，下書衛人立晉，此屬辭而見其為一人也。立晉則書衛人，立王子朝則書尹氏。此比事而見其有公私也。一曰原情定罪。《春秋》所書，罪多而功少，而罪之所在，必即所處之地，察其所處之情，如魯桓見殺於齊莊公，年方十三，沖齡倚母，法無可施，故書薨書

〔註65〕〔清〕萬斯大：學春秋隨筆（卷2），續修四庫全書（第139冊），上海：上海古籍出版社，2002，246～247。

〔註66〕〔清〕萬斯大：學春秋隨筆（卷2），續修四庫全書（第139冊），上海：上海古籍出版社，2002，276。

　　　　喪至書葬，一似賊之已討。而於莊元年，則特書孫齊以責夫人。迨
　　　　莊公既長忘仇，共狩則如齊如營，莊於是不得辭其防閑之責。〔註67〕

《學春秋隨筆》以尊奉左氏，講究專傳與論世，堅持了屬辭比事、原情定罪，
正是基於，萬斯大對胡安國的一字褒貶之處皆加以批評。「（桓公二年）滕子來
朝」，萬斯大云：

　　　　春秋諸侯始稱侯而後稱子者，滕也。始稱侯而後稱伯者，薛也。
　　　　始稱侯而後稱伯者若子者，杞也。先儒說此經不一，以為時王黜之
　　　　者，杜元凱也。以為滕子在喪者，趙伯循也。以為後屬楚而夷之者，
　　　　程叔子也。胡文定則謂，首朝篡逆，故降稱子以狄之。孫明復、程
　　　　可久則謂國小貢薄自貶其爵以成禮。愚就加權衡，杜說為近，夫天
　　　　子之命討也，周室雖衰，稽之經傳，錫命猶行於列國，即如二邾，
　　　　初皆稱字，後乃稱子，皆以王命進之。既王能命之而使進，獨不能
　　　　貶之而使降乎？〔註68〕

萬斯大對滕稱子的原因進行了探討，對胡安國「首朝篡逆，故降稱子以狄之」
之說進行了檢討，他贊同杜預的說法，以為諸侯初皆稱字，後才稱子，皆是因
為王命之故而進之，故此乃時王所黜也。「（桓公）四年夏，天王使宰渠伯糾來
聘」，萬斯大云：

　　　　胡文定於此四年、七年無秋冬，桓弒君當討，而天王反聘，是
　　　　無刑也，故去其秋冬，夫不當賞而賞與當刑而不刑同失，天王不討
　　　　當去秋冬，天王濫聘亦宜並去春夏矣，有是理乎？且其朝聘適來於
　　　　夏耳，使來於春或來於秋冬，將謂夫子亦去二時乎？嘻！胡氏之言，
　　　　乃文人之巧思，非明經之正義也。〔註69〕

胡安國以為四年、七年經不書秋冬，乃是「桓弒君當討，而天王反聘，是無刑
也」，意在譏貶周天子，萬斯大於此加以反駁，認為刑賞是一致的，且朝聘之
事本適於夏，批評胡安國之說乃「文人之巧思，非明經之正義」。「（宣公）十
有七年，冬，十有一月壬午，公弟叔肸卒」，萬斯大云：

〔註67〕　〔清〕鄭梁：跋翁傳，萬斯大撰、溫顯貴校注，經學五書，上海：華東師範大
　　　　　學出版社，2012，434。
〔註68〕　〔清〕萬斯大：學春秋隨筆（卷2），續修四庫全書（第139冊），上海：上海
　　　　　古籍出版社，2002，249～250。
〔註69〕　〔清〕萬斯大：學春秋隨筆（卷2），續修四庫全書（第139冊），上海：上海
　　　　　古籍出版社，2002，251。

> 胗雖不義其兄，而宣則友於其弟，故特書公弟名而加字者，生
> 而賜氏，俾世為卿，與季友、仲遂同也。胡氏因胗不仕，不見於經，
> 而力辨其非，然考胗之後，公孫嬰齊已為卿而見於經，嬰齊生老，
> 老生弓，弓生輒及輮，輒生請皆見於經，則其世為卿可知矣。胗不
> 世，自不世，子孫世卿、自世卿兩不相妨，惟然乃見宣之友於其弟，
> 先儒以書弟為惡宣，非也。〔註70〕

萬斯大以為，叔胗雖然不義其兄，而宣公則友於其弟，經特書公弟之名而加字，乃是「生而賜氏，俾世為卿」，胡安國以為因為叔胗不仕，不見於經，乃非之也，對胡氏此說加以駁斥。

在稱謂、朝聘、嫁娶上，萬斯大以禮為依據來斷定褒貶。在討論隱公元年「春，王正月」一條時，萬斯大根據禮來討論天子、諸侯稱謂以及其即位之事，在討論隱公七年「齊侯使其弟年來聘」，萬斯大引《曲禮》《周官》來論述諸侯聘問之禮，在討論桓公十年「夏，衛人來媵」一條時，亦以禮來褒贊衛人。

萬斯大對胡安國在《春秋》中的褒貶義例進行了嚴肅地批評。在討論桓公二年「滕子來朝」時，萬斯大檢討了胡安國「首朝篡逆，故降稱子以狄之」之說，他採用杜預之說，以為諸侯初皆稱字，後才稱子，皆是因為王命之故而進之，故此乃時王所黜也。在討論桓公四年「夏，天王使宰渠伯糾來聘」時，胡安國以為四年、七年經不書秋冬，乃是譏貶周天子，萬斯大並不認可，認為刑賞是一致的，朝聘之事本適於夏，批評胡安國之說。在討論宣公十七年「冬，十有一月壬午，公弟叔胗卒」時，胡安國以為，因叔胗不仕，不見於經，乃非之，萬斯大以為，叔胗雖然不義其兄，而宣公則友於其弟，經特書公弟之名而加字，乃是「生而賜氏，俾世為卿」，對胡氏之說加以反駁。萬斯大基本是站在尊王、尊君的立場來理解《春秋》的，對於胡安國採義例批評周天子、諸侯之處，萬斯大皆提出異議。

3.3.2 批評制王、責君

毛奇齡在《春秋》中提倡尊王，旨在彰顯天子的絕對權威性，此與傳統《春秋》無異。譬如「（隱公元年）秋七月，天王使宰咺來歸惠公、仲子之賵」，毛氏云：

〔註70〕〔清〕萬斯大：學春秋隨筆（卷2），續修四庫全書（第139冊），上海：上海古籍出版社，2002，274。

> 天王，周平王也。臨諸侯曰天王，君天下曰天子，宰咺者，天
> 子之士，咺其名也……鄭康成云，禮，天子於諸侯，一則含之賵之，
> 小君亦如之。是天子於諸侯夫人，原自有賵，非過禮也。特《春秋》
> 本義，不尚詭詐，但直書其事，而美惡自見。夫禮尚往來，況君臣
> 相與，其責在下，豈有天子下交而諸侯反無報者。如此，隱十一年
> 適遭王喪，而隱不使卿弔，並不親會葬，至求賵而後應之，以視天
> 王之來賵何如此也。此則《春秋》之微意也，義也。〔註71〕

毛氏對天王、天子之義進行了解釋，「臨諸侯曰天王，君天下曰天子」，援引
鄭玄之說，以天子來歸賵乃是守禮之舉，進而批評魯隱公無報答天子之失，
「況君臣相與，其責在下，豈有天子下交而諸侯反無報者」，對魯隱公十一年，
遭天王之喪，不派卿前往弔唁，亦不親自會葬，進行猛烈鞭撻，意在尊天子、
尊王。「（僖公二十八年）天王狩於河陽」，毛氏云：

> 前此踐土之會，襄王居行所。晉侯三朝諸侯，皆一朝而退，然
> 此猶鄭地也。今大會於溫，溫本周邑，其去京師只百里，是儼然畿
> 地，而諸侯反不一朝，不無闕然。且晉所倚者，秦也。秦人入春秋
> 以還，初來與會，晉侯思有與誇之，特前此以獻俘，故王來勞師。
> 今只會諸侯，王不必再臨其地……此本借尊王以報私怨，夫子以為
> 譎也。召者，請也，古凡延請曰請召，與呼召異。今啟王東狩，同
> 於延請。故舊傳曰，晉侯召王，以諸侯狩。是狩於河陽，本晉文已
> 然之事，而夫子特去召字，所以尊王章而諱晉惡，非謂晉召王來，
> 而夫子改之曰狩也。〔註72〕

毛氏認為，踐土之會，襄王居行所，晉侯皆朝，而如今會於溫地，離京師雖
近，卻不見朝，對此加以貶絕，進一步指出，晉侯請周天王東狩，根據舊傳
所記，乃是晉侯召王，以諸侯狩，是夫子故意去掉了召字，「所以尊王章而諱
晉惡」。

胡安國在提倡尊王的同時，亦提倡制王，也就說在人倫關係上，除了尊奉
天王的絕對權威、絕對地位，在天人關係上，亦承認天的最高主宰性，對天王
有制約的作用。毛奇齡對胡安國此點並不完全接受，在《春秋》中，對於胡安

〔註71〕〔清〕毛奇齡：春秋毛氏傳（卷3），景印文淵閣四庫全書（第176冊），臺北：
臺灣商務印書館，1983，26～27。

〔註72〕〔清〕毛奇齡：春秋毛氏傳（卷17），景印文淵閣四庫全書（第176冊），臺
北：臺灣商務印書館，1983，175。

國批評天子、國君之處，多帶有批駁之聲。（桓公四年）「夏，天王使宰渠伯糾來聘」，毛氏云：

> 此年與後七年俱無秋冬者，經文闕漏，並非筆削。舊說所謂，
> 或史文先闕而夫子不增，或夫備文，而傳者遺脫，此明白了義，而
> 胡氏又謂天王失刑，桓惡不討，故削秋冬以見佚罰，則定十四年亦
> 有春夏秋而無冬矣，此則何所刑討乎？況《春秋》編年，專為記事，
> 徒以貶桓之故，而竟削春秋兩年、兩時之事，恐無是理矣。〔註73〕

毛奇齡指出，此年不書春、秋的原因乃是經文闕漏，並不是筆削，批評胡安國「天王失刑，桓惡不討，故削秋冬以見佚罰」之說。（桓公五年）「蔡人、衛人、陳人從王伐鄭」，毛氏云：

> 若胡氏以王不討魯桓，並不討宋督，憤怒興師，並為王罪，故
> 削去天字。則王朝卿士跋扈不臣，尚不能聲罪，一戰而敗，而追責
> 其不討宋魯，為爾君者不亦難乎？夫惡當重大，不易旁貸，君臣相
> 殺，彼我同責已為難堪，況復捨其臣爾專治君罪，生平毀鄭莊不值
> 一錢，今反袒之，何也？〔註74〕

胡安國譏王之不討魯桓、宋督，現又伐鄭，「並為王罪，故削去天字」，乃是以天制王之意，毛奇齡對此加以反駁，指出君臣相殺，不能完全將責任推給君，自然不能捨臣而專治君罪，試圖維護周天子。除了對胡氏貶抑天子不滿，毛奇齡亦對其責備國君不滿。（隱公元年）「夏五月，鄭伯克段於鄢」，毛氏云：

> 胡氏竟縱釋叔段專治公罪，夫孟子曰，「孔子成《春秋》而亂臣
> 賊子懼」，未嘗曰，「使亂君賊父懼」也。從來罪當重典，不容側貸，
> 殺人者死，必不更求被殺者以可殺之罪。況《春秋》何書，夫子修
> 《春秋》何意？本欲誅叛逆，討不臣、不弟而開卷定律，便使君父
> 與叛逆彼此交責，已非正義，又況縱亂賊而專誅君父。〔註75〕

毛奇齡批評胡安國在此「縱釋叔段專治公罪」，指出，孔子成《春秋》而亂臣賊子懼，而非是使亂君賊父懼，《春秋》本意誅叛逆，討不臣、不弟，不得君

〔註73〕〔清〕毛奇齡：春秋毛氏傳（卷6），景印文淵閣四庫全書（第176冊），臺北：臺灣商務印書館，1983，63～64。

〔註74〕〔清〕毛奇齡：春秋毛氏傳（卷7），景印文淵閣四庫全書（第176冊），臺北：臺灣商務印書館，1983，67。

〔註75〕〔清〕毛奇齡：春秋毛氏傳（卷3），景印文淵閣四庫全書（第176冊），臺北：臺灣商務印書館，1983，24。

父與叛逆彼此相責，更不得如胡安國責鄭伯之罪，故遭到毛氏批評。（隱公二年）「鄭人伐衛」，毛氏云：

> 胡氏誣妄聖經，一意刻薄，伯祇伐衛，無可深文，乃又謂鄭無王命，興師修怨為王法所禁，夫借強援以犯順，驅奪國邑恐非王命所及，請者且誅叛討逆，王有成命，倉卒制勝，皆不為過。伯禽征徐夷，急遽興師，並無王命，而妄以此責鄭伯，不亦異乎？〔註76〕

毛奇齡批評胡安國「誣妄聖經，一意刻薄」，以為鄭伯只是伐衛，經文並無褒貶之義，指責胡氏「鄭無王命，興師修怨為王法所禁」的說法，毛氏的理由在於「誅叛討逆，王有成命，倉卒制勝，皆不為過」，並以伯禽征徐夷的例子，不贊同胡氏以此責鄭伯之說。

3.3.3 批評夷夏大防

　　胡安國在《春秋》中堅持夷夏大防，內中國而外夷狄，毛奇齡對此持批評的態度。隱公二年「公會戎於潛」，毛氏曰：

> 戎者，徐也。費誓、淮夷並興，注徐戎在魯東，故書序徐夷並興，東郊不開，舊注為氐羌別種，則氐羌在西方，此本《曲禮》。西方曰戎一語而誤注之，實非也。然此是內夷雜處中國，故得與中國通往來之禮，而胡氏以今之外夷當之謂嚴內外之旨，幾見《春秋》，戎狄處甌脫者，況魯世受戎患，即伯禽開國未能誅夷。矧此會修惠公之好，則先公世盟，有不得不修者，故此亦據事直書，無他義也。特盟會亦禮例，而戎則非例，若潛是魯地，則當是戎來而我會之，舊注公往會而順夷俗，亦非是。〔註77〕

毛奇齡駁斥舊說夷屬氐羌別種的說法，以為是雜處中國之內夷，「故得與中國通往來之禮」，批評胡安國視之為外夷而「謂嚴內外之旨」，進一步指出此會乃修惠公之好，「據事直書，無他義」，完全消解了胡安國將之理解成夷夏大防之義。「（文公十年）秦伐晉」，毛奇齡曰：

> 而胡氏遂謂不顧義理，專以報復為事，夷狄之道，不責施者，以義理而單責報者已不倫矣。況報者欲已，而施者不厭，誰則執華

〔註76〕〔清〕毛奇齡：春秋毛氏傳（卷3），景印文淵閣四庫全書（第176冊），臺北：臺灣商務印書館，1983，33。
〔註77〕〔清〕毛奇齡：春秋毛氏傳（卷3），景印文淵閣四庫全書（第176冊），臺北：臺灣商務印書館，1983，29。

禮而拱手聽之。若胡氏謂少梁之取不見經，則此前武成之取亦未嘗
見經也，此皆偏詞之無當者也。〔註78〕

毛氏批評胡安國不顧義理，以報復為事，乃夷狄之道，站在義理的角度只是責
備報者，而不責備施者，不認為秦伐晉是夷狄之道。除了直接批評，對於胡安
國激烈討論夷夏之處，毛奇齡皆加以迴避。如「（文公八年）冬十月壬午，公
子遂會晉趙盾盟於衡雍。己酉，公子遂會雒戎盟於暴」，胡安國云：

> 《春秋》記約而志詳，其書「公子遂盟趙盾」及「雒戎」，何詞
> 之贅乎？曰，聖人謹華夷之辨，所以明族類、別內外也。雒邑，天
> 地之中，而戎醜居之，亂華甚矣。再稱「公子」，各曰其會，正其名
> 與地以深別之者，示中國、夷狄終不可雜也。自東漢已來，乃與戎
> 狄雜處而不辨，晉至於神州陸沉，唐亦世有戎狄之亂。〔註79〕

胡氏指出，「聖人謹華夷之辨，所以明族類、別內外也」，雒邑乃天地之中，而
夷狄居之，是嚴重亂華，而對於經文中兩次稱公子，並書各自會盟的時間，胡
安國亦稱「示中國、夷狄終不可雜也」，援引東漢、晉唐之史實，警惕夷狄亂
華之禍。而毛奇齡卻絕口不談夷夏之防之義，他指出：

> 時雒戎將伐魯，遂不及復君，故專命於之盟，所謂大夫出境有
> 可以安社稷、利國家者，專之可也。比與莊十九年，公子結及齊侯、
> 宋公盟同，暴，鄭地。〔註80〕

只是對公子遂專命與盟加以迴護。「（僖公二十三年）冬十有一月，杞子卒」，
胡氏說：

> 或曰，「信斯言，是《春秋》黜陟諸侯爵次以見褒貶，不亂名實
> 乎？」曰，「《春秋》固天子之事也，而尤謹於華夷之辨。」中國之
> 所以為中國，以禮義也，一失則為夷狄，再失則為禽獸，人類滅矣。
> 魯桓篡弑，滕首朝之，貶而稱子，治其黨也，夷不亂華，成公變之，
> 貶而稱子，存諸夏也。〔註81〕

〔註78〕〔清〕毛奇齡：春秋毛氏傳（卷19），景印文淵閣四庫全書（第176冊），臺
　　　　北：臺灣商務印書館，1983，205。

〔註79〕〔宋〕胡安國著、錢偉強點校：春秋胡氏傳，杭州：浙江古籍出版社，2010，
　　　　224。

〔註80〕〔清〕毛奇齡：春秋毛氏傳（卷19），景印文淵閣四庫全書（第176冊），臺
　　　　北：臺灣商務印書館，1983，202。

〔註81〕〔宋〕胡安國著、錢偉強點校：春秋胡氏傳，杭州：浙江古籍出版社，2010，
　　　　182。

胡氏再次強調夷夏之防，指出「中國之所以為中國，以禮義也，一失則為夷狄，再失則為禽獸，人類滅矣」，中國與夷狄之根本區別在於禮義，無此則是夷狄、禽獸。而毛奇齡卻說：

> 卒不書名，史闕之也。與隱七年滕侯卒，八年宿男卒同若。杞本公爵，入《春秋》稱侯，莊二十七年稱伯，今又稱子，范氏云，為時王所黜，理或有之，說見桓二年滕子來朝傳。〔註82〕

毛氏梳理了杞爵變化過程，指出今稱子，乃是「為時王所黜」，與胡傳所言的夷夏之防並無關聯。毛奇齡對夷狄並不像胡安國那般敵視，若其有善行，亦可以進之。「（僖公十八年）冬，邢人、狄人伐衛」，毛氏云：

> 邢與衛皆受狄伐者，今邢反合狄伐衛，則必邢與狄平而衛不與平，故見伐。然邢則甚矣，勿怪乎，邢之後為衛所滅也。若狄之伐衛，其來已久，向徒以齊桓救恤故，衛稍安枕……且謂狄不稱人，其稱人者所以進狄，善其伐衛以救齊也。夫狄亦有長眾，稱狄者，其稱人即狄眾也，中國、夷狄雖殊而書例則一。〔註83〕

毛奇齡對狄稱人進行了解釋，意在褒揚狄人救齊之舉，意在進狄也，並進一步指出狄人即狄眾，中國、夷狄書例是一致的。毛奇齡已入清，與胡安國所處的時代已經絕然不同，是故他對夷夏之間關係的理解與胡安國存在很大分歧，其是完全站在清廷的角度來看這一問題的。

　　毛奇齡以《春秋》為魯史，孔子不過是以此為基礎進行修改，正因為如此，毛奇齡對《春秋》義例之說大加批駁，否定一字褒貶。毛氏對以往之將《春秋》劃分為若干義例的做法頗為不滿，表示「一字不能成一義」，對胡安國的義例之說亦加以貶斥，對於胡安國在經文中將年時月日、國氏人名進行褒貶的做法深加指責。

　　毛奇齡在《春秋》中極力倡導尊王，彰顯天子的絕對權威，是故他對胡安國在《春秋》中批評周天子、國君之處皆加以批駁。對「（桓公四年）夏，天王使宰渠伯糾來聘」一條，毛奇齡認為此年不書春、秋是因為經文闕漏，不存在筆削，批評胡安國「天王失刑，桓惡不討，故削秋冬以見佚罰」之說。對「（隱公元年）夏五月，鄭伯克段於鄢」一條，毛奇齡批評胡安國在此「縱釋

〔註82〕〔清〕毛奇齡：春秋毛氏傳（卷16），景印文淵閣四庫全書（第176冊），臺北：臺灣商務印書館，1983，164。

〔註83〕〔清〕毛奇齡：春秋毛氏傳（卷7），景印文淵閣四庫全書（第176冊），臺北：臺灣商務印書館，1983，158。

叔段專治公罪」,指出孔子成《春秋》而亂臣賊子懼,而不是使亂君賊父懼,《春秋》本意誅叛逆,討不臣、不弟,不得如胡安國責鄭伯之罪。「(隱公二年)鄭人伐衛」一條,毛奇齡批評胡安國「誣妄聖經,一意刻薄」,以為鄭伯只是伐衛,經文並無褒貶之義,毛氏以「誅叛討逆,王有成命,倉卒制勝」為由為鄭伯伐衛開脫,指責胡氏責讓鄭伯之說。

　　毛奇齡對胡安國在《春秋》中堅持夷夏大防持批評的態度。在討論「(隱公二年)公會戎於潛」時,毛奇齡以為戎是雜處中國之內夷,「故得與中國通往來之禮」,批評胡安國視之為外夷而「謂嚴內外之旨」,進一步指出此會是修惠公之好,乃「據事直書」。在討論「(文公十年)秦伐晉」時,毛奇齡批評胡安國不顧義理,以報復為事,只是責備報者,而不責備施者,不認為秦伐晉是夷狄之道。除此,毛奇齡對胡安國激烈討論夷夏之處皆予以迴避。「(文公八年)冬十月壬午,公子遂會晉趙盾盟於衡雍。己酉,公子遂會雒戎盟於暴」一條,胡氏指出「聖人謹華夷之辨,所以明族類、別內外也」,雒邑乃天地之中,而夷狄居之,是嚴重亂華,「示中國、夷狄終不可雜也」,警惕夷狄亂華之禍,而毛奇齡在討論此處時卻對公子遂專命與盟加以迴護,絕口不談夷夏之防之義。「(僖公二十三年)冬十有一月,杞子卒」一條,胡氏再次強調夷夏之防,指出「中國之所以為中國,以禮義也,一失則為夷狄,再失則為禽獸,人類滅矣」,而毛奇齡指出今稱子,乃是「為時王所黜」,亦摒棄了胡安國的夷夏大防之論。

　　《四庫總目提要》對毛奇齡的《春秋毛氏傳》有這樣的評價:「其書一反《胡傳》之深文而衡以事理,多不失平允之意。其義例皆有徵據,而典禮有所該洽。自吳澄《纂言》以後,說《春秋》者罕有倫比。」〔註84〕這個評價相當之高,毛奇齡乃清初率先對胡安國進行檢討的人之一,完全從考證的角度對胡安國《春秋傳》中的大義進行直接的駁斥,可以說開啟了清代反思胡安國《春秋傳》的風氣。

　　毛奇齡與王夫之、顧炎武所提倡的「攘夷」高於「尊王」的論述不一樣,他對極力提倡「尊王」而抑制「攘夷」,對胡安國進行全面的批判,此乃完全為了迎合了清廷的意志,反映出清初士人對清廷的態度逐漸由反抗轉向了認同。康熙十七年(1678),清廷開博學鴻儒特科,延攬四方賢才,毛奇齡隨之應召,次年,被授予翰林院檢討之職,參與纂修《明史》的工作。也是在此一時間,毛奇齡頻頻陳奏清廷,建言獻策,儼然已經完全以清人自居。康熙二十

〔註84〕〔清〕永瑢等:四庫全書總目,北京:中華書局,1965,237。

年（1781），分別上奏《歷代樂章配音樂儀》《增定樂章儀》，對禮樂典禮制度提供改進建議，康熙二十四（1785）奏請更革北郊配位之禮，而撰成《北郊配位尊西向議》一文，毛奇齡趁在史館之機寫成《古今通韻》，進獻清帝，並得到康熙帝的嘉獎，可謂風光一時無兩。在結束纂修《明史》的工作之後，毛奇齡隨即返鄉，然對於「面聖」之事時常念念不忘。康熙二十八年（1689），清聖祖南巡至嘉興，毛奇齡作《迎鑾曲》，其中云「夏后重巡日，虞庭肆狩年。省方行縣宇，望幸遍山川」，以此歌頌清帝的巡遊之功，與朝臣一起迎候，並隨車鑾造訪禹陵，得清聖祖召見，於是作《紀恩詩》云「迎鑾樟亭東，始得攀御駒。皇恩尚垂恤，駐蹕宣玉瑳。平沙壅寒雪，驟覺光風和。天顏咫尺間，輆是何病魔」，以此來表達感念之意。康熙四十二年（1703），清聖祖再度南巡到達餘杭，毛奇齡又隨諸臣前往迎候，得以召見，並且獲賜御書，毛氏感激涕零。康熙四十七年（1708），毛奇齡撰成《四書改錯》，猛烈批駁朱子，本欲再度進獻給清帝，不曾想清帝不再南巡，於是此一心願落空。〔註85〕毛奇齡歸附新朝，對清帝如此逢迎，他在《春秋》中激烈批評胡安國，主導「尊王」，掩蓋「攘夷」，乃是情理之中的事情了。

〔註85〕胡春麗：毛奇齡與清初《四書》學，復旦大學博士論文，2010，40。

第 4 章　清初官方對胡安國《春秋傳》的繼承與摒棄

　　清帝熱衷於編撰各類圖籍，以顯示其對經典的解釋權威。康熙時期，天下大定，清帝乃開始著手編修、刊刻各類儒家經典，在《春秋》上，康熙帝先後編撰成《日講春秋解義》、《欽定春秋傳說彙纂》，這些欽定的經書，很難說有很高的學術價值，然其中的許多內容都蘊藏著政治表達，成為當時的一種政治導向。清初官方《春秋》學依循朱子《春秋》學的解釋路向，康熙帝的《日講》、《彙纂》皆以為《春秋》為魯國舊史之文，孔子作《春秋》因襲之，解釋《春秋》要從據事直書之角度進行，並非字字褒貶，意在壓制《春秋》的解釋空間。除此之外，尊王與忠君是清初官方《春秋》學兩大關鍵性的主旨，康熙帝在《日講》、《彙纂》皆強調「尊王」與「君臣大義」。康熙帝對《胡傳》的態度亦有個微妙的變化過程，《日講》基本持宗胡的態度，而後期的《彙纂》始有批駁之聲，然其亦吸納了《胡傳》的許多內容。胡安國將《春秋》中的「尊王攘夷」納入到天理的框架之內，《日講》《彙纂》將之加以繼承，只不過天理的框架內只有「尊王」，沒有「攘夷」。《日講》對涉及到《胡傳》中「攘夷」之義的內容，皆避而不談，《彙纂》對《胡傳》中有關「攘夷」之義進行討論的內容，皆加以刪節。雍正帝在《大義覺迷錄》中討論《春秋》中的問題，指出君臣關係為五倫之首，強調《春秋》大義為「尊王」「君臣、父子之倫」。以往之研究對欽定經籍的注意頗為薄弱，我們從康熙帝所倡導的《春秋》之義來看，對于天下之主的帝王而言，只看重《春秋》乃「天子之事」這一點，對「尊王」的極力頌揚，然對其中的「攘夷」部分是「欲除之而後快」。康熙帝是個理學信

徒，故其對胡安國所提的「天理」觀頗為青睞，而處於程朱理學譜系中的《胡傳》得以在科舉中繼續延續，這也是我們理解《胡傳》緣何沒有在康熙時期被罷黜的內在原因。

4.1 清初官方的《春秋》學主旨

清初官方《春秋》學遵循朱子《春秋》學的解釋路向，康熙帝的《日講》、《彙纂》皆以為《春秋》為魯國舊史之文，孔子作《春秋》因襲之，解釋《春秋》要從據事直書之角度進行，並非字字褒貶，視《春秋》為史。尊王與忠君是清初官方《春秋》學的總體基調，雍正帝在《大義覺迷錄》中討論《春秋》中的問題，指出君臣關係為五倫之首，強調《春秋》大義為「尊王」「君臣、父子之倫」，康熙帝在《日講》、《彙纂》中皆強調「尊王」與「君臣大義」。

4.1.1 朱子影響下的清初官方《春秋》學解釋路向

朱子相較他經而言，於《春秋》並無專書名世。在他自己看來，《春秋》難曉、難知、難看、難說、多有不可曉、自難理會，是以「此生不敢問」，「平生不敢說《春秋》」，[註1] 即便如此，在《朱子語類》以及《朱子文集》中亦有他對《春秋》的討論。朱子在《朱子語類》中說：

> 《春秋》所書，本據魯史舊文筆削而成。今人看《春秋》，必要謂某字譏某人。如此則是孔子專任私意，妄為褒貶，孔子但據直書而善惡自著。[註2]

即《春秋》所書，本是根據魯史舊文而筆削而成，孔子借由直書而善惡自明，而非字字有褒貶也，又說「此是聖人據魯史以書其事，使人自觀之以為鑒戒爾」，[註3] 他在給友人的書信中亦提及「聖人即史法之舊例以直書其事，而使之不得失實爾」，[註4] 故朱子以為，《春秋》乃魯國舊史之文，聖人據事直書而其義自見，朱子的此種體悟在清代尤有影響。康熙帝親近朱子，幾成公論，

〔註1〕參見張高評：朱熹之《春秋》觀：據實直書與朱子之徵實精神，國立臺灣大學中文系、中國經學研究會主編，第八屆中國經學國際學術研討會論文選集，臺北：萬卷樓，2015，363。

〔註2〕〔宋〕黃士毅編：朱子語類彙校（四），上海：上海古籍出版社，2016，2171。

〔註3〕〔宋〕黃士毅編：朱子語類彙校（四），上海：上海古籍出版社，2016，2171。

〔註4〕〔宋〕朱熹撰，郭齊、尹波點校：朱熹集（卷60），成都：四川教育出版社，1996，3141～3142。

而乾隆帝才於中後期脫離朱子、崇尚漢學，〔註5〕然在《春秋》學的解釋上，康熙、乾隆二帝皆有朱子的影子，二人都採信朱子。康熙帝講的十分明朗，他服膺朱子對《春秋》的看法，「明道正誼」「據實直書」，《彙纂》云：

> 朕於《春秋》，獨服膺朱子之論，朱子曰，《春秋》明道正誼，據實直書，使人觀之以為鑒戒，書名書爵亦無意義，此言真有得者。〔註6〕

乾隆帝雖未明言朱子，亦提倡《春秋》乃「魯史之舊」，「據事直書」，《直解》云：「矧以大聖人就魯史之舊，用筆削以正褒貶，不過據事直書」，〔註7〕此亦源自朱子。《日講》《彙纂》《直解》皆主張《春秋》依據魯國舊史之文，聖人因此而據事直書，以事見褒貶之義，直解承襲了朱子《春秋》學的解釋路向，可以說，從朱子承襲而來的這一觀點貫穿於《日講》《彙纂》《直解》之中。

　　康熙帝早年經筵日講的內容中涉及到《春秋》學——《日講春秋解義》，〔註8〕《日講》由庫勒納、李光地等奉敕而撰，約康熙二十五年（1686）成書，乾隆二年（1737）刊行，〔註9〕於每一《春秋》經文下羅列《左傳》《公羊傳》《穀梁傳》三傳之裁斷，然後繼之以官方案語加以釋讀、總結，後附錄《左傳》所載事之詳情。《日講》中明言《春秋》乃魯國舊史之文，聖人沿之而不可益。如《春秋·僖公三十二年》：「冬，十又二月己卯，晉侯重耳卒。」《日講》云：

〔註5〕康熙帝一直尊仰程朱理學，而乾隆帝曾短暫地尊仰宋學，尤其朱子學，後來又轉向漢學。參見王敏達：姚鼐與錢嘉學派，北京：學苑出版社，2007，80～94。

〔註6〕〔清〕王掞、張廷玉等：欽定春秋傳說彙纂，景印文淵閣四庫全書（第173冊），臺北：臺灣商務印書館，1983，1。

〔註7〕〔清〕傅恒等：御纂春秋直解，景印文淵閣四庫全書（第174冊），臺北：臺灣商務印書館，1983，3。

〔註8〕康熙帝對《春秋》基本持寬容的態度，承認《春秋》「尊王攘夷」大義，他的《御批通鑑綱目續編》中，在寶祐五年秋八月「蒙古主蒙哥分道入寇，以其少弟阿里不哥守和林」一條，批曰：「管仲責楚，《春秋》貴之者，以其尊周室、攘夷狄也。」在靖康元年冬十一月「金斡離不、黏沒喝圍京城要帝出盟」一條中，批曰：「凡戎狄舉號，外之也。隱公二年，書公及戎盟於唐。《傳》曰：《春秋》謹華夷之辨，則中國而夷狄則夷狄之，夷狄滑夏則膺之，而與夷歃血以為約，非義也。」此處直接引用《胡傳》的理解。參見梁太濟：乾隆皇帝與康熙皇帝《御批通鑑綱目續編》，暨南史學（第三輯），2004，353。

〔註9〕成書、刊行時間具體可參考葉高樹：清代初期的文化政策，臺北：稻香出版社，2009，195～197。

晉文公之入也，左氏言之甚詳，而經不書，何也？諸侯有朝聘
之禮，赴告之命。若告命不通，記注文闕，聖人因魯史以作經，有
可損而不能益也。〔註10〕

《日講》於經書「晉侯重耳卒」而起疑，晉文公入國之事，左氏記載甚詳，而
經卻不書，《日講》以為是「告命不通，記注文闕」，聖人是因為「魯史以作
經」，可以「損」而不能「益」。又如如《春秋·僖公二十五年》：「宋殺其大夫。」
《日講》云：「蓋因魯史記舊文而不能益爾。」〔註11〕大夫不書名，是因魯史
記舊之文而孔子不能增益。《春秋·成公二年》：「六月癸酉，季孫行父、臧孫
許、叔孫僑如、公孫嬰齊帥師會晉郤克、衛孫良夫、曹公子首及齊侯戰於鞌，
齊師敗績。」《日講》云：「《春秋》有仍舊史之文，以見情實寓精義者，此類
是也。」〔註12〕《春秋》為「仍舊史之文」，以「見情實寓精義」。《春秋·襄
公十九年》：「公至自伐齊。」《日講》云：「此以伐齊出而歸，以伐齊告圍乃伐
之一事耳，皆魯史之舊，無他義也。」〔註13〕此為襄公伐齊出而歸，與伐齊告
圍乃伐之一樣，都是魯史之舊文，並沒有筆法。

康熙帝晚期的《欽定春秋傳說彙纂》由王掞、張廷玉等奉敕撰寫，康熙三
十八年（1699）成書，康熙六十年（1721）刊行，彙集《左傳》《公羊傳》《穀
梁傳》《春秋胡氏傳》四傳以及歷代《春秋》集注，最後加上官方案語，後亦
附錄《左傳》之事，內容龐雜。《彙纂》沿著《日講》繼續推進，亦持《春秋》
乃「舊史之文」論調，書日、書月、書國次序、書納幣皆仍「舊史之文」。如
《春秋·莊公十三年》：「夏六月，齊人滅遂。」《彙纂》案：

穀梁云，不日，微國也，非也。經書滅，不書日者，多矣！亦
有書時而不書月者，蓋皆因史舊文也。〔註14〕

《彙纂》對穀梁氏提出批評，以為經不書日，並非所滅之國微賤的原因，書滅

〔註10〕〔清〕庫勒納、李光地等：日講春秋解義，景印文淵閣四庫全書（第172冊），
臺北：臺灣商務印書館，1983，288。

〔註11〕〔清〕庫勒納、李光地等：日講春秋解義，景印文淵閣四庫全書（第172冊），
臺北：臺灣商務印書館，1983，262。

〔註12〕〔清〕庫勒納、李光地等：日講春秋解義，景印文淵閣四庫全書（第172冊），
臺北：臺灣商務印書館，1983，418。

〔註13〕〔清〕庫勒納、李光地等：日講春秋解義，景印文淵閣四庫全書（第172冊），
臺北：臺灣商務印書館，1983，539。

〔註14〕〔清〕王掞、張廷玉等：欽定春秋傳說彙纂，景印文淵閣四庫全書（第173冊），
臺北：臺灣商務印書館，1983，270。

而不書日、書時而不書月，都是「因史舊文」。又如《春秋・莊公十三年》：「冬，公會齊侯盟於柯。」《彙纂》案：

> 隱三年盟於蔑，莊八年盟於蔇不書日，穀梁曰，「其盟渝也」。此年盟柯，公、穀皆以不日為信。豈蔑與蔇俱不可信，而柯獨不渝乎……朱子謂，「以日月為襃貶，穿鑿無義理者」，此類是也。夫日與不日，皆因舊史，假使舊史所無，則聖人安得而強加之乎？故凡以日月為例者，皆不錄。〔註15〕

《彙纂》批評公羊氏、穀梁氏的說法，以為盟書日與不書日並無義例，不存在襃貶，並引用朱子的觀點加以申斥，經文書「日與不日」，「皆因舊史」，如果「舊史所無」，聖人是不會強加的，故《彙纂》對以日、月為例的注都不會錄之於冊。如《春秋・成公二年》：「丙申，公及楚人、秦人、宋人、陳人、衛人、鄭人、齊人、曹人、邾人、薛人、鄫人盟於蜀。」《彙纂》案：「楚、秦列於諸侯之上，蓋以強大，相先也。舊史從赴告之文，聖人亦因而書之耳。」〔註16〕楚、秦、宋等各國排位次序是「舊史從赴告之文」，聖人因此而書之。《春秋・成公八年》：「夏，宋公使公孫壽來納幣。」《彙纂》案：「史例有詳略，古史雖不可見，班馬以後，皆以人之賢否，繁殺其辭，伯姬有賢行，舊史特詳錄之，故聖人因而不革也。」〔註17〕經書納幣之事是為襃獎魯伯姬之賢行，故舊史特別加以詳錄，聖人因襲而不變更。

　　胡安國《春秋傳》帶有濃厚宋代理學氣息，旨在「傳心」與「經世」，這不得不說是胡安國注解《春秋》的雙重意蘊，將內聖與外王綰合在一起。亦即是說，胡安國《春秋傳》大義乃傳心、經世，此與《左傳》《公羊傳》《穀梁傳》亦有莫大地區別，乃胡氏一大創見。《胡傳》序云：「《春秋》，魯史爾，仲尼就加筆削，乃史外傳心之要典也。」所謂傳心即傳存天理、滅人慾之法，〔註18〕胡安國在解釋《春秋》時，重在「傳心」，亦即時時強調「存天理、滅人慾」的理學思想：

〔註15〕〔清〕王掞、張廷玉等：欽定春秋傳說彙纂，景印文淵閣四庫全書（第173冊），臺北：臺灣商務印書館，1983，271。

〔註16〕〔清〕王掞、張廷玉等：欽定春秋傳說彙纂，景印文淵閣四庫全書（第173冊），臺北：臺灣商務印書館，1983，629。

〔註17〕〔清〕王掞、張廷玉等：欽定春秋傳說彙纂，景印文淵閣四庫全書（第173冊），臺北：臺灣商務印書館，1983，648。

〔註18〕參見趙伯雄：春秋學史，濟南：山東教育出版社，2014，502。

> 周道衰微，乾綱解紐，亂臣賊子接跡，當世人慾肆而天理滅矣，仲尼天理之所在，不以為己任而誰可五典弗惇⋯⋯知我罪我，其惟春秋乎！知孔子者為此書，遏人慾於橫流，存天理於既滅，為後世慮至深遠也，罪孔子者，無其位而託二百四十二年南面之權，使亂臣賊子禁其欲而不得肆，則戚矣。〔註19〕

胡安國在具體的《春秋》經義中，天理與人慾落實為義利、公私、王霸、夷夏之辨，〔註20〕易言之，天理、人慾的關聯常附著於義利、公私、王霸、夷夏之辨上，借助於「正例」「變例」〔註21〕之例法，一字褒貶而闡發出來，乃見「傳心」之法。譬如《春秋・桓公元年》：「三月，公會鄭伯於垂，鄭伯以璧假許田。」因祊與魯近，許田又在鄭畿之內，鄭國以歸祊再加上璧與魯國交換許田，兩相便宜。然胡安國以為「以此易彼」「各利於國」，「聖人乃以為惡而隱之」，他又繼續議論，利為「人慾之私」，「放於利必至奪攘而後厭」，義為「天理之公」，「正其義則推之天下國家可行」，由此推導天理、人慾與義利、公私之辨具體關聯。〔註22〕《春秋・僖公九年》：「冬，晉里克殺其君之子奚齊。」胡氏將周幽王黜太子事與晉獻公類比，以為「天理根於人心」，雖然以私欲滅之而不可滅，《春秋》所書意在「名獻公之罪」，「抑人慾之私，示天理之公」。〔註23〕胡安國所尊之王，便是王道，王道即為天理，〔註24〕《春秋・隱公元年》：「春，王正月。」胡安國引用公羊氏的說法，以為經於「正」前書「王」，乃大一統也。按照凡例，國君改元，行告廟之立，國史必書「即位」，而隱公不書「即位」是為「首黜」，他接著加以表述，《春秋》借用隱公之事「以名大法」，正父子、君臣之倫，〔註25〕而父子、君臣之倫正是胡安國所認定的天理之內容。是故，魯史書「王正月」為大一統，乃尊王道之意，而不書即位，乃貶斥隱公，皆為天理之使然。胡安國以為，夷夏觀與尊王關聯莫大，攘夷或嚴守夷夏之防本來就是為了尊王，因此，夷夏之辨亦是天理、人慾的具體表徵。譬如《春秋・桓公元年》：「夏四月，丁未，公及鄭伯盟於越。」胡安國認為，桓公為「弒逆

〔註19〕〔宋〕胡安國：春秋傳序，春秋胡氏傳，杭州：浙江古籍出版社，2010，1～2。
〔註20〕參見閻云：以「理」馭「勢」——論胡安國《春秋傳》的義理邏輯，北京社會科學，2019（10），16。
〔註21〕〔宋〕胡安國：明例類，春秋胡氏傳，杭州：浙江古籍出版社，2010，11。
〔註22〕〔宋〕胡安國：春秋胡氏傳，杭州：浙江古籍出版社，2010，43。
〔註23〕〔宋〕胡安國：春秋胡氏傳，杭州：浙江古籍出版社，2010，160。
〔註24〕參見戴宏圖：胡安國《春秋傳》的天理觀，湘潭大學碩士論文，2010，14。
〔註25〕〔宋〕胡安國：春秋胡氏傳，杭州：浙江古籍出版社，2010，2。

之人」，與鄭盟以定其位，是「肆人慾，滅天理」，「變中國為夷狄，化人類為禽獸」，嚴厲貶責桓公，反過來看，「變中國為夷狄，化人類為禽獸」亦是「肆人慾、滅天理」。〔註26〕

　　經世亦是胡安國注解《春秋》的另一題旨，此與其所面臨的時代密切相關。南宋偏安一隅，國勢暗弱，胡安國將自己對時政的看法寄託於《春秋》之中，故《胡傳》具有強烈的經世色彩。他在序中就說：「然尊君父，討亂賊，辟邪說，正人心，用夏變夷，大法略具，庶幾聖人經世之志，小有補云。」〔註27〕他在《春秋》所強調的尊君父，討亂賊，辟邪說，正人心，用夏變夷，於「聖人經世之志」有所小補。而他與宋高宗的一段對話中亦表達了他的「經世」觀念，《宋史・胡安國傳》云：

　　　　高宗曰：「聞卿深於《春秋》，方欲講論。」遂以《左氏傳》付
　　安國點句正音。安國奏：「《春秋》經世大典，見諸行事，非空言比。
　　今方思濟艱難，《左氏》繁碎，不宜虛費光陰，耽玩文采，莫若潛心
　　聖經。」〔註28〕

胡安國主要圍繞尊王、復仇等方面來論證其經世觀念的。胡安國直言「《春秋》之義，尊君抑臣」，〔註29〕譬如《春秋・昭公二十二年》：「夏，劉子、單子以王猛居於皇。秋，劉子、單子以王猛入於王城。」胡安國以為，未逾年而成王，示猛當立，經書「王猛」，明確其嗣君地位，書「王猛」，是與王子相別，以見「居尊得正」，而兩度書「劉子、單子以王」乃惡其「挾天子以令諸侯而專國柄」，以表明「上下舛逆」。〔註30〕胡安國以此來為維護王權，批評權臣專柄，這是有的放矢，於宋廷內政而有感而發，兩宋大抵皆是權臣當國，福威由己，以至於君權削弱，天下不穩。在復仇方面，胡安國利用《公羊傳》「大復仇」之義，來寄寓抗金復國、雪靖康之恥，譬如《春秋・閔公二年》：「夫人姜氏孫於邾。」胡安國以為，莊公「忘親釋怨」，「無志於復仇」，且列出三綱標準，激烈批評其「忘父子之恩，絕君臣之義」，更甚是，國人習焉不察，以為常事，亦不知有君之親、有父之親。〔註31〕胡氏強調復

〔註26〕〔宋〕胡安國：春秋胡氏傳，杭州：浙江古籍出版社，2010，44。
〔註27〕〔宋〕胡安國：春秋傳序，春秋胡氏傳，杭州：浙江古籍出版社，2010，2。
〔註28〕〔元〕脫脫等：宋史（卷435），北京：中華書局，1977，12913。
〔註29〕〔宋〕胡安國：春秋胡氏傳，杭州：浙江古籍出版社，2010，105。
〔註30〕〔宋〕胡安國：春秋胡氏傳，杭州：浙江古籍出版社，2010，434。
〔註31〕〔宋〕胡安國：春秋胡氏傳，杭州：浙江古籍出版社，2010，140～141。

仇之義，無疑在告誡宋高宗，不可忘記父兄被擄之仇，〔註32〕抗金復國、一雪前恥。胡安國發明《春秋》，所指陳的傳心與經世並非全然斷裂，傳心乃是正人心風俗，經世乃是用政事、濟時艱，闡釋《春秋》的內外之用，二者交互為功，由此，傳心與經世呈現出《胡傳》理學的面目。胡安國的「傳心」之論，可在程頤那找到根源，程頤在《春秋傳序》中言「默識心通，然後能造其微也」，「傳心」之意已大體俱在，〔註33〕而「經世」之論亦是如此，程頤指出，《春秋》為「經世之大法」，〔註34〕胡安國亦認為，《春秋》為「聖王經世之志」。

前已論證，清初官方《春秋》學解釋路向承襲朱子，以《春秋》為魯國舊史之文，聖人因此據事直書而見褒貶大義，而《胡傳》在解釋《春秋》時憑藉一字之褒貶而深發義理。在《春秋》學上，康熙帝都採信朱子，皆枹鼓而擊之，借由朱子《春秋》學來檢討《胡傳》，這是頗得要領的。朱子對《胡傳》的確有諸多批評，他說：

> 胡文定《春秋》非不好，卻不合這件事聖人意是如何下字，那件事聖人意又如何下字。要之，聖人只是直筆據見在而書，豈有許多忉怛！〔註35〕

如此看來，官方與《胡傳》的爭執，便表現在朱子《春秋》學與《胡傳》的爭執上，但如果我們細究《胡傳》的淵源，實則為程頤與朱熹在《春秋》學上的爭執。胡安國嘗言「吾所聞在《春秋》，自伊川先生所發」，〔註36〕他在《春秋》序中亦云「故今所傳，事按《左氏》，義採《公羊》、《穀梁》之精者，大綱本孟子，而微詞多以程氏之說為證云」。〔註37〕胡安國在《春秋傳》的述綱領以及傳文中亦屢次引用程頤的說法。可見，程頤的《春秋》學對胡安國影響甚大。程頤、朱熹在《春秋》學上的根本分歧在哪？程頤說：

> 夫子當周之末，以聖人不復作也，順天應時之治不復有也，於是作《春秋》，為百王不易之大法。所謂「考諸三王而不繆，建諸天

〔註32〕參見趙伯雄：春秋學史，濟南：山東教育出版社，2014，512。

〔註33〕參見鄭任釗：程頤《春秋傳》對胡安國《春秋傳》的影響，二程與宋學——首屆宋學暨程顥、程頤國際學術研討會論文集，2012，451。

〔註34〕參見〔宋〕程顥、程頤著，王孝魚點校：二程集，北京：中華書局，2004，583。

〔註35〕〔宋〕朱熹：朱子語類，北京：中華書局，1986，2155。

〔註36〕〔清〕朱彝尊：經義考，上海：上海古籍出版社，2010，3389。

〔註37〕〔宋〕胡安國：敘傳授，春秋胡氏傳，杭州：浙江古籍出版社，2010，13。

地而不悖，質諸鬼神而無疑，百世以俟聖人而不惑」者也。先儒之
傳曰：游、夏不能贊一辭。辭不待贊者也，言不能與於斯爾。斯道
也，唯顏子嘗聞之矣。「行夏之時，乘殷之輅，服周之冕，樂則《韶
舞》」，此其準的也。後世以史視《春秋》，謂褒善貶惡而已，至於經
世之大法，則不知也。《春秋》大義數十，其義雖大，炳如日星，乃
易見也。惟其微辭隱義、時措從宜者為難知也。或抑或縱，或予或
奪，或進或退，或微或顯，而得乎義理之安，文質之中，寬猛之宜，
是非之公，乃制事之權衡，揆道之模範也。〔註38〕

程頤以為《春秋》為「百王不易之大法」，批評後世將《春秋》視為史的做法，
而十分強調《春秋》大義，乃「經世之大法」，可以「制事」「揆道」。他認為
《五經》是載道之文，《春秋》是聖人之用，「五經之有《春秋》，猶法律之有
斷例也」，「《春秋》一句即一事，是非便見於此，乃窮理之要，學者只觀《春
秋》，亦可以盡道矣」。〔註39〕由是觀之，程頤將《春秋》完全視為經，而非史，
強調其經世之用。胡安國在《春秋傳序》中云：

> 百王之法度，萬世之準繩，皆在此書。夫君子以為，《五經》之
> 有《春秋》，由法律之有斷例也。學是經者，信窮理之要矣；不學是
> 經，而處大事、決大疑能不惑者，鮮矣。自先聖門人以文學名科如
> 游、夏，尚不能贊一辭，蓋立意之精如此。〔註40〕

胡氏的說法與程頤幾乎同調，他亦認為《春秋》是經，乃「聖王經世之志」。
然朱熹卻不作如此看待，前已言及，他以為《春秋》據魯史而成，強調據事直
書，而《左氏》為《春秋》依據，批評於一字一辭之間求褒貶：

> 《春秋》之書，且據《左氏》。當時天下大亂，聖人且據實而書
> 之，其是非得失，付諸後世公論，蓋有言外之意。若必於一字一辭
> 之間求褒貶所在，竊恐不然。〔註41〕

朱子反思《春秋》褒貶義例，並不從大義的角度來理解，而將之視為史，在《朱
子語類》中有一條對答「問：《春秋》當如何看？」曰：「只如看史樣看」。〔註
42〕程頤與朱熹有關《春秋》的根本分歧在於《春秋》是經，還是史，也就是

〔註38〕〔宋〕程顥、程頤著，王孝魚點校：二程集，北京：中華書局，2004，583。
〔註39〕〔宋〕胡安國：述綱領，春秋胡氏傳，杭州：浙江古籍出版社，2010，10。
〔註40〕〔宋〕胡安國：春秋傳序，春秋胡氏傳，杭州：浙江古籍出版社，2010，2。
〔註41〕〔宋〕朱熹：朱子語類，北京：中華書局，1986，2149。
〔註42〕〔宋〕朱熹：朱子語類，北京：中華書局，1986，2149。

經史之爭，程頤以為《春秋》是經，其中藏有大義，而朱熹以為《春秋》是史，據事而言褒貶。

4.1.2 清初官方《春秋》學的主題：尊王與忠君

尊王與忠君這兩個關鍵性的觀念始終貫穿著官方《春秋》學之中，折射出清廷的政治意志。康熙帝十分著意於儒學，編纂了一系列儒學經籍，康熙十年（1671）編纂《孝經衍義》，十一年（1672）刊行滿文本《大學衍義》，十六年（1677）編纂《日講四書解義》，十九年（1680）編纂《日講書經解義》，二十二年（1683）編纂《日講易經解義》，二十五年（1686）編纂《日講春秋解義》，三十八年（1689）編纂《欽定春秋傳說彙纂》，五十二年（1713）編纂《御纂朱子全書》，五十四年（1715）編纂《御纂周易折衷》，五十六年（1717）編纂《御纂性理精義》，六十年（1721）編纂《欽定書經傳書彙纂》和《欽定詩經傳書彙纂》。康熙帝對儒學的熱衷簡直到了無以復加的地步，與其說是一種對學問的熱忱，不如說是一種對政治統治術的熱忱。這些欽定或御纂的經籍中都表達著康熙帝作為聖代帝王的一種訴求與想像，亦表達其作為天下之主，天下民眾要服從的一套價值觀念。康熙帝的《日講》《彙纂》就十分明顯地傳遞出這種價值觀念，在天子與諸侯的關係上，要尊王，在君臣之間，要講究君臣之倫，要忠君。譬如《春秋‧隱公元年》在解釋「元年」時，《日講》云：

> 此魯隱公即位之首年，孔子筆削所託始也。諸侯奉天子正朔，凡有事於天子之國，必用天子之年，至紀本國之政，亦得自用其年，舊史之常法也。〔註43〕

《日講》在此即表明諸侯在曆法上奉天子正朔，用天子之年，意在尊王。《春秋‧隱公三年》：「三月庚戌，天王崩。」《日講》云：

> 崩者，上墜之形，天子之尊，四海之內皆當奔喪，魯君聞赴不會，有慢上之心，故志崩不志葬，以著其罪。〔註44〕

《日講》以為魯君不奔天子之喪，有輕慢之心，故經書崩而不書葬，以譏其罪過，亦是在尊王。《春秋‧莊公二十五年》：「夏五月，癸丑，衛侯朔卒。」

〔註43〕 〔清〕庫勒納、李光地等：日講春秋解義，景印文淵閣四庫全書（第172冊），臺北：臺灣商務印書館，1983，25。

〔註44〕 〔清〕庫勒納、李光地等：日講春秋解義，景印文淵閣四庫全書（第172冊），臺北：臺灣商務印書館，1983，37。

《日講》云：

> 衛侯入國，魯莊與有力焉，未必不會其葬，蓋朔殺其兄，而逆
> 天子之命，故不書葬，以示其罪之當討耳。〔註45〕

《日講》批評衛侯殺其兄，乃逆天子之命，故經不書葬，以示其罪，亦為尊天子也。《春秋・僖公三十一年》：「公子遂如晉。」《日講》云：

> 往年宰周公來而公子遂報聘，則以二事出。今復以濟西之田，
> 使遂如晉，慢於尊周而謹於事晉，直書而罪自見矣。〔註46〕

此處批評公子遂如晉之舉，乃是「慢於尊周而謹於事晉」，以為有罪，其意亦在尊周、尊王。《春秋・文公十一年》：「秋，曹伯來朝。」《日講》云：諸侯世相朝禮也，曹伯即位來朝，常事爾。然不先如京師，故書之以見，失尊王之義也。〔註47〕批評曹伯不先如京師，而先朝魯，乃是失尊王之義。《日講》亦強調君臣之倫，批評弒君之舉，宣揚討賊。譬如《春秋・閔公二年》：「秋八月，辛丑，公薨。」《日講》云：

> 公薨不地，弒也。不書葬，賊未討也。慶父既縊，何以謂賊未
> 討，縊為共仲而立其子為卿，討賊之法寧有是耶？故不書葬，以罪
> 魯臣子之昧於大義也。〔註48〕

《日講》以為閔公薨而不書其地，乃為人所弒，不書葬，乃是賊未討，罪在魯臣子不顧大義。《春秋・文公九年》：「晉人殺其大夫士穀及箕鄭父。」《日講》云：

> 三大夫作亂，殺中軍佐，固有罪矣。曷為不稱國討，時晉侯年幼，
> 政在趙盾，故稱人以殺，見大夫專作威福而政不自君出也。〔註49〕

《日講》以為，經不稱國討，而稱人以殺，是在批評大夫專擅，而政不由君，強調君臣之義。《春秋・文公十四年》：「齊人執子叔姬。」《日講》云：

〔註45〕〔清〕庫勒納、李光地等：日講春秋解義，景印文淵閣四庫全書（第 172 冊），臺北：臺灣商務印書館，1983，164。

〔註46〕〔清〕庫勒納、李光地等：日講春秋解義，景印文淵閣四庫全書（第 172 冊），臺北：臺灣商務印書館，1983，285。

〔註47〕〔清〕庫勒納、李光地等：日講春秋解義，景印文淵閣四庫全書（第 172 冊），臺北：臺灣商務印書館，1983，328。

〔註48〕〔清〕庫勒納、李光地等：日講春秋解義，景印文淵閣四庫全書（第 172 冊），臺北：臺灣商務印書館，1983，186。

〔註49〕〔清〕庫勒納、李光地等：日講春秋解義，景印文淵閣四庫全書（第 172 冊），臺北：臺灣商務印書館，1983，323。

> 商人弒君之惡已顯，而執叔姬之事，聖人不獨罪商人也。齊人
> 不討賊，俱北面事之，又敢執君夫人，是舉國之人皆有不赦之罪，
> 故書齊人，所以窮亂賊之黨，與而治之。〔註50〕

《日講》批評商人弒君之罪，指出齊人非但不討賊，還執君夫人，經書齊人，
是表明舉國有罪也，亦在強調君臣之倫。《春秋・宣公十年》：「晉人、宋人、
衛人、曹人伐鄭。」《日講》云：

> 晉霸之衰，皆由趙盾專政，庇其同類，齊、魯、宋、鄭弒君之
> 賊，皆置而不問，故諸侯皆有離心，今陳有弒君之賊，若晉能合諸
> 侯以討之，則桓文之功立就矣。何患鄭之不服乎？乃率三國以爭鄭
> 而以討賊，遺楚、晉可謂無人矣。〔註51〕

此乃從兩個方面來強調君臣之義，第一，晉國霸主勢力衰落，乃因權臣趙盾專
政，第二，諸侯有弒君之賊，晉不能討，故皆加以批評。再看《彙纂》，譬如
《春秋・隱公元年》：「春王正月。」《彙纂》案：

> 正者，王事之始，春者，天道之始。王所為者，繫之以王，天
> 所為者，冠之以春。三正迭用，惟夏得天，欲王者，上奉天時，必
> 以得天為正。蓋《春秋》為尊王而作，故以王法正天下，《春秋》為
> 萬世而作，故以天道正王道也。〔註52〕

《彙纂》對此作了一番解釋，並表示「《春秋》為尊王而作，故以王法正天下」，
意在尊王。《春秋・僖公二十八年》：「五月癸丑，公會晉侯、齊侯、宋公、蔡
侯、鄭伯、衛子、莒子盟於踐土。」《彙纂》案：

> 踐土之役，先儒相承謂天王下勞晉侯，惟項氏安世以為天王出
> 居鄭，亦既五年諸侯未嘗救，天王未嘗歸也。又趙氏鵬飛亦謂，聖
> 人作《春秋》以周為重，安有晉侯納王之事而不書者，不知晉文欲
> 求諸侯，故納王以為圖伯之計而又恃功請隧，圍畿內之邑而取之，
> 故《春秋》削之也。〔註53〕

〔註50〕〔清〕庫勒納、李光地等：日講春秋解義，景印文淵閣四庫全書（第172冊），
　　　　臺北：臺灣商務印書館，1983，339。

〔註51〕〔清〕庫勒納、李光地等：日講春秋解義，景印文淵閣四庫全書（第172冊），
　　　　臺北：臺灣商務印書館，1983，381。

〔註52〕〔清〕王掞、張廷玉等：欽定春秋傳說彙纂，景印文淵閣四庫全書（第173冊），
　　　　臺北：臺灣商務印書館，1983，94。

〔註53〕〔清〕王掞、張廷玉等：欽定春秋傳說彙纂，景印文淵閣四庫全書（第173冊），
　　　　臺北：臺灣商務印書館，1983，445。

《彙纂》引用趙鵬飛的說法，「聖人作《春秋》以周為重」，指出晉文公求諸侯納王是圖霸之計，故《春秋》削之，乃表達尊周、尊王之意。《春秋·桓公十五年》：「五月，鄭伯突奔蔡。」《彙纂》案：

> 逐突者，祭仲也。不書仲逐其君，而書鄭突出奔者，《春秋》誅討亂賊，嚴君臣之大分，不使賊臣得以逞志於其君，故以自奔為文也。〔註54〕

《彙纂》以為經不書祭仲逐其君，而書鄭伯突出奔，乃是《春秋》筆法，「誅討亂賊，嚴君臣之大分」。《春秋·宣公四年》：「夏六月乙酉，鄭公子歸生弒其君夷。」《彙纂》案：

> 左氏謂弒君稱君，君無道也，非也。君雖不君，臣安可以不臣乎？又以歸生為權不足而譏其仁而不武，亦非也。歸生位上卿，握兵權，何得以為權不足乎？亂臣賊子，豈可以仁稱之者乎？故刪而不錄。〔註55〕

《彙纂》批評《左傳》「弒君稱君，君無道也」的說法，指出「君雖不君，臣安可以不臣乎？」，並視歸生為亂臣賊子，表達君臣之義。《春秋·昭公二十八年》：「公如晉，次於乾侯。」《彙纂》案：

> 昭公失國之後，其往來居處，聖人書之，特詳所以繫魯國臣民之望而深誅季氏之無君，胡氏寧以為全罪昭公者，誤矣。〔註56〕

《彙纂》指出經書昭公居處，乃「繫魯國臣民之望而深誅季氏之無君」，批評胡寧全罪昭公的看法，亦是站在君臣大義的角度來批判無君之臣。《春秋·定公十三年》：「晉趙鞅歸於晉。」《彙纂》案：

> 人臣之罪，莫大於叛，《春秋》所以必誅也。趙鞅專地以叛，結韓魏以脅其君，復入於晉，聖人書之，所以譏晉侯之失刑，而三卿分晉之禍實始於此也。〔註57〕

〔註54〕　〔清〕王掞、張廷玉等：欽定春秋傳說彙纂，景印文淵閣四庫全書（第173冊），臺北：臺灣商務印書館，1983，212。

〔註55〕　〔清〕王掞、張廷玉等：欽定春秋傳說彙纂，景印文淵閣四庫全書（第173冊），臺北：臺灣商務印書館，1983，562。

〔註56〕　〔清〕王掞、張廷玉等：欽定春秋傳說彙纂，景印文淵閣四庫全書（第173冊），臺北：臺灣商務印書館，1983，904。

〔註57〕　〔清〕王掞、張廷玉等：欽定春秋傳說彙纂，景印文淵閣四庫全書（第173冊），臺北：臺灣商務印書館，1983，957。

《彙纂》批評趙鞅專地叛國，結韓魏以脅其君，後又入晉國，以貶斥趙鞅也。康熙帝在《春秋》中如此宣揚「尊王」「君臣之倫」，顯然不是一時興起，不能作為紙面文章看，他要表明，《春秋》中的這一套價值觀念，也適用於本朝，本朝也要「尊王」，也要講「君臣大義」。康熙帝曾表示「天下大權，惟一人操之，不可旁落」，〔註58〕「死生常理，朕所不諱，惟天下大權，當統於一」，〔註59〕皆表明天子權威的絕對惟一性，此點是不容爭辯的。康熙帝於康熙十五年（1676）在殿試制策中明確表示忠孝乃人生大節，「知之明，則不惑於邪正，守之固，則不昧於順逆」，要求講究「親親長長之誼」。康熙帝對忠義之舉亦大加表彰，康熙十三年（1674），耿精忠參與三藩之亂，拘押了范承謨，范氏乃清廷漢軍子弟，儘管遭到拘押，然堅貞不屈，最終為耿精忠所殺。康熙賜予其「忠貞」諡號，親灑華翰，評價其「捨生取義，流光天壤，古所謂不二心之臣，如此而已」。〔註60〕

　　雍正帝接著康熙帝的步伐，翻譯、刊行了大量儒學經籍，於雍正五年（1727）翻譯刊行滿、漢文《小學》《孝經》，繼續刊行《欽定詩經傳說彙纂》，七年（1729）校訂《日講春秋解義》，八年（1730）刊行《書經傳說》《欽定書經傳說彙纂》《欽定詩經傳說彙纂》《欽定春秋傳說彙纂》，九年（1731）刊行《駁呂留良四書講義》，十一年（1733）翻譯、刊行滿文《詩經》。除了刊刻儒家經籍之外，雍正帝曾於雍正七年（1729）刊刻《大義覺迷錄》，頒行天下，其中就有諸多討論《春秋》大義的問題。在雍正看來，《春秋》大義乃君臣、父子之倫：

　　　　孔子成《春秋》，原為君臣、父子之大倫，扶植綱常，辨定名分。故曰：「孔子成《春秋》而亂臣賊子懼。」今曾靜以亂臣賊子之心，託《春秋》以為說，與孔子經文判然相背，無怪乎明三百年無一人能解。不但元、明之人，即漢、唐、宋以來之儒，亦無人能解也。惟逆賊呂留良凶悖成性，悍然無忌，與曾靜同一亂賊之性，同一亂賊之見，所以其解略同耳。曾靜之惡逆大罪，肆詆朕躬，已為自古亂臣賊子所罕見。而呂留良讟張狂吠，獲罪於聖祖，其罪萬死莫贖，宜曾靜之服膺傾倒，以為千古卓識。可問曾靜，呂留良所說《春秋》

<hr />

〔註58〕〔清〕清聖祖實錄（第3冊）北京：中華書局，2008，556。
〔註59〕〔清〕清聖祖實錄（第3冊）北京：中華書局，2008，697。
〔註60〕〔清〕紀昀等：欽定八旗通志，臺北：學生書局，1968，111。

大義，如何昭然大白於天下？呂留良是域中第一義人，還是域中第
一叛逆之人？著他據實供來。〔註61〕

雍正帝駁斥曾靜、呂留良的說法，並斥之為「亂臣賊子」，強調《春秋》的君
臣大義，實則是尊王。雍正帝進一步駁斥曾靜、呂留良：

> 彌天重犯僻處山谷，離城甚遠，左右鄰里，無讀書士子，良師益
> 友就正，因應試州城，得見呂留良所本朝程墨，及大小題，房書諸評。
> 見其論題理，根本傳注，文法規矩先進大家，遂據僻性服膺，妄以為
> 此人是本朝第一等人物，舉凡一切言議，皆當以他為宗。其實當時並
> 未曾曉得他的為人行事何如。而中國有論管仲九合一匡處，他人皆以
> 為仁，只在不用兵車，而呂評大意，獨謂仁在尊攘。彌天重犯遂類推
> 一部《春秋》也只是尊周攘夷，卻不知《論語》所云「攘」者止指楚
> 國而言，謂僭王左衽，不知大倫，不習文教，而《春秋》所擯，亦指
> 吳、楚僭王，非以其地遠而擯之也。若以地而論，則陳良不得為豪傑，
> 周子不得承道統，律以《春秋》之義，亦將擯之乎。〔註62〕

曾靜認為「一部《春秋》也只是尊周攘夷」，呂留良在討論管仲管仲九合一匡
之功時，「獨謂仁在尊攘」，雍正帝一併加以反駁，他引用《論語》解釋「攘」
僅指的是楚國，「謂僭王左衽，不知大倫，不習文教」，「《春秋》所擯，亦指吳、
楚僭王」，並不是在於地理之遠近，他所要突出的依然是君臣大倫、尊王之義。
雍正帝繼續表示：

> 《詩》言「戎狄是膺，荊舒是懲」者，以其僭王猾夏，不知君
> 臣之大義，故聲其罪而懲艾之，非以其為戎狄而外之也。若以戎狄
> 而言，則孔子周遊，不當至楚應昭王之聘。而秦穆之霸西戎，孔子
> 刪定之時，不應以其誓列於周書之後矣。〔註63〕

他引用《詩經》「戎狄是膺，荊舒是懲」一句，藉以說明夷狄「僭王猾夏，
不知君臣之大義」，乃遭到聲討，意在尊王。雍正帝甚至將君臣之倫視為五
倫之首：

〔註61〕中國社會科學院歷史研究所清史研究所編：大義覺迷錄（卷1），清史資料（第
　　　四輯），北京：中華書局，1983，36。
〔註62〕中國社會科學院歷史研究所清史研究所編：大義覺迷錄（卷1），清史資料（第
　　　四輯），北京：中華書局，1983，37～38。
〔註63〕中國社會科學院歷史研究所清史研究所編：大義覺迷錄（卷1），清史資料（第
　　　四輯），北京：中華書局，1983，5。

夫人之所以為人而異於禽獸者，以有此倫常之理也。故五倫謂
之人倫，是闕一則不可謂之人矣。君臣居五倫之首。天下有無君之
人，而尚可謂之人乎？人而懷無君之心，而尚不謂之禽獸乎？盡人
倫則謂人，滅天理則謂禽獸，且天命之以為君，而乃懷逆天之意，
焉有不遭天之誅殛者乎？朕思秉彝好德，人心所同。天下億萬臣民，
共具天良，自切尊君親上之念，無庸再為剖示宣諭。〔註64〕

他指出，天下無君之人不可謂人，懷無君之心謂禽獸，「天命之以為君，而乃
懷逆天之意」，亦要遭到天之誅殛，並要求民眾「尊君親上」。雍正帝朱批中亦
常常表示君臣之間要講求「君臣一體」「君臣大義」，雍正元年（1723），他在
給江西巡撫裴度的御批中表示「內外原係一體，君臣互相勸勉」，要「一心一
德，彼此無隱」：

內外原係一體，君臣互相勸勉，凡有聞見，一心一德，彼此無
隱，方與天下民生有益也。莫在朕諭上留心，可以判得天地神明者，
但自放心，有何可謂？〔註65〕

同年在給福建巡撫黃國材的御批中亦有相同的表示：

君臣、中外原係一體，主要公正真實，上下一德同心，彼此披
誠即是……君臣內外互相直陳明訓，斟酌而舉，方免疏處，若一切
勉強尊奉，面是心非，非朕之願也。總之，你可以若得天地鬼神，
無慚幾靈的事，只管放膽作。朕便真怪，何懼之有？有如欺隱、徇
私、迎合、將就，即能令朕嘉悅，奈頭上湛湛何？〔註66〕

雍正所念茲再茲的君臣一體、君臣大義，實則是強調君臣之別、君尊臣卑，雍
正二年（1724），他在給河南開歸河道御批中說：

既做河南官，他省與朝中未有除皇帝之外，另有主人上司也。
君臣大義，千古名節時刻不可忘。〔註67〕

〔註64〕中國社會科學院歷史研究所清史研究所編：大義覺迷錄（卷1），清史資料（第
　　　　四輯），北京：中華書局，1983，8。
〔註65〕中國第一歷史檔案館編：雍正朝漢文朱批奏摺彙編（第1冊），南京：江蘇古
　　　　籍出版社，1989，902。
〔註66〕中國第一歷史檔案館編：雍正朝漢文朱批奏摺彙編（第1冊），南京：江蘇古
　　　　籍出版社，1989，391～392。
〔註67〕中國第一歷史檔案館編：雍正朝漢文朱批奏摺彙編（第4冊），南京：江蘇古
　　　　籍出版社，1989，251。

即是表明皇帝的至高無上的地位，要講「君臣大義，千古名節」。雍正三年（1725），他在給四川、陝西總督年羹堯的御批中說：

> 你這光景，是顧你臣節，不管朕之君道行事，總是譏諷文章，口是心非口氣，加朕以聽讒言，怪功臣之名。朕亦只得顧朕君道，而不管得你臣節也。只得天下後世，朕先點一個是字了。〔註68〕

此處更為明確，君道是高於臣節的。

雍正帝如此強調君臣之倫，說到底還是一個忠字，即作為臣子，忠君是根本。雍正十分重視孝道，他認為「朕為君國之道，必崇孝理化民之本，務重尊親」，〔註69〕「朕惟古昔帝王以孝治天下，誠以孝者，天之經、地之義、民之則也」，〔註70〕他還在科舉中進一步確定《孝經》的地位，雍正元年，即詔令《孝經》與《五經》並重，鄉、會試兩場論題仍沿用《孝經》。雍正帝在給《欽定孝經衍義》作序稱：

> 《孝經》者，聖人所以彰明彝訓，覺悟生民。溯天地之性，則知人為萬物之靈；敘家國之倫，則知孝為百行之始。人能孝於其親，處稱惇實之士，出成忠順之臣，下以此為立身之要，上以此為立教之原，故謂之至德要道。自昔聖帝哲王宰世經物，未有不以孝治為先務者也。恭惟聖祖仁皇帝纘述世祖章皇帝遺緒，詔命儒臣編輯《孝經衍義》一百卷，刊行海內，垂示永久。顧以篇帙繁多，慮讀者未能周遍，朕乃命專譯經文，以便誦習。夫《孝經》一書，詞簡義暢，可不煩注解而自明，誠使內外臣庶，父以教其子，師以教其徒，口諷其文，心知其理，身踐其事，為士大夫者能資孝作忠，揚名顯親，為庶人者能謹身節用，竭力致養，家庭務敦於本行，閭里胥向於淳風。如此，則親遜成化，和氣薰蒸，躋比戶可封之俗，是朕之所厚望也。〔註71〕

認為「知孝為百行之始」，「人能孝於其親，處稱惇實之士，出成忠順之臣」，

〔註68〕中國第一歷史檔案館編：雍正朝漢文朱批奏摺彙編（第1冊），南京：江蘇古籍出版社，1989，808。

〔註69〕〔清〕清世宗：世宗憲皇帝聖訓，景印文淵閣四庫全書（第412冊），臺北：臺灣商務印書館，1983，34。

〔註70〕〔清〕清世宗：世宗憲皇帝聖訓，景印文淵閣四庫全書（第412冊），臺北：臺灣商務印書館，1983，47。

〔註71〕〔清〕清世宗實錄，雍正五年十二月甲申。

使士人能「資孝作忠，揚名顯親」，庶人能「謹身節用，竭力致養」，如此可見，雍正帝提倡「孝」，其最終的落腳點是在「忠」上，企圖使臣民「資孝作忠」，成為「忠順之臣」。雍正帝於雍正二年（1724），以康熙帝的《聖諭十六條》為基礎，編纂《聖諭廣訓》，宣諭天下，並要求科考士子必須默寫，而各地每月宣講兩次，可謂用心良苦，其中說：

> 我聖祖仁皇帝，臨御六十一年，法祖尊親，孝思不匱。《欽定孝經衍義》一書，衍釋經文，義理詳貫，無非孝治天下之意。故《聖諭十六條》，首以孝悌開其端。朕丕承鴻業，追維往訓，推廣立教之思，先申孝悌之義，用是與爾兵民人等宣示之。夫孝者，天之經、地之義、民之行也，人不知孝父母，獨不思父母愛子之心乎？方其未離懷抱，饑不能自哺，寒不能自衣，為父母者，審音聲察形色，笑則為之喜，啼則為之憂，行動則跬步不離，疾痛則寢食俱廢。以養以教，至於成人，復為授家室、謀生理，百計經營，心力俱瘁。父母之德實同昊天罔極，人子欲報親恩於萬一，自當內盡其心，外竭其力，謹身節用，以勤服勞，以隆孝養。毋博弈飲酒，毋好勇鬥狠，毋好貨財、私妻子。縱使儀文未備，而誠愨有餘，推而廣之，如曾子所謂：「居處不莊非孝，事君不忠非孝，蒞官不敬非孝，朋友不信非孝，戰陣無勇非孝」，皆孝子分內之事也。至若父有冢子，稱曰家督；弟有伯兄，尊曰家長。凡日用出入，事無大小，眾子弟皆當諮稟焉。飲食必讓，語言必順，步趨必徐行，坐立必居下，凡以明弟道也。夫十年以長則兄事之，五年以長則肩隨之，況同氣之人乎？故不孝與不弟相因，事親與事長並重。能為孝子，然後能為悌弟；能為孝子悌弟，然後在田野為循良之民，在行間為忠勇之士爾。兵民亦知為子當孝，為弟為悌，所患習焉不察，致自離於人倫之外。〔註72〕

雍正帝繼續表達「天之經、地之義、民之行也」，並引用曾子的話「居處不莊非孝，事君不忠非孝，蒞官不敬非孝，朋友不信非孝，戰陣無勇非孝」，這皆是孝心分內之事。對雍正帝而言，君臣乃五倫之首，孝乃百行之始，忠君亦是孝，如此一來，忠君乃重中之重，自然是天下第一大的事情。

〔註72〕〔清〕清世宗：聖諭廣訓序，聖諭廣訓，景印文淵閣四庫全書（第717冊），臺北：臺灣商務印書館，1983，589～592。

4.1.3 《日講春秋解義》《欽定春秋傳說彙纂》對《胡傳》的態度之轉變

　　清初官方對《胡傳》的檢討情勢是不斷變化著的，經歷大約宗胡，到激切反胡的過程。具體而言，從《日講》到《彙纂》，是由「以胡氏為宗」到「非全主胡氏」。〔註73〕康熙帝的《日講》基本持宗胡的態度，而後期的《彙纂》始有批駁的聲音，且語辭激切。康熙帝在《日講》的序中說：

> 惟宋康侯胡氏潛心二十年，事本左氏，義取公、穀，萃諸家之長，勒成一家之書，雖持論過激，抉隱太嚴，未必當日聖心皆然，要其本三綱、奉九法、明王道、正人心，於《春秋》大旨十常得其六七，較之漢唐以後諸家優矣……爰命儒臣撰集進講，大約以胡氏為宗，而去其論之太甚者。〔註74〕

康熙帝以為，胡安國的《春秋傳》「事本左氏，義取公、穀」，萃取諸家之長而成一家之書，雖然存在「持論過激、抉隱太嚴」的問題，然其得《春秋》大旨十之六七，相比較漢唐以後諸家則優，故「大約以胡氏為宗」。這個評斷可以說非常之高了，可見康熙帝對《胡傳》的首肯與推重。不僅序文如此，在經文中亦多採用或褒揚《胡傳》。譬如《春秋·桓公十四年》：「無冰。」《日講》云：

> 理陰陽之一事，仲冬之月，燠而無冰，劉向以為紀綱縱弛，善惡不明，賞罰不行之象，《春秋》所書皆經邦大訓，而四時寒暑之變必詳。〔註75〕

《胡傳》云：

> 理陰陽天地之一事也，今在仲冬之月，燠而無冰，則政治縱弛不明所致也，故書於策。《春秋》所載皆經邦大訓而書法若此，其察於四時，寒暑之變詳矣。〔註76〕

《日講》並未注明來自《胡傳》，通過比讀，此條除了個別語辭之處有更動，

〔註73〕 參見康凱淋：論清初官方對胡安國《春秋胡氏傳》的批評，漢學研究，2010（1），304。

〔註74〕 〔清〕庫勒納、李光地等：日講春秋解義，景印文淵閣四庫全書（第172冊），臺北：臺灣商務印書館，1983，1。

〔註75〕 〔清〕庫勒納、李光地等：日講春秋解義，景印文淵閣四庫全書（第172冊），臺北：臺灣商務印書館，1983，106。

〔註76〕 〔宋〕胡安國：春秋胡氏傳，杭州：浙江古籍出版社，2010，73。

解讀則完全抄自於《胡傳》。《胡傳》認為，在仲冬之月卻無冰，《春秋》書之，意在表達當時政治縱弛不明，因「春秋所載皆經邦大訓」，於是「察於四時，寒暑之變詳」，《日講》則直接挪用。《春秋·莊公九年》：「八月庚申，及齊師戰於乾時，我師敗績。」《日講》云：「內不言敗，而干時之敗不諱者，能與讎戰，雖敗猶榮也。」〔註77〕《胡傳》云「內不言敗，此其言敗者，為與讎戰，雖敗亦榮也。」〔註78〕按照凡例，為內諱而經不言敗，此處書敗是因魯君與讎相戰，「雖敗亦榮」，《日講》亦是完全採用《胡傳》的解釋。《春秋·僖公十一年》：「十一年春，晉殺其大夫丕鄭父。」《日講》云：

> 按左氏，丕鄭言於秦伯，欲出晉君，則信有罪矣。曷為稱國以殺而不去其官，鄭非弒君之賊也。惠公徒以其異己而殺之，則殺之不以罪……其稱國者，兼罪用事之臣，不能格君心之非而贊其濫刑以危國也。〔註79〕

《胡傳》云：

> 按左氏，丕鄭言於秦伯，請出晉君則鄭有罪矣。曷為稱國以殺而不去其官，惠公以私意殺里克，故其黨皆懼，鄭之有此謀，由殺里克致之也……其稱國者兼罪用事大夫不能格君之心非至於多忌，濫刑危其國也。〔註80〕

《日講》與《胡傳》幾乎異口同聲，認為罪在丕鄭，「稱國者，兼罪用事之臣」，是不能格去國君之心之非而助長國君「濫刑危國」。在《日講》中除了不著明出處地採用《胡傳》，亦有直接提及、認同胡安國論斷的文字。譬如《春秋·僖公三十一年》：「夏四月，四卜郊，不從，乃免牲，猶三望。」《日講》云：「魯望止於三，公羊謂大山河海，鄭玄謂海岱淮，賈逵服虔謂之分野之星及國中山川，杜預因之，而胡安國獨取公羊之說，於理為近。」〔註81〕《日講》認為胡安國取公羊之說，「於理為近」。《春秋·昭公二十四年》：「叔孫舍至自晉。」《日講》云：「疏公羊者以為意如有罪，故去其氏，叔孫無罪，故無貶文。胡

〔註77〕〔清〕庫勒納、李光地等：日講春秋解義，景印文淵閣四庫全書（第172冊），臺北：臺灣商務印書館，1983，135。

〔註78〕〔宋〕胡安國：春秋胡氏傳，杭州：浙江古籍出版社，2010，101。

〔註79〕〔清〕庫勒納、李光地等：日講春秋解義，景印文淵閣四庫全書（第172冊），臺北：臺灣商務印書館，1983，225。

〔註80〕〔宋〕胡安國：春秋胡氏傳，杭州：浙江古籍出版社，2010，162。

〔註81〕〔清〕庫勒納、李光地等：日講春秋解義，景印文淵閣四庫全書（第172冊），臺北：臺灣商務印書館，1983，286～287。

氏安國主其說，意似可從。」〔註82〕《日講》言胡安國主公羊疏之說法，叔孫
不去族，故無貶文，「意似可從」。

　　康熙後期的《彙纂》則始有激切批駁《胡傳》之聲，他在序中即公開批駁
《胡傳》，他說：

　　　　迨宋胡安國進《春秋》解義，明代立於學官，用以貢舉取士，
　　於是四傳並行，宗其說者，率多穿鑿附會，去經義愈遠。〔註83〕

《胡傳》是在元代列為學官的，康熙帝以為，宗其說者「率多穿鑿附會」「去
經義愈遠」，一改當初在《日講》中的口氣，儘管如此，《彙傳》還是將《左傳》
《公羊傳》《穀梁傳》與《胡傳》一併列入。《彙纂》對《胡傳》的批駁相當之
多，語氣直切。譬如《春秋・隱公八年》：「辛亥，宿男卒。」《彙纂》案：「宿
男不名，諸儒皆以為史失之，是也，《胡傳》謂赴不以名而經書其名是聖人筆
之，恐無可據。」〔註84〕宿男不書名，《彙纂》以為是「史失之」，胡傳理解成
「聖人筆之」，「恐無可據」。《春秋・桓公十五年》：「五月，鄭伯突出奔蔡。」
《彙纂》案：「《胡傳》本陸淳謂所以警乎人君，豈逐君者，其罪尚可貸乎？於
義頗有未安。」〔註85〕《胡傳》吸收唐人陸淳的說法，以為此條是在警示人君，
《彙纂》予以反駁。《春秋・莊公十四年》：「春，齊人、陳人、曹人伐宋。」
《彙纂》案：「《胡傳》以稱人為將卑師少，揆之經文所書亦不盡合。」〔註86〕
《胡傳》以為經書人是將卑師少，而《彙纂》則根據經文所書，「亦不盡合」。
《春秋・僖公十九年》：「王三月，宋人執滕子嬰齊。」《彙纂》案：

　　　　《胡傳》謂齊桓之盛，九合諸侯而滕侯不與，及宋襄繼起又不
　　尊事大國，其見執則有由矣，書名著其罪也。此說非也。齊桓創霸，
　　自北杏以後，衣裳、兵車、會盟之事屢矣，大國如秦、晉，小國如
　　薛、莒、杞、鄶、蕭、宿、小邾之屬皆未嘗與，何得以不會獨責一

〔註82〕〔清〕庫勒納、李光地等：日講春秋解義，景印文淵閣四庫全書（第 172 冊），
　　　　臺北：臺灣商務印書館，1983，726。
〔註83〕〔清〕王掞、張廷玉等：欽定春秋傳說彙纂，景印文淵閣四庫全書（第 173 冊），
　　　　臺北：臺灣商務印書館，1983，1。
〔註84〕〔清〕王掞、張廷玉等：欽定春秋傳說彙纂，景印文淵閣四庫全書（第 173 冊），
　　　　臺北：臺灣商務印書館，1983，138。
〔註85〕〔清〕王掞、張廷玉等：欽定春秋傳說彙纂，景印文淵閣四庫全書（第 173 冊），
　　　　臺北：臺灣商務印書館，1983，212。
〔註86〕〔清〕王掞、張廷玉等：欽定春秋傳說彙纂，景印文淵閣四庫全書（第 173 冊），
　　　　臺北：臺灣商務印書館，1983，272。

滕耶？〔註87〕

《胡傳》以為滕子見執是不尊事大國的原因，書其名以著其罪，《彙纂》非之，並舉大國秦、晉，小國薛、莒、杞、鄆、蕭等小國皆不曾參與，不會獨責於滕。《春秋·宣公十四年》：「秋九月，楚子圍宋。」《彙纂》案：「胡傳於衛人救陳以為著宋之罪，而伐宋、圍宋皆以為宋所自取，而責宋為深，似非經旨。」〔註88〕《胡傳》以為罪在宋人，故伐宋、圍宋皆為宋自取，《彙纂》加以反駁。《春秋·昭公元年》：「冬十有一月己酉，楚子麇卒。」《彙纂》案：

> 圍執慶封，聲其弒君之罪於軍中，則弒麇之跡，當日必甚秘而以偽赴，故魯史亦承赴而書之，春秋因而不革也。與髡頑之書卒同義。《胡傳》謂圍以篡弒而主會盟，故聖人憫列國之衰微，懼人慾之橫流而略其篡弒焉，失經旨矣。〔註89〕

楚公子圍弒麇，《彙纂》以為魯史承赴而書，春秋因而不革，與髡頑之書卒同義（事見《春秋·襄公七年》），反駁《胡傳》公子圍以篡弒麇而主會盟，「聖人憫列國之衰微，懼人慾之橫流而略其篡弒」的論斷，故「失經旨矣」。除此，《彙纂》對《胡傳》中有關夷狄文字的內容皆加以刪節。譬如《春秋·隱公二年》：「公會戎於潛」，《胡傳》云：

> 夷狄舉號，外之也。天無所不覆，地無所不載，天子與天地，三者也。《春秋》，天子之事，何獨外戎狄乎？曰：中國之有戎狄，猶君子之有小人，內君子外小人為泰，內小人外君子為否。《春秋》，聖人傾否之書，內中國而外四夷，使之各安其所也。無不覆載者，王德之體，內中國外四夷者，王道之用。是故以諸夏而親戎狄，致金繒之奉，首顧居下，其策不可施也。以戎狄而朝諸夏，位侯王之上，亂常失序，其禮不可行也。以羌胡而居塞內，無出入之防，非我族類，其心必異，萌滑夏之階，其禍不可長也。為此說者，其知內外之旨而明於馭戎之道。正朔所不加也，奚會同之有？書會戎，譏之也。〔註90〕

〔註87〕〔清〕王掞、張廷玉等：欽定春秋傳說彙纂，景印文淵閣四庫全書（第173冊），臺北：臺灣商務印書館，1983，407。
〔註88〕〔清〕王掞、張廷玉等：欽定春秋傳說彙纂，景印文淵閣四庫全書（第173冊），臺北：臺灣商務印書館，1983，601。
〔註89〕〔清〕王掞、張廷玉等：欽定春秋傳說彙纂，景印文淵閣四庫全書（第173冊），臺北：臺灣商務印書館，1983，808。
〔註90〕〔宋〕胡安國：春秋胡氏傳，杭州：浙江古籍出版社，2010，6。

胡安國在此處討論夷夏之防、內外之別，而《彙纂》並未將此內容錄入，加以完全刪削。〔註91〕如《春秋·隱公二年》：「秋八月庚辰，公及戎盟於唐」，《胡傳》云：

> 按費誓稱淮夷、徐戎，此蓋徐州之戎，久居中國，在魯之東郊者也。韓氏愈言，「《春秋》謹嚴」，君子以為深得其旨。所謂謹嚴者何謹乎？莫謹於華夷之辨矣。是故成於日者必以事繫日，而前此盟於蔑則不日、盟於宿則不日，後此盟於密則不日，盟於石門則不日，獨盟於唐而書日者，謹之也。後世乃有結戎狄以許婚而配耦非其類，如西漢之於匈奴，約戎狄以求援而華夏被其毒，如肅宗之於回紇，信戎狄以與盟而臣主蒙其恥，如德宗之於尚結贊。雖悔於終，亦將奚及？《春秋》謹唐之盟，垂戒遠矣。〔註92〕

胡安國亦在強調《春秋》謹華夷之辨，《彙纂》亦將之悉數刪除。〔註93〕《春秋·僖公二十三年》：「齊侯伐宋，圍緡」，《胡傳》云：

> 齊，霸國之餘業也。宋襄公既敗於泓，荊楚之勢益張矣。齊侯既無尊中國、攘夷狄、恤患災、畏簡書之意，又乘其約而伐之，此尤義之所不得為者也，故書伐國而言圍邑以著其罪。然桓公伐鄭圍新城，何以不為貶乎？鄭與楚合，憑陵中國，桓公伐之，攘夷狄也。宋與楚戰，兵敗身傷，齊侯伐之，殘中夏也。其事邑矣，美惡不嫌同詞。〔註94〕

《彙纂》錄入《胡傳》：

> 齊，霸國之餘業也。宋襄公既敗於泓，荊楚之勢益張矣。齊侯既無恤患災、畏簡書之意，又乘其約而伐之，此尤義之所不得為者也，故書伐國而言圍邑以著其罪。然桓公伐鄭圍新城，何以不為貶乎？鄭與楚合，憑陵諸國。宋與楚戰，兵敗身傷。其事邑矣，美惡不嫌同詞。〔註95〕

〔註91〕〔清〕王掞、張廷玉等：欽定春秋傳說彙纂，景印文淵閣四庫全書（第173冊），臺北：臺灣商務印書館，1983，102。

〔註92〕〔宋〕胡安國：春秋胡氏傳，杭州：浙江古籍出版社，2010，7。

〔註93〕〔清〕王掞、張廷玉等：欽定春秋傳說彙纂，景印文淵閣四庫全書（第173冊），臺北：臺灣商務印書館，1983，104。

〔註94〕〔宋〕胡安國：春秋胡氏傳，杭州：浙江古籍出版社，2010，181～182。

〔註95〕〔清〕王掞、張廷玉等：欽定春秋傳說彙纂，景印文淵閣四庫全書（第173冊），臺北：臺灣商務印書館，1983，420。

若稍加比較，《彙纂》將《胡傳》中「尊中國、攘夷狄」「桓公伐之，攘夷狄也」「齊侯伐之，殘中夏也」諸文字刪節。

4.2 《日講春秋解義》《欽定春秋傳說彙纂》對《胡傳》繼承

　　康熙帝的《日講春秋解義》、《欽定春秋傳說彙纂》基本上是宗胡。胡安國將《春秋》中的「尊王攘夷」納入到天理的框架之內，康熙帝在《日講春秋解義》《欽定春秋傳說彙纂》中將之加以繼承，只不過天理的框架內沒有攘夷之義，只有尊王之義。《日講春秋解義》對涉及到《胡傳》中「攘夷」之義的內容，皆避而不談，《欽定春秋傳說彙纂》對《胡傳》中有關「攘夷」之義進行討論的內容，皆加以刪節。

4.2.1 對「尊王」「君臣之倫」之義的繼承

　　《日講》《彙纂》對《胡傳》的態度雖不盡相同，但皆繼承了《胡傳》中「尊王」「君臣之倫」的部分。《日講》對吸納《胡傳》的內容並沒有注明，若加以細緻比讀，則可以十分清楚地呈現出來。譬如隱公八年「三月，鄭伯使宛來歸祊。庚寅，我入祊」一條，《日講》云：

> 六年鄭人來輸平，蓋請以祊歸也，今使宛來歸祊，蓋將以易許也。許者，朝宿之地，在王畿之內，成王所以特賜周公也。祊者，湯沐之邑，在泰山之旁，宣王所特賜鄭伯也。祊近於魯，許鄰於鄭，故各以所便相易，用此見鄭有無君之心，而謂天王不復巡守矣，用此見鄭有無親之心，而敢與先祖所受之邑與人矣。入者，不順之詞，非我所有而強入之也。〔註96〕

《胡傳》云：

> 鄭伯欲以泰山之祊易許田，前此來「輸平」者，以言請之矣，未入地也。至是來歸祊者，其地既輸矣，未易許也。周制：六年五服一朝，故於天子之郊有朝宿之地，又六年，王乃時巡，諸侯各朝於方岳，故於泰山之旁有湯沐之邑。諸侯於王畿之內、方岳之下，

〔註96〕　〔清〕庫勒納、李光地等：日講春秋解義，景印文淵閣四庫全書（第172冊），臺北：臺灣商務印書館，1983，57。

皆有是乎？成王以周公大勳勞，故特賜之許田為朝宿之地，如皆有焉，盡天子之郊，不足為其地矣。宣王以鄭伯母弟懿親，故特賜之祊田為湯沐之邑，如皆有焉，盡泰山之勞，不足為其邑矣。祊近於魯，許鄰於鄭，各以其近者相易，何以不可乎？用是見鄭有無君之心，而謂天王不復巡守矣，用是見鄭有無親之心，而敢與先祖所受之邑與人矣。其言我入祊者，祊非我有也。〔註97〕

通過比較，我們不難發現，《日講》完全沿用《胡傳》的說法，「祊近於魯，許鄰於鄭」，本是各自以其近者相易，但由此可見鄭「有無君之心」「有無親之心」，意在批評鄭伯之舉，是為尊王也。如桓公五年「秋，蔡人、衛人、陳人從王伐鄭」一條，《日講》云：

王不稱天，非天討也，不書敗，示諸侯不可敵王。鄭伯不朝，固為有罪，而其罰至貶爵、削地而止耳。魯桓弒君而自立，宋督弒君而得政，天討不加，乃私憾之，三國以伐之，而陳佗篡弒之賊，亦許以師從。用此，為鄭所窺，乘其瑕釁以敗王師，而自是王命遂不行於天下，《春秋》明治亂得失之原，故王不稱天，以正其本，三國書從以著人臣之義，伐不書敗，以存共主之體，而鄭抗王師之罪，亦不可掩，輕重之權衡，君臣之名分，莫不畢見，凡此皆裁自聖心，非國史所能與也。〔註98〕

《胡傳》云：

按左氏，王奪鄭伯政，鄭伯不朝。王以諸侯伐鄭，鄭伯御之，戰於繻葛，王卒大敗。《春秋》書王必稱天者，所章則天命，所用則天討。王奪鄭政而怒其不朝，以諸侯伐焉，非天討也，故不稱天。或曰，鄭伯不朝，惡得其為無罪？曰，桓公弒君而自立，宋督弒君而得政，天下大惡，人理所不容，則遣使來聘而莫之討。鄭伯不朝，貶其爵可也，何為憤怒自將以攻之也？移此師以加宋、魯，誰曰非天討乎？《春秋》天子之事，述天理而時措之也，既譏天王以端本矣。三國以兵會伐，則言從王者，又以明君臣之義也。君行而臣從，正也。戰於繻葛而不書戰，王卒大敗而不書敗者，又以存天下之防

〔註97〕〔宋〕胡安國：春秋胡氏傳，杭州：浙江古籍出版社，2010，29。
〔註98〕〔清〕庫勒納、李光地等：日講春秋解義，景印文淵閣四庫全書（第172冊），臺北：臺灣商務印書館，1983，85。

也。三綱，軍政之本，聖人寓軍政於《春秋》，而書法若此，皆裁自聖心，非國史所能與也。〔註99〕

《日講》以為「王不稱天，非天討也，不書敗，示諸侯不可敵王」，「《春秋》明治亂得失之原，故王不稱天，以正其本，三國書從以著人臣之義，伐不書敗，以存共主之體，而鄭抗王師之罪，亦不可掩，輕重之權衡，君臣之名分」，與《胡傳》「非天討也，故不稱天」，「《春秋》天子之事，述天理而時措之也，既譏天王以端本矣。三國以兵會伐，則言從王者，又以明君臣之義也。君行而臣從，正也」的說法完全一樣，強調尊王、君臣之義。昭公二十二年「秋，劉子、單子以王猛入於王城」一條，《日講》云：

> 猛何以稱王，蓋未逾年，不可以稱天王，又不可以諸侯例稱子，獨言子，則似魯之子，冠王於子，又與他王子相亂，故稱王係猛，乃嗣王未逾年之常稱，無可疑也。君前臣名，劉、單不名，而王名者，非王無以定一尊，非名無以辨其人，且在禮臨文不諱，況史冊所書，以傳信於後世，又非敷奏文告之比也。〔註100〕

《胡傳》云：

> 猛未逾年，何以稱王？示當立也。既當立矣，何以稱名？明嗣君也。曰王猛者，見居尊得正，又以別乎諸王子，君前臣名，名其君而不嫌者於倒置乎？曰，君前臣名，常禮也。禮當其變，臣有不名，名其君而不嫌者矣。王不當稱，未逾年而稱王，名不當稱，立為君而稱猛，皆禮之變也。惟可與權者，能知其變而不越乎道之中。再書劉子、單子之以王，何也？《春秋》詞繁而不殺者，必有美惡焉，劉子、單子，蓋挾天子以令諸侯而專國柄也。書而未足，故再書於策，以著上下舛逆，為後世深戒也。〔註101〕

《日講》以為，猛稱王，乃未逾年，稱王猛，「乃嗣王未逾年之常稱」，劉子、單子不書名，而書王者名，乃「非王無以定一尊，非名無以辨其人」，《胡傳》以為，「猛未逾年，何以稱王？示當立也。既當立矣，何以稱名？明嗣君也」，「曰王猛者，見居尊得正，又以別乎諸王子」，劉子、單子不書名，在於「君前臣名，常禮也。禮當其變，臣有不名，名其君而不嫌者矣」，可見《日講》

〔註99〕〔宋〕胡安國：春秋胡氏傳，杭州：浙江古籍出版社，2010，56～57。

〔註100〕〔清〕庫勒納、李光地等：日講春秋解義，景印文淵閣四庫全書（第172冊），臺北：臺灣商務印書館，1983，719～720。

〔註101〕〔宋〕胡安國：春秋胡氏傳，杭州：浙江古籍出版社，2010，434～435。

完全採用《胡傳》的說法，亦在表達尊王、君臣之義也。

4.2.2 對天理觀的繼承

　　講究尊王、君臣之義，在胡安國看來本來就是天理，康熙帝的《日講》即吸納了《胡傳》中的理學觀念，將天理納入到《春秋》的解釋之中。譬如莊公元年「春，王正月」，《日講》云：

> 不書即位，繼故而不忍行即位之禮也。閔公、僖公亦然，閔、僖之立，不忘討賊，故叔牙、慶父終無所逃其死，莊公則晏然安於其位，而與仇人親昵焉，天理熄滅，罪不容誅矣。〔註102〕

《日講》認為經不書莊公即位，是「繼故而不忍行即位之禮也」，閔公、僖公不忘討賊，而莊公卻安於其位，與仇人相親昵，乃「天理熄滅，罪不容誅」。莊公元年「築王姬之館於外」，《日講》云：

> 魯為王室懿親，其主王姬，舊矣。館於國中，宜有常所而特築於外，蓋知其不可而為之也。然以仇讎而接婚姻，以衰麻而接弁冕，築館於外，遂可以自掩乎？竊按齊、魯之邦交，以察莊公之用心，非畏王命而不敢辭，乃欲借是以接齊好也，故自是以後，會伐同狩，與齊親好，絕無間疑，廢人倫、滅天理，莫此為甚，故《春秋》於主王姬事，特書屢書，以正莊公忘親昵讎之大惡云。〔註103〕

《日講》批評魯國「欲借是以接齊好」，「自是以後，會伐同狩，與齊親好」，是「廢人倫、滅天理」，《春秋》屢書魯主王姬事，乃是「正莊公忘親昵讎之大惡」。宣公二年「秋九月己丑，晉趙盾弒其君夷皋」，《日講》云：

> 趙穿親弒其君董狐，歸獄於盾曰，子為正卿，亡不越竟，反不討賊，非子而誰？蓋亡而越竟，則賊之不討，猶或勢格力屈而莫可如何也？反不討賊，則志同，志同則書重，此晉史之文，所以合於聖心，以垂大法也。況盾受寄託，而外求君嗣子之立，本非其意，及公既長，而惡盾之專制，則君臣之嫌釁已非一朝一夕之故也，故齊商人、宋鮑弒君篡國，盾皆合諸侯而不討，且定其位，則其無君之心蓄之素矣。盾方出亡，而桃園之禍隨作，反國之後，豈惟不能

〔註102〕〔清〕庫勒納、李光地等：日講春秋解義，景印文淵閣四庫全書（第172冊），臺北：臺灣商務印書館，1983，118。

〔註103〕〔清〕庫勒納、李光地等：日講春秋解義，景印文淵閣四庫全書（第172冊），臺北：臺灣商務印書館，1983，120。

討賊，且使穿逆新君，是盾處心積慮成於弒也。故先儒胡安國之言
曰，「以魏高貴鄉公之事觀焉，抽戈者成濟，倡謀者賈充，而當國者
司馬昭也。為天吏者，將原司馬昭之心而誅之乎？抑將致辟成濟而
止也。此義不明，則亂臣賊子則得以詭計獲免，而至愚無知，如鄧
扈樂、史太之徒，皆蒙歸獄而受戮焉，王法乖、天理熄矣，故曰《春
秋》成而亂臣賊子懼。」〔註104〕

《日講》批評趙盾「亡而越竟」「賊之不討」，齊商人、宋鮑弒君篡國，趙盾皆
合諸侯而不加以討伐而定其位，乃其有無君之心，趙盾出亡，桃園之禍起，反
國之後，非但不加以討賊，還使趙穿迎立新君，乃其處心積慮弒君也，強調君
臣大義。又引胡安國的說法，討論高貴鄉公被殺之事，說明「王法乖、天理
熄」，「《春秋》成而亂臣賊子懼」。

《彙纂》分別列出《左傳》《公羊傳》《穀梁傳》《胡傳》以及諸家的集解，
並加上案語，其亦繼承了《胡傳》中的「尊王」「君臣大義」的部分。譬如僖
公四年「春，王正月，公會齊侯、宋公、陳侯、衛侯、鄭伯、許男、曹伯侵蔡，
蔡潰，遂伐楚，次於陘」一條，《彙纂》錄入《胡傳》云：

> 潛師略境曰侵，侵蔡者，奇也。聲罪致討曰伐，伐楚者，正也，
> 遂者，繼事之詞而有專意，次，止也。楚貢包茅不入，王祭不共，無
> 以縮酒，桓公是徵。而楚人服罪，師則有名矣。孟氏何以獨言《春秋》
> 無義戰也，譬之殺人者或曰人可殺與？曰可。孰可以殺之，曰為士師
> 則可以殺之矣。國可以伐與？曰可。孰可以伐之？曰為天吏則可以伐
> 之矣。楚雖暴橫，憑凌上國，齊不請命，擅合諸侯，豈所謂為天吏以
> 伐之乎？《春秋》以義正名，而樂與人為善，以義正名，則君臣之分
> 嚴矣。書遂伐楚，譏其專也。樂與人為善，苟志於善，斯善之矣。書
> 次於陘，楚屈完來盟於師，盟於召陵，序其績也。〔註105〕

即批評齊侯伐楚，不請命天子之舉，表示「《春秋》以義正名，而樂與人為善，
以義正名，則君臣之分嚴矣」。文公十四年「六月，公會宋公、陳侯、衛侯、鄭
伯、許男、曹伯、晉趙盾，癸酉，同盟於新城」一條，《彙纂》錄入《胡傳》云：

> 同盟於新城，同外楚也。其曰同者，志諸侯同欲，非強之也。

〔註104〕〔清〕庫勒納、李光地等：日講春秋解義，景印文淵閣四庫全書（第172冊），
　　　　臺北：臺灣商務印書館，1983，363。
〔註105〕〔清〕王掞、張廷玉等：欽定春秋傳說彙纂，景印文淵閣四庫全書（第173
　　　　冊），臺北：臺灣商務印書館，1983，355。

而宋公、陳侯、鄭伯在焉，則知楚次厥貉，三國雖從，誠有弗獲已者。削而不書，蓋恕之也。蔡不與盟，果有即楚之實矣。夷考晉、楚行事，未有以大相遠也。而《春秋》予奪如此者，荊楚僭王，若與同好陵蔑諸侯，是將代宗周為共主，君臣之義滅矣，可不謹乎？〔註106〕

指出「《春秋》予奪如此者，荊楚僭王，若與同好陵蔑諸侯，是將代宗周為共主，君臣之義滅矣」，意在尊周、尊王、君臣大義。定公五年「六月丙申，季孫意如卒」，《彙纂》錄入《胡傳》云：

內大夫有罪，見討則不書卒，公子翬是也。仲遂殺惡，及勢罪與翬同，而書卒者，以事之變卒之也。意如何以書卒，見定公不討逐君之賊，以為大夫全始終之禮也。定雖受國於季氏，苟有叔孫婼之見不賞私勞，致辟意如，以明君臣之義，則三綱可正，公室強矣。今苟於利而忘其讎，三綱滅，公室益侵，陪臣執命宜矣。意如書卒，主人習其讀而問其傳，則未知已之有罪焉爾。〔註107〕

批評定公不討逐君之賊，如「叔孫婼之見不賞私勞，致辟意如，以明君臣之義」，那麼魯公室則強矣，亦在強調君臣之義。

《彙纂》與《日講》一樣，對胡安國的天理觀直接繼承。譬如隱公四年「宋公、陳侯、蔡人、衛人伐鄭」一條，《彙纂》錄入《胡傳》云：

《春秋》之法，誅首惡，與是後者，首謀在衛，而以宋主兵，何也？前書州吁弒君，其罪已極，至是阻兵修怨，勿論可也。而鄰境諸侯，聞衛之有大變也，可但已乎？陳桓弒簡公，孔子沐浴而朝告於哀公，請討之……然則鄰有弒逆，聲罪赴討，雖先發而後聞可矣。宋殤不恤衛有弒君之難，欲定州吁，而從其邪說，是肆人慾、滅天理，非人之所為也。故以宋公為首，諸國為從，示誅亂臣、討賊子，必先治其黨與之法也。〔註108〕

此處即批評州吁弒君，宋殤公不恤衛之有弒君之難，而從邪說，「是肆人慾、

〔註106〕〔清〕王掞、張廷玉等：欽定春秋傳說彙纂，景印文淵閣四庫全書（第173冊），臺北：臺灣商務印書館，1983，524。

〔註107〕〔清〕王掞、張廷玉等：欽定春秋傳說彙纂，景印文淵閣四庫全書（第173冊），臺北：臺灣商務印書館，1983，931～932。

〔註108〕〔清〕王掞、張廷玉等：欽定春秋傳說彙纂，景印文淵閣四庫全書（第173冊），臺北：臺灣商務印書館，1983，117。

滅天理，非人之所為也」，以天理來解釋宋殤公之舉。桓公元年「春王正月，公即位」，《彙纂》錄入《胡傳》云：

> 桓公與聞乎？故而書即位，著其弒逆之罪，深絕之也。諸侯不再娶，於禮無二嫡，惠公元妃既卒，繼室以聲子，則是攝行內主之事矣。仲子安得為夫人母？非夫人則桓乃隱之庶弟，安得為當立乎？桓不當立，則國乃隱公之國，其欲授桓，乃實讓之，非攝也。以其實讓而桓乃弒之，《春秋》所以惡桓，深絕之也……《春秋》明著桓罪，深加貶絕，備書終始，討賊之義，以示王法，正人倫，存天理，訓後世，不可以邪汩之也。〔註109〕

《胡傳》指出，桓公書即位，乃著明其弒逆之罪，加以貶絕，以明討賊之義，「以示王法，正人倫，存天理，訓後世」，以天理解釋弒君之罪、討賊之義。莊公九年「公及齊大夫盟於蔇」，《彙纂》錄入《胡傳》云：

> 及者，內為志，大夫不名者，義繫於齊，而不繫於大夫之名氏也。曰公及齊大夫盟者，譏公之釋父怨親仇讎也，或曰以德報怨，寬身之仁，何以譏之也？曰德有輕重，怨有深淺，莫甚於父母之讎而不知怨，乃欲以重德報之，則人倫廢，天理滅矣。然則如之何？以直報怨，以德報德。〔註110〕

《胡傳》批評莊公與齊大夫會盟，以為經書公及大夫盟，乃譏其釋父怨親仇讎，進一步指出父母之讎不知怨，而欲以重德報之，「則人倫廢，天理滅矣」，亦以天理解釋之。

4.2.3 對「攘夷」之義的細緻處理

《日講》《彙纂》都吸納、繼承《胡傳》「尊王」「君臣之倫」之義，而對於其中的「攘夷」之義皆進行了細緻處理。《日講》對此問題加以排斥，避而不談。《彙纂》之中收錄的《胡傳》對夷狄文字有意識地進行刪節。〔註111〕譬如隱公二年一條「二年春，公會戎於潛」，《胡傳》云：

〔註109〕〔清〕王掞、張廷玉等：欽定春秋傳說彙纂，景印文淵閣四庫全書（第173冊），臺北：臺灣商務印書館，1983，152。

〔註110〕〔清〕王掞、張廷玉等：欽定春秋傳說彙纂，景印文淵閣四庫全書（第173冊），臺北：臺灣商務印書館，1983，254。

〔註111〕參見康凱淋：論清初官方對胡安國《春秋胡氏傳》的批評，漢學研究，2010（1），314。

戎狄舉號，外之也。天無所不覆，地無所不載，天子與天地，參者也。《春秋》，天子之事，何獨外乎戎狄乎？曰，中國之有戎狄，猶君子之有小人，內君子外小人為泰，內小人外君子為否。《春秋》，聖人傾否之書，內中國而外四夷，使之各安其所也。無不覆載者，王德之體，內中國而外四夷，王道之用。是故以諸夏而親戎狄，致金繒之奉，首顧居下，其策不可施也，以戎狄而朝諸夏，位侯王之上，亂常失序，其禮不可行也。以羌胡而居塞內，無出入之防，非我族類，其心必異，萌猾夏之階，其禍不可長也。為此說者，其知內外之旨，而明於馭戎之道。正朔所不加也，奚會同之有？書會戎，譏之也。〔註112〕

《日講》云：

隱在位十又一年，王命五至身，既不朝，又無一介之使報禮於京師，是不奉正朔也。故不書正以示義焉。《春秋》凡會，皆譏君臣同詞者，非封建之國也。〔註113〕

胡安國將戎狄視為小人，中國視為君子，反覆強調「內中國而外四夷」，「非我族類，其心必異」，意在攘夷。《日講》批評隱公不朝天子，「是不奉正朔」，《彙纂》則更甚，將此處《胡傳》的解釋悉數刪節。莊公二十三年一條「荊人來聘」，《胡傳》云：

荊自莊公十年始見於經，十四年入蔡，十六年伐鄭，皆以州舉者，惡其猾夏不恭，故狄之也。至是來聘，遂稱人者，嘉其慕義自通，故進之也。朝聘者，中國諸侯之事，雖蠻夷而能修中國之事，則不念其猾夏不恭而遂進焉，見聖人之心，樂與人為善矣。後世之君能以聖人之心為心，則與天地相似。凡變於夷者，叛則懲其不恪，而威之以刑，來則嘉其慕義，而接之以禮。邇人安，遠者服矣。《春秋》謹華夷之辨，而荊、吳、徐、越，諸夏之變於夷者，故書法如此。〔註114〕

《日講》云：

《春秋》於楚，始書荊，繼書荊人，繼書楚子，著其漸盛也。

〔註112〕〔宋〕胡安國：春秋胡氏傳，杭州：浙江古籍出版社，2010，6。

〔註113〕〔清〕庫勒納、李光地等：日講春秋解義，景印文淵閣四庫全書（第172冊），臺北：臺灣商務印書館，1983，33。

〔註114〕〔宋〕胡安國：春秋胡氏傳，杭州：浙江古籍出版社，2010，120。

　　楚邁年加兵於蔡、鄭而聘使至魯，蓋遠交近攻之術，介人懲侵蕭，
　　而先朝魯，秦人歸襚來聘，故有河曲之師。蓋魯為春秋望國，而親
　　於齊、晉故，介人來朝，欲藉以為援，秦、楚來聘，欲以間齊、晉之
　　交也。〔註115〕

胡安國借荊人朝聘之事，表達「《春秋》謹華夷之辨」。《日講》以為「《春秋》
於楚，始書荊，繼書荊人，繼書楚子，著其漸盛也」，指出楚來聘魯乃遠交近
攻之術，實為權謀也。僖公元年「夏六月，邢遷於夷儀。齊師、宋師、曹師城
邢。」《胡傳》云：

　　書「邢遷於夷儀」，見齊師次止，緩不及事也。然邢以自遷為文，
　　而再書「齊師、宋師、曹師城邢」者，美桓公志義，卒有救患之功
　　也。不以王命興師，亦聖人之所與乎？中國衰微，夷狄猾夏，天子
　　不能正，至於遷徙奔亡，諸侯有能救而存之，則救而存之可也。以
　　王命興師者正，能救而與之者權。〔註116〕

《胡傳》討論「中國衰微，夷狄猾夏，天子不能正」，強調夷夏之防，《日講》
引《左傳》《公羊傳》《穀梁傳》的解釋，未提及攘夷之義，《彙纂》中對此文
字完全加以刪除。如僖公三十年「夏，狄侵齊」，《胡傳》云：

　　左氏曰，晉人伐鄭，以觀其可攻與否。狄間晉之有鄭虞也，遂
　　侵齊，詩不云乎：「戎狄是膺，荊舒是懲。」四夷交侵，所當攘斥。
　　晉文公若移圍鄭之師以伐之，則方伯連率之職修矣。上書「狄侵齊」，
　　下書「圍鄭」，此直書其事而義自見者也。〔註117〕

《日講》云：

　　齊霸國之後，與晉同盟，狄之侵齊，蓋料晉方圍鄭，而不暇救
　　也。齊桓召陵之後，狄加兵於晉，晉文城濮之役，狄加兵於齊，而
　　桓、文皆置而不問，以楚人僭王，力爭中夏，其志不測，恐力分於
　　狄，而不能御楚耳。〔註118〕

《彙纂》錄入《胡傳》云：

〔註115〕〔清〕庫勒納、李光地等：日講春秋解義，景印文淵閣四庫全書（第172冊），
　　　　臺北：臺灣商務印書館，1983，160。
〔註116〕〔宋〕胡安國：春秋胡氏傳，杭州：浙江古籍出版社，2010，146。
〔註117〕〔宋〕胡安國：春秋胡氏傳，杭州：浙江古籍出版社，2010，199。
〔註118〕〔清〕庫勒納、李光地等：日講春秋解義，景印文淵閣四庫全書（第172冊），
　　　　臺北：臺灣商務印書館，1983，282。

　　　　左氏曰，狄間晉之有鄭虞也，遂侵齊。晉文公若移師鄭之師以
　　　　伐之，則方伯連率之職修矣。上書「狄侵齊」，下書「圍鄭」，此直
　　　　書其事而義自見者也。〔註119〕

略加比較，則可知，《胡傳》以為「四夷交侵，所當攘斥」，晉文公當以圍鄭之
師伐狄，《日講》分析狄侵齊，晉文公不加以救援的原因。《彙纂》雖然採用
了《胡傳》的部分說法，卻將《胡傳》中討論攘夷的內容「詩不云乎：戎狄是
膺，荊舒是懲。四夷交侵，所當攘斥」加以刪除，文公九年「楚子使椒來聘」，
《胡傳》云：

　　　　楚僭稱王，《春秋》之始獨以號舉，夷狄之也。中間來聘，而改
　　　　書「人」，漸進之矣。至是其君書爵，其臣書名而稱使，遂與諸侯比
　　　　者，是以中國之禮待之也。所謂謹華夷之辨，內諸夏而外四夷，義
　　　　安在乎？曰，吳、楚，聖賢之後，見周之弱，王靈不及，僭擬名號，
　　　　此以夏而變於夷者也，聖人重絕之。夫《春秋》立法謹嚴，而宅心
　　　　忠恕。嚴於立法，故僭號稱王，則深加貶黜，比之夷狄，以正君臣
　　　　之義，恕以宅心，故內雖不使與中國同，外亦不使與夷狄等。思善
　　　　悔過，嚮慕中國，則進之而不拒，此慎用刑、重絕人之意也。噫！
　　　　《春秋》之所以為《春秋》，非聖人莫能修之者。〔註120〕

《日講》云：

　　　　先儒皆謂《春秋》與楚，慕義能以禮交諸侯，故褒進之。乃樂
　　　　與人為善之義，此大非也。商臣負覆載不容之罪，乘晉霸之衰，圍
　　　　江圍巢，滅江滅六滅蓼，伐鄭侵陳侵宋，其聘魯乃遠交近攻之術也，
　　　　所以窺伺東夏耳。《春秋》乃用此褒之，而赦其大惡，逆天理、悖人
　　　　情矣，而謂孔子有是乎？蓋中國無霸，楚勢日張，魯人畏其憑陵，
　　　　喜於來聘，而以待齊、晉之禮待之，故舊史備其辭，孔子仍而不革，
　　　　以著諸侯畏楚之情實耳。觀十年冬，楚次貉而書爵，則以書爵為褒，
　　　　其不可通也，審矣。〔註121〕

《彙纂》錄入《胡傳》云：

〔註119〕〔清〕王掞、張廷玉等：欽定春秋傳說彙纂，景印文淵閣四庫全書（第173
　　　　冊），臺北：臺灣商務印書館，1983，453。
〔註120〕〔宋〕胡安國：春秋胡氏傳，杭州：浙江古籍出版社，2010，239。
〔註121〕〔清〕庫勒納、李光地等：日講春秋解義，景印文淵閣四庫全書（第172冊），
　　　　臺北：臺灣商務印書館，1983，324。

　　　　楚僭稱王，《春秋》之始獨以號舉，中間來聘，而改書「人」，漸
　　　進之矣。至是其君書爵，其臣書名而稱使，遂與諸侯比者，義安在乎？
　　　夫《春秋》立法謹嚴，而宅心忠恕。嚴於立法，故僭號稱王，則深加
　　　貶黜，恕以宅心，故思善悔過則進之不拒，此慎用刑、重絕人之意也。
　　　噫！《春秋》之所以為《春秋》，非聖人莫能修之者。〔註122〕

《胡傳》以為經書楚爵，是以中國之禮待之，然「謹華夷之辨，內諸夏而外
四夷」之義已不在，強調夷夏之防。《日講》批評先儒進楚之論，乃「中國無
霸，楚勢日張，魯人畏其憑陵，喜於來聘，而以待齊、晉之禮待之，故舊史
備其辭，孔子仍而不革，以著諸侯畏楚之情實」，《彙纂》將《胡傳》中「夷
狄之也」「是以中國之禮待之也。所謂謹華夷之辨，內諸夏而外四夷，義安在
乎？曰，吳、楚，聖賢之後，見周之弱，王靈不及，僭擬名號，此以夏而變
於夷者也，聖人重絕之」「比之夷狄」等討論夷狄問題的文字皆加以刪除，只
採用《胡傳》中楚僭王的理解，皆不採用《胡傳》中的攘夷之義。成公三年
「鄭伐許」，《胡傳》云：

　　　　稱國以伐，狄之也。晉、楚爭鄭，鄭兩事焉，及邲之敗，於是
　　　乎專意事楚，不通中華。晉雖加兵，終莫能之聽也。至此一歲而再
　　　伐許，甚矣。夫利在中國，則從中國，利在夷狄，則從夷狄，而不
　　　擇於義之可否以為去就，其所以異於夷者幾希。況又馮弱犯寡，一
　　　歲之中而再動干戈於鄰國，不既甚乎！《春秋》之法，中國而夷狄
　　　行者，則狄之，所以懲惡也。以為告詞異而從告，乃實錄耳，一字
　　　褒貶，義安在也？〔註123〕

《日講》云：

　　　　鄭專事楚而絕晉，復憑弱犯寡，一歲之中，再伐鄰國，不亦甚乎？
　　　直舉國名，傳無其說，孔氏穎達以為告辭略，故史異文，是也。〔註124〕

《彙纂》錄入《胡傳》云：

　　　　晉、楚爭鄭，鄭兩事焉，及邲之敗，於是乎專意事楚。晉雖加兵，
　　　終莫能之聽也。至此一歲而再伐許，甚矣。夫不擇於義之可否以為去

〔註122〕〔清〕王掞、張廷玉等：欽定春秋傳說彙纂，景印文淵閣四庫全書（第173
　　　　冊），臺北：臺灣商務印書館，1983，510。
〔註123〕〔宋〕胡安國：春秋胡氏傳，杭州：浙江古籍出版社，2010，306。
〔註124〕〔清〕庫勒納、李光地等：日講春秋解義，景印文淵閣四庫全書（第172冊），
　　　　臺北：臺灣商務印書館，1983，427。

　　就，又馮弱犯寡，一歲之中而再動干戈於鄰國，不既甚乎！〔註125〕
《胡傳》以為稱國以伐，狄之也，鄭不僅兩事晉、楚，還一歲而再伐許，乃夷
狄之行，故「《春秋》之法，中國而夷狄行者，則狄之，所以懲惡也」。《日講》
以為批評鄭專事楚而絕晉，一歲中再伐鄰國，直書國名，乃是告辭略，史異
文，《彙纂》將《胡傳》中的「稱國以伐，狄之也」「夫利在中國，則從中國，
利在夷狄，則從夷狄」「《春秋》之法，中國而夷狄行者，則狄之，所以懲惡也」
討論夷狄的文字加以刪除，僅取《胡傳》中批評鄭伐許之義，皆避談《胡傳》
中的夷夏之防之義。

　　要之，胡安國將《春秋》中的「尊王攘夷」納入到天理的框架之內，「尊
王攘夷」即是天理之所在，康熙帝在《日講》《彙纂》中將之加以繼承，只不
過天理的框架內沒有「攘夷」之義，只有「尊王」之義。

〔註125〕〔清〕王掞、張廷玉等：欽定春秋傳說彙纂，景印文淵閣四庫全書（第 173
　　　　冊），臺北：臺灣商務印書館，1983，633。

第 5 章　乾隆時期「大一統」敘事與胡安國《春秋傳》

　　乾隆時期，清朝進入鼎盛階段，乾隆帝極力宣揚「大一統」理念，從疆域、文教、政權一統、正統承續、華夷論述方面，表達自己的一統之正，樹立個人絕對權威。康熙帝對胡安國的態度還算是謹小慎微，而乾隆帝則公然口誅筆伐，指責胡安國，他下令編撰《御纂春秋直解》，對胡安國所提倡的「尊王」之義加以強調，而對其「攘夷」之義與以天制王的「天理」觀則徹底摒棄。非唯如此，在主導修纂《四庫全書》《四庫全書薈要》時，將《胡傳》中「攘夷」的內容刪削殆盡，直至後期將《胡傳》從科舉中罷黜。對於格外強調「大一統」的乾隆帝而言，自然不能容忍《胡傳》中大書特書以天制王、夷狄大防的想法，是故《胡傳》在科舉中遭到廢除是情理之中的事情。「大一統」敘事成為乾隆時期學術、思想的主軸，這也影響到這一時期的學者莊存與、孔廣森，他們面對《胡傳》時，亦進行了相應的調適與回應。本章圍繞乾隆帝的「大一統」觀、對胡安國的吸納與摒棄的內容進行梳理，對乾隆帝下詔廢除《胡傳》的根本性原因進行剖析，對莊存與、孔廣森為呼應「大一統」形勢而重新理解《胡傳》的內容進行解讀。

5.1 清帝的「大一統」敘事的強化與胡安國《春秋傳》

　　乾隆帝多次表示「大一統」觀念，他通過疆域、文教、政權一統、正統承續、華夷關係等方面的論述，重建一套「大一統」敘事模式，這直接影響到對

胡安國的態度，他在《直解》中對《胡傳》中「尊王」的內容刻意進行拔高，而對涉及「攘夷」的內容則完全摒除，除此，乾隆帝已不如康熙帝那樣青睞胡安國的「天理」觀，在《直解》中亦徹底地棄置。在纂修《四庫全書》《四庫全書薈要》時，對《胡傳》中涉及「夷狄」等違礙字眼皆加以刪除，不留餘地。

5.1.1 乾隆帝「大一統」敘事方式

「大一統」思想來源於《公羊傳》，《公羊傳》云「元年者何？君之始年也。春者何？歲之始也。王者孰謂？謂文王也。曷為先言王而後言正月？王正月也。何言乎王正月？大一統也」，〔註1〕「大一統」這一思想遂為人們所接受，漢儒董仲舒云「《春秋》大一統者，天地之常經，古今之通誼也」，王吉亦云「《春秋》所以大一統者，六合同風，九州共貫」，「大一統」成為統一王朝取得天下時經常採用的政治話語。乾隆時期，清帝國版圖底定，物阜民豐，清朝日趨鼎盛，清帝逐漸建立起一套成熟的「大一統」敘事模式，以此來顯示清朝得天下的合法性。乾隆帝對「大一統」觀十分重視，其分別從疆域、文教、政權一統、正統承續、華夷關係等層面來論述「大一統」。在疆域一統上，乾隆帝表示：

> 關門以西，萬有餘里，悉入版圖，如左右哈薩克，東西布魯特及回部各城，以次撫定。現在拔達山諸部落皆知獻俘自效，奉檄前驅。以亙古不通中國之地，悉為我大清臣僕，稽之往牒，實為未有之盛事。〔註2〕

乾隆帝認為，清朝將以往關門以西的領土皆納入版圖，各部人民皆俯首稱臣，「以次撫定」，疆域的拓展之大是中國亙古未有之事，自得之情溢於言表。他在《大清一統志》中指出：

> 惟上天眷顧我大清，全付所覆，海隅日出罔不率俾，列祖列宗德豐澤溥，咸鑠惠滂，禹跡所奄，蕃息殷阜，瀛壖炎島，大漠蠻陬，咸隸版圖，置郡築邑。聲教風馳，藩服星拱，稟朔內附，六合一家，遠至開闢之所未賓，梯航重譯，曆歲而始達者，慕義獻琛圖於王會，幅員衰廣，古未有過焉。〔註3〕

〔註1〕〔漢〕何休等：春秋公羊傳注疏，上海：上海古籍出版社，2014，6～12。
〔註2〕〔清〕清高宗實錄，北京：中華書局，1986，203。
〔註3〕〔清〕鄂爾泰、張廷玉等：大清一統志序，國朝宮史，北京：北京古籍出版社，1994，594。

可見，大清之所以能夠承中國之統，關鍵在於其版圖之巨，幅員廣袤，而且聲教遠播，「六合一家」，這正是清帝的得意之處。正如楊念群所言「清朝『正統觀』異於前朝的第一個最重要特點是重新引入『一統』這個空間概念，集中論證疆域合一而無內外之別是『大一統』的核心要義」，〔註4〕因此，地理幅員的拓展與文教的深遠影響成為清朝最終實現「大一統」的基礎。

在政權一統上，乾隆帝極力倡導尊王、尊君之義，以天子權威壓倒一切，建立自上而下的尊卑秩序。他指出「《春秋》大一統之義，尊王黜霸，所以立萬世之綱常，使名正言順，出於天命人心之正」，〔註5〕「國之統繫於君，《春秋》之義，君在即大統歸之」，〔註6〕旨在彰顯尊王、尊君為「大一統」的至關重要的內容。乾隆帝在《評鑑闡要》中對朱熹的《通鑑綱目》多有駁斥，他指出：

> 及宋末昺、昰之流離瘴海，此正千古不易之通義也。此條目內舊書遼將入寇，謬襲漢唐書法，不知彼時中國已瓜分瓦解，不成正統，而石晉得國之本，又由於以父事遼，及重貴繼立，好事者頓以書臣為恥，然稱孫之表仍無虛日以是構禍，即問愚騃無識之人，以祖寇孫有不聽，然而笑者哉？適當用兩國互伐之文書侵以正其誤，且使後之守器者兢兢業業，不敢失其統以自取辱，殊不失《春秋》尊王之本義云。〔註7〕

乾隆帝在此批評朱熹在條目中書遼入寇的做法，認為當時中國已無正統，而石晉又以父事遼，自然不當有以祖寇孫之理，應以兩國互伐之文來取代書侵，乾隆帝一反宋人朱熹視宋為正統的論述，站在遼的角度否定其征宋是侵伐，乃以《春秋》尊王之義為依據。他在《評鑑闡要》繼續指出尊君之重要性：

> 試思君為社稷主，有君乃有社稷，若蔑視其君，則社稷又為誰守乎？況君臣、父子義等，在三皆一尊而不可易。君陷於敵而即可別奉一君，則何異父劫於盜而竟謂他人父，有是理乎？〔註8〕

〔註4〕楊念群：「天命」如何轉移：清朝「大一統」觀再詮釋，清華大學學報，2020
　　　（6），22。
〔註5〕〔清〕清高宗實錄，北京：中華書局，1986，308～309。
〔註6〕〔清〕清高宗撰、劉統勳等編：評鑑闡要（卷1），景印文淵閣四庫全書（第
　　　694冊），臺北：臺灣商務印書館，1983，421。
〔註7〕〔清〕清高宗撰、劉統勳等編：評鑑闡要（卷7），景印文淵閣四庫全書（第
　　　694冊），臺北：臺灣商務印書館，1983，508。
〔註8〕〔清〕清高宗撰、劉統勳等編：評鑑闡要（卷7），景印文淵閣四庫全書（第
　　　694冊），臺北：臺灣商務印書館，1983，562。

在乾隆帝看來，國君對社稷而言意義十分重大，君臣、父子之義不可輕易而變。清帝對臣子的忠義尤其看重，乾隆四十年（1775），乾隆帝編《勝朝殉節諸臣錄》，對殉明臣子大加褒揚，次年，他又下令編輯《貳臣傳》，凡是從龍或降清之後，忠清到底的，列入《貳臣傳》中的甲編，而在清為官，後來又心懷怨懟的，列入乙編，而接著繼續細分，凡是降清之後又反叛的列入《逆臣傳》，〔註9〕不唯如此，同年下令在抄錄《四庫全書》時，所有記載關羽諡號的地方皆改為「忠義」。〔註10〕在乾隆四十四年（1779）諭旨中，褒獎明季諸臣劉宗周、黃道周，說他們「意切於匡正時艱，忠藎之誠溢於簡牘」，著作中的違礙文字斟酌改易，不必銷毀，且下令將他們的直言編錄為《明季奏疏》。〔註11〕這些舉止都表明乾隆帝對「忠」的刻意放大與強調。乾隆帝如此標榜尊王、尊君，就是為了塑造自己天子大位不可移易、動搖的形象，上上下下都要服膺於天子權威。

在清朝正統承續上，清帝屢次言及得天下之正。乾隆帝指出：

> 我朝為明復仇討賊，定鼎中原，合一海宇，為自古得天下最正。
> 然朕猶於通鑒輯覽內，存福王建國之號一年，使其能保守南都，未嘗
> 不可如南宋之承統綿延不絕。而奈其當陽九之運，天弗與，人弗歸，
> 自覆其宗社也。此實大公至正，天下萬世可以共見共守之論。〔註12〕

從這段文字中，我們不難看出，清朝得天下是為明復仇討賊，最後統一了中國，「為自古得天下最正」，儘管福王建國，氣運已盡，「天弗與，人弗歸」，自得其亡。也就說，清朝接過了明朝之統而擁有中國，獲得正統資格是十分合理之事。乾隆帝在《評鑒闡要》亦表示清承明之統：

> 我國家開創之初，當明末造，國政日非，而未及更姓改物，自
> 以仍以統系予之。至順治元年，定鼎京師，大統已正。〔註13〕

他的意思非常明確，清朝定鼎京師，乃接過了明朝之大統。元朝學者楊維楨撰

〔註9〕 王汎森：權力的毛細管——清代文獻中「自我壓抑」的現象，權力的毛細管作用：清代的思想、學術與心態，北京：北京大學出版社，2015，408～409。
〔註10〕 中國第一歷史檔案館編：纂修四庫全書檔案，上海：上海古籍出版社，1997，530。
〔註11〕 中國第一歷史檔案館編：纂修四庫全書檔案，上海：上海古籍出版社，1997，1006。
〔註12〕 〔清〕清高宗實錄，北京：中華書局，1986，308～309。
〔註13〕 〔清〕清高宗撰、劉統勳等編：評鑒闡要（卷7），景印文淵閣四庫全書（第694冊），臺北：臺灣商務印書館，1983，507。

寫《宋遼金正統辨》,以元承宋統,排斥遼金,四庫館臣指責其紕繆,擬將之刪除,而乾隆帝卻對館臣此舉並不認可,他說:

> 楊維楨撰三史正統辨,凡二千六百餘言,義本春秋,法宗綱目,其欲以元繼南宋為正統,而不及遼金,其論頗正,不得謂之紕繆。夫維楨身為元臣,入明雖不仕。而應明太祖之召,且上鐃歌鼓吹曲,頌美新朝,非刺故國,幾於劇秦美新,其進退無據,較之錢謙益託言不忘故君者,鄙倍尤甚,向屢於詩文中斥之。而維楨正統之辨,則不可以人廢言也。夫正統者,繼前統,受新命也。東晉以後,宋齊梁陳,雖江左偏安,而所承者晉之正統。其時若拓跋魏氏,地大勢強,北齊北周繼之,亦較南朝為盛,而中華正統,不得不屬之宋齊梁陳者。其所承之統正也,至隋則平陳以後,混一區宇,始得為大一統。即唐之末季,藩鎮擾亂。自朱溫以訖郭威等,或起自寇竊,或身為叛臣,五十餘年之間,更易數姓,甚且稱臣稱侄於契丹。然中國統緒相承,宋以前亦不得不以正統屬之梁唐晉漢周也。至於宋南渡後,偏處臨安,其時遼金元相繼起於北邊,奄有河北,宋雖稱侄於金,而其所承者,究仍北宋之正統,遼金不得攘而有之。至元世祖平宋,始有宋統當絕、我統當續之語,則統緒之正,元世祖已知之稔矣。我皇祖御批通鑑,及朕向所批通鑑輯覽,俱以此論定。蓋《春秋》大義,《綱目》大法,實萬世不易之準……然館臣之刪楊維楨《正統辨》者。其意蓋以金為滿洲,欲令承遼之統,故曲為之說耳。不知遼金皆自起北方,本無所承統,非若宋元之相承遞及,為中華之主也,若以此立論,轉覺狹小。天下萬世必有起而議之者,是不可以不辨。朕以為不但《輟耕錄》中所載楊維楨之正統辨不必刪除,即楊維楨文集內,亦當補錄是篇。並將此論,各載卷首,以昭天命人心之正,以存春秋綱目之義。特諭。〔註14〕

乾隆帝雖然對楊維楨身為元臣而仕明之行表示不屑,然對楊氏將元繼承南宋之統的觀點極大認可,在他看來,遼金興起於北方,而只有河北,南宋雖向之稱臣,然其承接北宋之統,故遼金無所承統,對館臣以金為滿洲,繼承遼金之統的說法給以駁斥,並要求保留楊維楨此文。不惟宋元,乾隆帝在此對於秦漢、魏晉、隋唐、五代、宋元等歷朝歷代的正統情形進行詳細討論,形成了一

〔註14〕〔清〕清高宗實錄,北京:中華書局,1986,308~309。

個穩定的標準，即得中國正統，即是統一中國，擁有中國，實現大一統。

乾隆帝極力倡導「大一統」之義，他下令編纂《通鑑輯覽》，對夷夏問題展開討論，他指出：

> 向命儒臣編纂《通鑑輯覽》，其中書法體例，有關「大一統」之義者，均經朕親加訂正，頒示天下。如內中國而外夷狄，此作史之常例。顧以中國之人載中國之事，若司馬光、朱子，義例森嚴，亦不過欲辨明正統，未有肆行謾罵者。朕於《通鑑輯覽》內，存弘光年號，且將唐王、桂王事蹟，附錄於後。又諭存楊維楨《正統辨》，使天下後世曉然於《春秋》之義，實為大公至正，無一毫偏倚之見。至於東夷、西戎、南蠻、北狄，因地而名，與江南、河北、山左、關右何異？孟子云：舜為東夷之人，文王為西夷之人。此無可諱，亦不必諱。〔註15〕

乾隆帝親自操刀，對「大一統」之義進行審正，他堅持內中國而外夷狄之說，與清初的情形不同，他承認南明弘光政權，他認為，東夷、西戎、南蠻、北狄不過是因地而名，並且引孟子之言舜、文王皆夷為據，故對夷狄不加隱諱。乾隆帝在《御製續資治通鑑綱目內發明廣義題辭》中表示：

> 大一統而斥偏安，內中華而外夷狄，此天地之常經，古今之通義。是故夷狄而中華則中華之，中華而夷狄則夷狄之，此亦《春秋》之法，司馬光、朱子所為急急也。茲發明廣義，乃專以貴中華賤夷狄為事，貴中華賤夷狄猶可也，至於吹毛求疵顛倒是非，則不可。
>
> 而矢口謾罵，誣白為黑，又豈溫良君子之所為哉？〔註16〕

他據「大一統而斥偏安，內中華而外夷狄」之論，以為《春秋》之法在「夷狄而中華則中華之，中華而夷狄則夷狄之」，不以貴賤視中華、夷狄。乾隆帝公開討論華夷問題，他試圖解決滿人長久以來的身份焦慮，在他看來，中華、夷狄只是地理、方位上的不同，二者之間的區別不是亙古不變的，夷狄可以成為中國，以「大一統」視角來看，夷狄、中國的身份問題似乎微不足道。

乾隆一方面宣揚清承明統而擁有中國，並能開疆拓土、宣揚文教，進而獲得擁有天下的政治認同，另一面宣揚尊王與尊君之義，樹立天子個人的絕對權

〔註15〕〔清〕清高宗實錄，北京：中華書局，1986，666。

〔註16〕〔清〕清高宗：通鑑綱目續編內發明廣義題辭，清高宗御製文集二集，景印文淵閣四庫全書（第1301冊），臺北：臺灣商務印書館，1983，396。

威，塑造國君為天下之主的形象，並重新理解華夷關係，以華夷變化之論來解決滿人的身份認同焦慮，以此建立起一套系統的、完備的「大一統」敘事。乾隆帝對《春秋》的理解，特別強調「大一統」觀念，國君之至高無上，他在《御批通鑒輯覽》中表示：「國之統繫於君，《春秋》之義，君在則大統歸之，」〔註17〕此為乾隆帝時期《春秋》學的主題。

5.1.2 對胡安國「尊王」之義的刻意拔高

　　清高宗曾組織過一系列的有關《春秋》文獻的編修、刊行、翻譯工作。乾隆二年（1737）重新刊刻滿、漢兩種文本的雍正時期的《日講春秋解義》，乾隆十二年（1747），重新將明代國子監《十三經注疏》舊版修正重刊。〔註18〕乾隆二十三年（1758），命傅恒等撰的《御纂春秋直解》，由武英殿刊行。高宗一方面憑藉這一些列的活動羅致士子，確認滿人政權在中原立足的合法性，另一方面也是一種權力意志的表達，尤其以《直解》為甚。《春秋》強調微言大義，以筆法見褒貶善惡，故歷來帝王都十分警覺，大都會借題發揮，為己所用，《直解》亦躑事而增華。滿清經由順治、康熙、雍正三朝，由「打天下」到「坐天下」，陣腳趨穩，高宗所面臨的當然不是「打天下」如何讓明人屈服於武力的問題，他要面臨是如何讓民眾忠於這個已有的政權，《直解》即處理了這個問題。

　　與《日講》《彙纂》不同，《直解》不再是彙集前人之注，其對《春秋》經文的解釋可為一家之言，《直解》亦承襲《春秋》乃「舊史之文」的說法，書氏、書名、書葬、書即位皆因此故。如《春秋·隱公四年》：「戊申，衛州吁弒其君完。」《直解》云：

> 　　凡得其罪名者，書名，不得其名者，在當國者書國，眾則書人，
> 公子之親則書公子，世子則書世子，大夫書氏，不氏，因舊史也。

〔註19〕

《春秋·桓公元年》：「春，王正月，公即位。」《直解》云：

〔註17〕〔清〕清高宗：御批通鑒輯覽，景印文淵閣四庫全書（第 335 冊），臺北：臺灣商務印書館，1983，12。

〔註18〕蕭敏如：從「滿漢」到「中西」：清代《春秋》學華夷觀研究，林慶彰主編：中國學術思想研究輯刊（四編），新北：花木蘭文化出版社，2009，166。

〔註19〕〔清〕傅恒等：御纂春秋直解，景印文淵閣四庫全書（第 174 冊），臺北：臺灣商務印書館，1983，12。

繼故不書即位，而桓即位，何也？桓自正其即位之禮，蓋以罪
歸寫氏，為賊已就討，又以嫡自居，本宜立也。聖人仍舊史以著實
而其罪自定。」〔註20〕

桓公書即位是因為隱公見弒，罪在寫氏，且已討賊，而桓公又以嫡子自居，此
為聖人「仍舊史以著實」。又如《春秋‧桓公十八年》：「冬，十有二月己丑，
葬我君桓公。」《直解》云：

公以喪歸而成禮以葬。蓋當其時，欲以泯乎被弒之跡，與夫人
之與聞乎弒也，《春秋》因魯史之舊文以著其實之不可掩。〔註21〕

桓公見弒，而書葬，意在掩蓋被弒之跡以及夫人知桓公見弒實情，《春秋》如
此記載的是「因魯史之舊文以著其實」。《春秋‧成公十五年》：「宋殺其大夫
山。」《直解》云：「山不氏，宋以罪討，故赴不以氏，因舊史也。」〔註22〕山
不書氏，是以為宋人以罪討之，來魯赴告不稱氏，這是因襲舊史。

　　既然《春秋》為魯國舊史之文，孔子作《春秋》因襲之，故解釋《春秋》
理應要從據事直書之角度進行，並非字字褒貶，《直解》即秉持「據事直書」
的解釋《春秋》經的方式。如《春秋‧僖公二十八年》：「春，晉侯侵曹，晉侯
伐衛。」《直解》云：「不書救宋者，據事書之，謀隱而事著也。」〔註23〕晉侯
侵曹、伐衛為救宋，經不書救宗，因「據事書之」。又如《春秋‧宣公十二年》：
「宋師伐陳，衛人救陳。」《直解》云：「然清丘方盟而衛顧背晉以媚楚，復何
心哉？兩有罪焉。直書而義自見矣。」〔註24〕經書宋、衛，乃兩有罪，此為
「直書而義自見」。《春秋‧定公十五年》：「辛巳，葬定姒。」《直解》云：「定
姒卒葬似禮也，而魯無君矣，凡此類直書其事而義自見。」〔註25〕經書葬定
姒，乃「直書其事而義自見」。乾隆帝既然將《春秋》視為史，那麼自然就不

〔註20〕〔清〕傅恒等：御纂春秋直解，景印文淵閣四庫全書（第 174 冊），臺北：臺
　　　　灣商務印書館，1983，21。
〔註21〕〔清〕傅恒等：御纂春秋直解，景印文淵閣四庫全書（第 174 冊），臺北：臺
　　　　灣商務印書館，1983，38。
〔註22〕〔清〕傅恒等：御纂春秋直解，景印文淵閣四庫全書（第 174 冊），臺北：臺
　　　　灣商務印書館，1983，165。
〔註23〕〔清〕庫勒納、李光地等：日講春秋解義，景印文淵閣四庫全書（第 172 冊），
　　　　臺北：臺灣商務印書館，1983，96。
〔註24〕〔清〕庫勒納、李光地等：日講春秋解義，景印文淵閣四庫全書（第 172 冊），
　　　　臺北：臺灣商務印書館，1983，143。
〔註25〕〔清〕庫勒納、李光地等：日講春秋解義，景印文淵閣四庫全書（第 172 冊），
　　　　臺北：臺灣商務印書館，1983，270。

可隨意褒貶裁斷了，這實際擠壓了《春秋》的解釋能力，更好地服務於「大一統」政治。

　　傳統《春秋》學對《春秋》大義的定位，皆是以「尊王攘夷」為重心的，而在乾隆時期，於文化與思想表現出一種極端且強勢的態勢，故官方的《春秋》學詮釋——《直解》中的「尊王」意識較康、雍兩朝尤為鮮明。在詮釋上的「尊王」傾向，具體表現在其繫年體例和詮釋上。〔註26〕《春秋》開篇前，《直解》添加一條置於「隱公」之前：

> 平王四十有九年
>
> 　　《春秋》為尊王而作，而用魯紀年者，本魯史也。後人因以干支與天王之年冠其上，其意善矣。第經所無而增之則混經。且魯公之年大書，而王年分注，豈聖人尊王之意哉？今特立王年於魯君元年之前而大書之，所以別經也。抑以著尊王之義，不失聖人之旨云爾。〔註27〕

《直解》加「桓王四十年有九年」冠於經首，且往後每一年皆先書王年，理由在於「《春秋》為尊王而作」，並批駁《春秋》用「魯史紀年」，「大書」魯公之年而「王年分注」非尊王之意，故特意將「王年」立於魯君元年以前且「大書之」，以示與《春秋》經之區別，彰顯「聖人之旨」。《直解》這種解釋非常清楚，即周天王應凌駕於在諸侯魯國之上，故繫年要「尊王」「尊周」，這與《春秋》經後文之「王正月」相呼應。「尊王攘夷」本是《春秋》向來題旨，將魯置於周天王之下，並非《直解》的創見，胡安國亦強烈闡述此觀念，只是《直解》尤為突出而已。再看《直解》對經文的具體詮釋，如隱公元年「秋，七月，天王使宰咺來歸惠公、仲子之賵」一條，《直解》云：

> 　　繫王於天，明王者欽若天道，欲循名以盡其實。又見於尊王，即所以尊天，所以尊天不尊王，則獲罪於天也。〔註28〕

《直解》認為「王」之所以繫於「天」之下，是表明王者「欽若天道」，所謂「循名盡實」也，尊王是因為尊天，尊天不尊王即會「獲罪於天」。將「天」

〔註26〕蕭敏如：從「滿漢」到「中西」：清代《春秋》學華夷觀研究，林慶彰主編：中國學術思想研究輯刊（四編），新北：花木蘭文化出版社，2009，174～175。

〔註27〕〔清〕傅恒等：御纂春秋直解，景印文淵閣四庫全書（第174冊），臺北：臺灣商務印書館，1983，7。

〔註28〕〔清〕傅恒等：御纂春秋直解，景印文淵閣四庫全書（第174冊），臺北：臺灣商務印書館，1983，8。

與「王」分開解釋，強調「尊王」「尊天」二者的密切關聯，「尊王」即是「尊天」，話語重心陡然轉移至「尊王」上。

桓公五年「夏，齊侯、鄭伯如紀」一條，《直解》云：

> 按左氏，齊、鄭朝紀，欲以襲之，是知齊、鄭之朝紀，偽也。
> 紀人知之，其計不行，然後以朝，反《春秋》書之，使若誠朝然，疾
> 之也。傳曰，朝而經書如，傳以紀事，經以明義也。往其地曰如，
> 行朝禮曰朝，惟朝王為宜，故朝王雖非其地，亦曰朝，公朝於王所
> 是也。成十三年，公從諸侯伐秦過周而朝，止曰如，蓋病其行禮之
> 不專而不與其朝也。朝齊、晉與楚亦曰如，惡其以王禮事人，而不
> 與其朝也。他國來魯，書朝魯者，彼失禮而此受之，故貶彼以見義。
> 外相朝亦曰如，蓋沒其實以見義，皆所以尊王也。〔註29〕

《直解》對經書「朝」與書「如」加以辨析，以為「往其地曰如，行朝禮曰朝」，但是如果是朝王亦曰朝，成公十三年，魯君從諸侯公從諸侯伐秦過周而朝，只書如，是貶其行禮不專，故只書如也，朝齊、晉與楚亦書如，乃「惡其以王禮事人，而不與其朝也」，他國來魯書朝，亦表示貶斥之意，外相朝也書如，之所有如此，完全是表示尊王之意。又如僖公五年「公及齊侯、宋公、陳侯、衛侯、鄭伯、許男、曹伯會王世子於首止」一條，《直解》云：

> 王世子，襄王也。書公及諸侯而殊王世子，尊之也。尊之者，
> 定之也。世子母弟帶有寵於後，王欲立帶而廢世子……姑請於王而
> 以會為名，於是帥諸侯會世子，示共戴之而不可易，則後之謀塞而
> 世子定矣。齊侯之定世子，義也。惜其雜以權術，幾於要君也……
> 何得無貶齊桓公之盛烈，曰尊周室，尊周室者，莫大乎會王世子，
> 故公及而列序，諸侯辭繁而不殺也。〔註30〕

《直解》解釋此處「書公及諸侯而殊王世子」「公及列序」的《春秋》筆法，對齊桓公「帥諸侯會世子」，謀定周天王世子之事加以盛讚，儘管批評齊桓公「雜以權術」「幾於要君」，但是轉過來褒獎桓公的行為是「尊周室」的義舉。僖公二十年「夏，狄伐鄭」一條，《直解》云：

> 據左氏，鄭伐滑，王使如鄭請滑，鄭不聽而執王使，王怒，出

〔註29〕〔清〕傅恒等：御纂春秋直解，景印文淵閣四庫全書（第174冊），臺北：臺灣商務印書館，1983，25。

〔註30〕〔清〕傅恒等：御纂春秋直解，景印文淵閣四庫全書（第174冊），臺北：臺灣商務印書館，1983，76～77。

　　狄師伐鄭，鄭雖當討，用狄則非，不書王命者，諱王之啟寇滅親也。

　　不使狄之假命以猾夏，尊王而諱之，惡狄而正之，愛中國而存之，

　　意深哉！〔註31〕

《直接》引用《左傳》的所記之事，狄師乃王所出，「鄭雖當討，用狄則非，不書王命者，諱王之啟寇滅親也」，經不書使狄假王命以猾夏，乃「尊王而諱之」，意在尊王也。在《直解》中，「尊王」「尊周」的話語多之不可勝數，高宗的《春秋》觀中即蘊含著強烈的尊王意識。

　　在《直解》中亦復如是，運用「君臣之分」「討賊」等話語來詮解《春秋》，一再確認忠君觀念。如昭公十二年「春，齊高偃帥師納北燕伯於陽」，《直解》云：

　　　　北燕伯奔齊十年矣，則伐燕而不果納，今復納之也。書於陽，

　　蓋拒於強臣不得歸國也。不名，與衛侯入於夷儀同，所以正君臣之

　　分也，而燕人之罪大矣。〔註32〕

《直解》認為經中不書北燕伯之名，是為了正「君臣之分」，罪在燕人。又如昭公二十七年「夏四月，吳弒其君僚」，《直解》云：

　　　　此公子光使專諸弒之而稱國者，何也？胡安國曰，吳大臣之罪

　　也。蓋得致亂之由而竟云不歸獄於光，則非止亂之道。夫夷末卒而

　　季札逃，光為嫡嗣而僚立篡也。大臣與國為體事，孰大於置君乃不

　　審其序，惟罪所欲，非罪而何然？光雖當立，僚既立矣，光亦臣之

　　十有四年矣，君臣之分久定。一定戕而代之，非弒君而何？〔註33〕

《直解》認為吳王僚被弒罪在公子光，按照繼承禮數，公子夷末卒而季札逃國，王位理應由公子光繼承，然最終卻是僚被立，公子光做了十四年臣子，「君臣之分」早已定下來，公子光卻弒君，罪在臣子公子光。《直解》除了講究君臣之分，臣在君上觀念，還反覆直指「討賊」。如莊公九年「春，齊人殺無知」，《直解》云：

　　　　討賊也。按左氏，無知虐雍廩，雍廩殺無知，非如石碏之以義

　　討也。然能聲其罪而以討賊之，即以討與之，所以尊君父、廣忠孝

〔註31〕〔清〕傅恒等：御纂春秋直解，景印文淵閣四庫全書（第 174 冊），臺北：臺灣商務印書館，1983，93。

〔註32〕〔清〕傅恒等：御纂春秋直解，景印文淵閣四庫全書（第 174 冊），臺北：臺灣商務印書館，1983，225～226。

〔註33〕〔清〕傅恒等：御纂春秋直解，景印文淵閣四庫全書（第 174 冊），臺北：臺灣商務印書館，1983，243～244。

而絕惡逆也。〔註34〕

《直解》認為齊人雍廩殺無知是為「討賊」，且褒揚雍廩是「尊君父、廣忠孝」之舉。又如文公元年「冬，十月丁未，楚世子商臣弒其君頵」，《直解》云：

> 自入《春秋》，楚君之卒，不見於經，外之也。特書楚頵，以世子大逆而志之也。楚僭號，其立世子必不誓於王，乃書世子者，著元凶而討之者。君於世子有君之尊，有父之親。書其君者，目世子則父之親已見，故以君之尊見義也……故曰：《春秋》成，而亂臣賊子懼。〔註35〕

《直解》以為特書楚君，是「以世子大逆而志之」，為了顯示「父之親」「君之尊」的筆法，經書世子，是「著元凶而討之者」，君頵對世子而言「有君之尊，有父之親」，故據此說明「《春秋》成，而亂臣賊子懼」。

《直解》亦吸納、繼承了《胡傳》「尊王」「君臣之倫」思想，與《日講》一樣，《直解》並未直言，如果加以比對，則一目了然。譬如隱公元年「冬十有二月，祭伯來」一條，《直解》云：

> 祭伯，畿內諸侯，為王卿士，祭周公之裔，故與魯為好，書來，非事也。故不稱使，非王命，則私交也。結內近以偵國，挾外援以要君，則亂之所由階，謹私交、杜朋黨之漸也。〔註36〕

《胡傳》云：

> 按《左氏》曰，非王命也。祭伯，畿內諸侯，為王卿士，來朝於魯，而直書「來」，不與其朝也。人臣義無私交，大夫非君命不越境，所以然者，杜朋黨之原，為後世事君而有貳心者之明戒也。惟此義不行，然後有借外權，如嫪毒之語韓宣惠者，交私議論，如莊助之結淮南者，倚強藩為援，以脅制朝廷，如唐盧攜之於高駢、崔胤之於宣武、昭緯之於邠岐者矣。經於內臣朝聘告赴皆貶而不與，正其本也。豈有諛上行私自植其黨之患哉！〔註37〕

〔註34〕〔清〕傅恒等：御纂春秋直解，景印文淵閣四庫全書（第174冊），臺北：臺灣商務印書館，1983，46。

〔註35〕〔清〕傅恒等：御纂春秋直解，景印文淵閣四庫全書（第174冊），臺北：臺灣商務印書館，1983，106。

〔註36〕〔清〕傅恒等：御纂春秋直解，景印文淵閣四庫全書（第174冊），臺北：臺灣商務印書館，1983，9。

〔註37〕〔宋〕胡安國：春秋胡氏傳，杭州：浙江古籍出版社，2010，5。

《直解》批評祭伯來朝，不稱其為使，「非王命，則私交也」，指出「結內近以偵國，挾外援以要君」，乃禍亂之由，當「謹私交、杜朋黨之漸」，此與《胡傳》的「直書「來」，不與其朝也」人臣義無私交，大夫非君命不越境，所以然者，杜朋黨之原，為後世事君而有貳心者之明戒也」的解釋完全一樣，皆意在尊王也。僖公五年「公及齊侯、宋公、陳侯、衛侯、鄭伯、許男、曹伯會王世子於首止」《直解》云：

> 王世子，襄王也。書公及諸侯而殊王世子，尊之也。尊之者，定之也。世子母弟帶有寵於後，王欲立帶而廢世子……姑請於王而以會為名，於是帥諸侯會世子，示共戴之而不可易，則後之謀塞而世子定矣。齊侯之定世子，義也。惜其雜以權術，幾於要君也……何得無貶齊桓公之盛烈，曰尊周室，尊周室者，莫大乎會王世子，故公及而列序，諸侯辭繁而不殺也。〔註38〕

《胡傳》云：

> 及以會，尊之也。以王世子而下會諸侯則陵，以諸侯而上與王世子會則抗。《春秋》抑強臣，扶弱主，撥亂世反之正，特書「及」以「會」者，若曰，王世子在是，諸侯咸往焉，示不可得而抗也。後世論其班位，有次於三公宰臣之下，亦有序乎其上者，則將奚正？自天王而言，欲屈遠其子，使次乎其下，示謙德也，自臣下而言，欲尊敬王世子，則序乎其上，正分義也。天尊地卑而其分定，典敘禮秩而其義明，使群臣得伸其敬，則貴有常尊，上下辨矣。經書宰周公只與王人同序於諸侯之上，而不得與殊會同書，此聖人尊君抑臣之旨也，而班位定矣。〔註39〕

《直解》經書公及諸侯而殊王世子，乃尊王世子也，「尊周室者，莫大乎會王世子，故公及而列序」，此與《胡傳》「及以會，尊之也」，對君臣、上下秩序，尊君抑臣的強調是一樣的。文公元年「冬十月丁未，楚世子商臣弒其君頵」，《直解》云：

> 自入《春秋》，楚君之卒，不見於經，外之也。特書楚頵，以世子大逆而志之也。楚僭號，其立世子，必不誓於王，乃書世子者，

〔註38〕〔清〕傅恒等：御纂春秋直解，景印文淵閣四庫全書（第174冊），臺北：臺灣商務印書館，1983，76～77。

〔註39〕〔宋〕胡安國：春秋胡氏傳，杭州：浙江古籍出版社，2010，154。

著元凶而討之也。君於世子有君之尊、父之親，書其君者，目世子
則父之親已見，故以君之尊見義也。王誠以其罪告諸侯，命晉致討，
明大義、折強楚，是謂天討，乃天王不之罪，而晉襄突爭小，故蓋
討賊之義不明久矣。故曰，《春秋》成而亂臣賊子懼。〔註40〕

《胡傳》云：

書「世子弒君」者，有父之親，有君之尊，而至於弒逆，此天
理大變，人情所深駭。《春秋》詳書其事，欲以起問者察所田，示懲
戒也……夫亂臣賊子，雖陷阱在前，斧鉞加於頸而不避，顧謂身後
惡名，足以係其邪志而懲於為惡，豈不謬哉！持此曉人，可謂茅塞
其心意矣，若語之曰，為人君父而不通於《春秋》之義者，必蒙首
惡之名，為人臣子而不通於《春秋》之義者，必陷篡弒誅死之罪……
嫡妾必正，而楚子多愛，立子必長，而楚國之舉常在少者，養世子
不可不慎也，而以潘崇為之師，侍膳問安，世子職也，而多置宮甲，
降而不憾，憾而能眕者鮮矣。乃欲黜兄而立其弟，謀及婦人，宜其
敗也。而使江芊知其情，是以不仁處其身，而以不孝處其子也，其
及宜矣。楚頗僭王，憑陵中國，戰勝諸侯，毒被天下，然昧於君臣
父子之道，禍發蕭薔而不之覺也。〔註41〕

《直解》批評世子大逆之罪，表示「君於世子有君之尊、父之親，書其君者，
目世子則父之親已見，故以君之尊見義也」，強調君臣、父子之倫，此與《胡
傳》「書「世子弒君」者，有父之親，有君之尊」，「為人君父而不通於《春秋》
之義者，必蒙首惡之名，為人臣子而不通於《春秋》之義者，必陷篡弒誅死之
罪」的說法完全一樣。

5.1.3 對胡安國「攘夷」之義的徹底捨棄

在乾隆帝的意念中，《春秋》只有「尊王」、忠君的這一面，而絕沒有「攘
夷」的一面，作為入主中原的異族，對此攘夷這一點尤其敏感。他常常說，《春
秋》是天子之事，在《御批通鑒輯覽》中即表示：「國之統繫於君，《春秋》之
義，君在，則大統歸之」，強調《春秋》大一統，國君繼承大統，而具有至高無
上的神聖性。乾隆帝對胡安國的華夷之見表現出相當地不滿，並斥之為胡說：

〔註40〕〔清〕傅恒等：御纂春秋直解，景印文淵閣四庫全書（第174冊），臺北：臺
灣商務印書館，1983，106。
〔註41〕〔宋〕胡安國：春秋胡氏傳，杭州：浙江古籍出版社，2010，212～213。

> 又是書既奉南宋孝宗敕撰，而評斷引宋臣胡安國語，稱為胡文
> 定公，實失君臣之體……夫大義滅親，父可施之子，子不可施之父。
> 父即背叛，子惟一死以答君親。豈有滅倫背義？尚得謂之變而不失
> 其正。此乃胡安國華夷之見，芥蒂於心，右逆子而亂天經，誠所謂
> 胡說也。其他乖謬種種，難以枚舉。〔註42〕

乾隆帝關於《春秋》以及胡安國的種種論斷皆表明，君臣之義是遠高於夷夏之
防的，而國君大統在身，具有決定性的獨尊地位。隱公二年「公會戎於潛」一
條《直解》云：

> 周官行人曰，時會以發四方之禁。蓋天子非時而合諸侯，以禁
> 止天下之不義。《春秋》書諸侯之會，皆非王事而私會耳，戎，徐戎
> 在魯東舉號無爵也，潛，魯地。會戎，修惠公之好也，非王事而修
> 私好，於同列且非宜，況戎乎？〔註43〕

胡安國將戎狄視為小人，中國視為君子，反覆強調「內中國而外四夷」，「非我
族類，其心必異」，意在攘夷。《日講》批評隱公不朝天子，「是不奉正朔」，《直
解》批評隱公與戎會乃「非王事而修私好」，皆表示尊王之意，而不談攘夷。
莊公二十三年一條「荊人來聘」，《胡傳》云：

> 荊自莊公十年始見於經，十四年入蔡，十六年伐鄭，皆以州舉者，
> 惡其猾夏不恭，故狄之也。至是來聘，遂稱人者，嘉其慕義自通，故
> 進之也。朝聘者，中國諸侯之事，雖蠻夷而能修中國之事，則不念其
> 猾夏不恭而遂進焉，見聖人之心，樂與人為善矣。後世之君能以聖人
> 之心為心，則與天地相似。凡變於夷者，叛則懲其不恪，而威之以刑，
> 來則嘉其慕義，而接之以禮。邇人安，遠者服矣。《春秋》謹華夷之辨，
> 而荊、吳、徐、越，諸夏之變於夷者，故書法如此。〔註44〕

《日講》云：

> 《春秋》於楚，始書荊，繼書荊人，繼書楚子，著其漸盛也。
> 楚邇年加兵於蔡、鄭而聘使至魯，蓋遠交近攻之術，介人慾侵蕭，
> 而先朝魯，秦人歸襚來聘，故有河曲之師。蓋魯為春秋望國，而親

〔註42〕中國第一歷史檔案館：纂修四庫全書檔案，上海：上海古籍出版社，1997，
　　　　418。
〔註43〕〔清〕傅恒等：御纂春秋直解，景印文淵閣四庫全書（第 174 冊），臺北：臺
　　　　灣商務印書館，1983，9。
〔註44〕〔宋〕胡安國：春秋胡氏傳，杭州：浙江古籍出版社，2010，120。

於齊、晉故，介人來朝，欲藉以為援，秦、楚來聘，欲以間齊、晉之交也。〔註45〕

《直解》云：

> 荊人入蔡伐鄭，浸為中國患矣。今而聘魯，魯豈有德以懷之，且自荊至魯，幾二千里，而假聘以交宗國，意蓋有在矣。《春秋》書此，以謹其始通，繼書楚子，則著其漸盛，其謂書聘以見之者未矣。〔註46〕

胡安國借荊人朝聘之事，表達「《春秋》謹華夷之辨」。《日講》以為「《春秋》於楚，始書荊，繼書荊人，繼書楚子，著其漸盛也」，指出楚來聘魯乃遠交近攻之術，實為權謀也，《直解》亦以為「《春秋》書此，以謹其始通，繼書楚子，則著其漸盛」，乃「假聘以交宗國」，完全不提及攘夷之義，而《彙纂》將之悉數刪節。僖公元年「夏六月，邢遷於夷儀。齊師、宋師、曹師城邢。」《胡傳》云：

> 書「邢遷於夷儀」，見齊師次止，緩不及事也。然邢以自遷為文，而再書「齊師、宋師、曹師城邢」者，美桓公志義，卒有救患之功也。不以王命興師，亦聖人之所與乎？中國衰微，夷狄猾夏，天子不能正，至於遷徙奔亡，諸侯有能救而存之，則救而存之可也。以王命興師者正，能救而與之者權。〔註47〕

《胡傳》討論「中國衰微，夷狄猾夏，天子不能正」，強調夷夏之防，《日講》引《左傳》《公羊傳》《穀梁傳》的解釋，未提及攘夷之義，《直解》云：

> 左云，師逐狄人，具邢器用而遷之，是齊遷之也。以邢遷為文者，邢欲遷也。正月次於聶北，六月遷於夷儀，邢之忍死待救可知也，而三國之師不成為救，固不待言矣。〔註48〕

《直解》解釋經以「邢遷為文」，乃是邢想自遷，次於聶北、遷於夷儀兩事，是邢「忍死待救」，站在同情邢的立場，亦完全拋開了攘夷之義。《彙纂》中對

〔註45〕〔清〕庫勒納、李光地等：日講春秋解義，景印文淵閣四庫全書（第172冊），臺北：臺灣商務印書館，1983，160。

〔註46〕〔清〕傅恒等：御纂春秋直解，景印文淵閣四庫全書（第174冊），臺北：臺灣商務印書館，1983，57。

〔註47〕〔宋〕胡安國：春秋胡氏傳，杭州：浙江古籍出版社，2010，146。

〔註48〕〔清〕傅恒等：御纂春秋直解，景印文淵閣四庫全書（第174冊），臺北：臺灣商務印書館，1983，71。

此文字完全加以刪除。如僖公三十年「夏，狄侵齊」，《胡傳》云：

> 左氏曰，晉人伐鄭，以觀其可攻與否。狄間晉之有鄭虞也，遂
> 侵齊，詩不云乎：「戎狄是膺，荊舒是懲。」四夷交侵，所當攘斥。
> 晉文公若移圍鄭之師以伐之，則方伯連率之職修矣。上書「狄侵齊」，
> 下書「圍鄭」，此直書其事而義自見者也。〔註49〕

《日講》云：

> 齊霸國之後，與晉同盟，狄之侵齊，蓋料晉方圍鄭，而不暇救
> 也。齊桓召陵之後，狄加兵於晉，晉文城濮之役，狄加兵於齊，而
> 桓、文皆置而不問，以楚人僭王，力爭中夏，其志不測，恐力分於
> 狄，而不能御楚耳。〔註50〕

《彙纂》錄入《胡傳》云：

> 左氏曰，狄間晉之有鄭虞也，遂侵齊。晉文公若移師鄭之師以
> 伐之，則方伯連率之職修矣。上書「狄侵齊」，下書「圍鄭」，此直
> 書其事而義自見者也。〔註51〕

《直解》云：

> 晉文之為公子也，在狄久，狄恃其寵，故敢乘間而侵齊，晉方
> 主伯以安攘為事，置狄不問，非義也。〔註52〕

略加比較，則可知，《胡傳》以為「四夷交侵，所當攘斥」，晉文公當以圍鄭之
師伐狄，《日講》分析狄侵齊，晉文公不加以救援的原因。《彙纂》雖然採用了
《胡傳》的部分說法，卻將《胡傳》中討論攘夷的內容「詩不云乎：『戎狄是
膺，荊舒是懲。』四夷交侵，所當攘斥」加以刪除，《直解》批評狄侵齊，晉
文公置狄不問，皆將《胡傳》中的攘夷之論加以清除。文公九年「楚子使椒來
聘」，《胡傳》云：

> 楚僭稱王，《春秋》之始獨以號舉，夷狄之也。中間來聘，而改
> 書「人」，漸進之矣。至是其君書爵，其臣書名而稱使，遂與諸侯比

〔註49〕〔宋〕胡安國：春秋胡氏傳，杭州：浙江古籍出版社，2010，199。
〔註50〕〔清〕庫勒納、李光地等：日講春秋解義，景印文淵閣四庫全書（第172冊），
　　　　臺北：臺灣商務印書館，1983，282。
〔註51〕〔清〕王掞、張廷玉等：欽定春秋傳說彙纂，景印文淵閣四庫全書（第173冊），
　　　　臺北：臺灣商務印書館，1983，453。
〔註52〕〔清〕傅恒等：御纂春秋直解，景印文淵閣四庫全書（第174冊），臺北：臺
　　　　灣商務印書館，1983，100。

者，是以中國之禮待之也。所謂謹華夷之辨，內諸夏而外四夷，義安在乎？曰，吳、楚，聖賢之後，見周之弱，王靈不及，僭擬名號，此以夏而變於夷者也，聖人重絕之。夫《春秋》立法謹嚴，而宅心忠恕。嚴於立法，故僭號稱王，則深加貶黜，比之夷狄，以正君臣之義，恕以宅心，故內雖不使與中國同，外亦不使與夷狄等。思善悔過，嚮慕中國，則進之而不拒，此慎用刑、重絕人之意也。噫！《春秋》之所以為《春秋》，非聖人莫能修之者。〔註53〕

《直解》云：

自齊桓既卒，而楚與宋爭伯，故盂之會，書楚子。自晉文、襄既卒，而楚與晉爭伯，故自此迭書楚子，蓋楚勢日張，特書其爵，以見其幾與中國侯伯相侔也，傳者不知，乃曰進之。夫楚子者，商臣大逆之賊也，而進之耶？乃楚莊既伯，則楚卿書氏、書名，盡同於大國，亦其勢然也。〔註54〕

《胡傳》以為經書楚爵，是以中國之禮待之，然「謹華夷之辨，內諸夏而外四夷」之義已不在，強調夷夏之防。《日講》批評先儒進楚之論，乃「中國無霸，楚勢日張，魯人畏其憑陵，喜於來聘，而以待齊、晉之禮待之，故舊史備其辭，孔子仍而不革，以著諸侯畏楚之情實」，《彙纂》將《胡傳》中「夷狄之也」「是以中國之禮待之也。所謂謹華夷之辨，內諸夏而外四夷，義安在乎？曰，吳、楚，聖賢之後，見周之弱，王靈不及，僭擬名號，此以夏而變於夷者也，聖人重絕之」「比之夷狄」等討論夷狄問題的文字皆加以刪除，只採用《胡傳》中楚僭王的理解，《直解》亦批評進楚之論，「此迭書楚子，蓋楚勢日張，特書其爵，以見其幾與中國侯伯相侔也」，皆不採用《胡傳》中的攘夷之義。成公三年「鄭伐許」，《胡傳》云：

稱國以伐，狄之也。晉、楚爭鄭，鄭兩事焉，及邲之敗，於是乎專意事楚，不通中華。晉雖加兵，終莫能之聽也。至此一歲而再伐許，甚矣。夫利在中國，則從中國，利在夷狄，則從夷狄，而不擇於義之可否以為去就，其所以異於夷者幾希。況又馮弱犯寡，一歲之中而再動干戈於鄰國，不既甚乎！《春秋》之法，中國而夷狄

〔註53〕〔宋〕胡安國：春秋胡氏傳，杭州：浙江古籍出版社，2010，239。

〔註54〕〔清〕傅恒等：御纂春秋直解，景印文淵閣四庫全書（第174冊），臺北：臺灣商務印書館，1983，116。

行者，則狄之，所以懲惡也。以為告詞異而從告，乃實錄耳，一字
褒貶，義安在也？〔註55〕

《直解》云：

> 再伐許也，惡也，不書人與師，闕也。〔註56〕

《胡傳》以為稱國以伐，狄之也，鄭不僅兩事晉、楚，還一歲而再伐許，乃夷
狄之行，故「《春秋》之法，中國而夷狄行者，則狄之，所以懲惡也」。《日講》
以為批評鄭專事楚而絕晉，一歲中再伐鄰國，直書國名，乃是告辭略，史異
文，《彙纂》將《胡傳》中的「稱國以伐，狄之也」「夫利在中國，則從中國，
利在夷狄，則從夷狄」「《春秋》之法，中國而夷狄行者，則狄之，所以懲惡也」
討論夷狄的文字加以刪除，僅取《胡傳》中批評鄭伐許之義，《直解》批評鄭
再伐許之舉，皆避談《胡傳》中的夷夏之防之義。

5.1.4 對胡安國天理觀的摒棄

乾隆帝的《直解》直接或間接對胡安國作出批評。他在《直解》序文即直言：

> 左氏身非私淑，號為素臣，猶或詳於事而失之誣。至《公羊》《穀
> 梁》去聖逾遠，乃有墨守而起廢疾，下此齗齗聚訟，人自為師，經生
> 家大抵以胡氏安國、張氏洽最為著。及張氏廢，而胡氏直與三傳並行，
> 其間傅會臆斷，往往不免，承學之士，宜何考衷也哉？〔註57〕

《直解》將《胡傳》與三傳之發展加以呈現，指出各自問題，接著批駁《胡傳》
「傅會臆斷」。《直解》對《胡傳》不滿時，即會直接批評胡安國之說。譬如桓
公九年「春，季姜歸於京師」一條，《直解》云：

> 季字姜，紀姓也，歸不言以至者，王者無外，不可言自紀也。
> 胡安國曰，自逆者而言當尊崇其匹，故從天王所命而稱王后，示天
> 下之母儀也。自歸者而言，則從父母所子而稱季姜，化天下以歸順
> 也，此正始之道，王化之基也。高閌曰……皆非也。〔註58〕

《直解》以為「歸不言以至者，王者無外，不可言自紀」，批評胡安國「自歸

〔註55〕〔宋〕胡安國：春秋胡氏傳，杭州：浙江古籍出版社，2010，306。

〔註56〕〔清〕傅恒等：御纂春秋直解，景印文淵閣四庫全書（第 174 冊），臺北：臺
灣商務印書館，1983，153。

〔註57〕〔清〕傅恒等：御纂春秋直解，景印文淵閣四庫全書（第 174 冊），臺北：臺
灣商務印書館，1983，3。

〔註58〕〔清〕傅恒等：御纂春秋直解，景印文淵閣四庫全書（第 174 冊），臺北：臺
灣商務印書館，1983，29。

者而言，則從父母所子而稱季姜，化天下以歸順也，此正始之道，王化之基」
之說。宣公十一年「夏，楚子、陳侯、鄭伯盟於辰陵」，《直解》云：

> 晉不能討陳，又不能足庇鄭，故皆折而從楚矣。特序楚子、陳侯
> 於鄭伯之上，著其強也。胡安國以楚莊謀討陳賊而進之，非也。〔註59〕

《直解》以為特序楚子、陳侯於鄭伯之上，是為了表明楚之強，批駁胡安國
「以楚莊謀討陳賊而進之」之說。除此，《直解》亦會巧妙地避開《胡傳》，其
具體表現在：第一，《彙纂》雖批駁《胡傳》，仍將《胡傳》與諸家注並列，而
《直解》絕少列出、徵引《胡傳》的內容，直接將之隱去；第二，在經文的解
釋上，《直解》大都是繞開《胡傳》。譬如《春秋・桓公三年》：「夏，齊侯、衛
侯胥命於蒲。」《彙纂》云：

> 《胡傳》：公羊曰，胥命者，相命也，相命近正也。古者不盟，
> 結言而退，人愛其情，私相疑貳，以成傾危之俗，其所由來漸矣……
> 案：公、穀皆以胥命為善，程子因之，而胡傳亦主其說，蓋比之屢
> 盟，長亂者為近古也。張氏洽從劉氏敞之說，謂彼此相命以成其私，
> 而極言其僭竊之所至，朱子以為有理，故並存之。〔註60〕

《直解》云：

> 胥命者，相命也。同列勢均，不以齊侯命衛侯，故曰胥命也。
> 不盟結言，猶近古焉。荀卿曰，《春秋》善胥命。然謂之愈於盟則可，
> 謂之正則不可，其所命非王命也。且其事又有善否焉，今亦未知其
> 事之果善也。〔註61〕

公羊、穀梁、胡安國以為齊侯、晉侯胥命為善，張洽、劉敞則以為不善，《彙
纂》皆並存其說。而《直解》言齊侯與衛侯胥命「非王命」也，「未知其事之
果善」，語帶批評，顯然不用胡安國的說法。《春秋・莊公十一年》：「冬，王姬
歸於齊。」《彙纂》列入《胡傳》說法：

> 《胡傳》：《春秋》之義，尊君抑臣，其書王姬下嫁，曷為與列
> 國之女同辭而不異乎？曰陽倡而陰和。夫先而婦從，天理也，述天

〔註59〕〔清〕傅恒等：御纂春秋直解，景印文淵閣四庫全書（第174冊），臺北：臺
灣商務印書館，1983，140。

〔註60〕〔清〕王掞、張廷玉等：欽定春秋傳說彙纂，景印文淵閣四庫全書（第173冊），
臺北：臺灣商務印書館，1983，165。

〔註61〕〔清〕傅恒等：御纂春秋直解，景印文淵閣四庫全書（第174冊），臺北：臺
灣商務印書館，1983，23。

理訓後世，則雖以王姬之貴，其當執婦道，與公侯、大夫、士庶之女何以異哉？〔註62〕

《直解》云：

魯為宗主國，王姬則常事不書。而兩書於莊，何哉？前歸齊襄，志其忘親媚仇，明父子之道也。今則仇已死矣，王命不可逆也，齊桓非所仇也，故止以王姬之貴明夫婦之禮也。〔註63〕

按照《春秋》之義，尊王抑臣，而此處經書王姬下嫁與書列國之女不異，《胡傳》以先夫後婦的天理加以解釋，王姬與公侯、大夫、士庶之女皆當服從天理。而《直解》卻不同，《直解》以為「王命不可逆」且「齊桓非所仇也」，以王姬之貴來道明夫婦之禮，摒棄了《彙纂》所錄入的《胡傳》天理觀的解釋。

《直解》與康熙帝的《日講》《彙纂》不同，其完全摒棄了胡安國的「天理」觀，並不將尊王、君臣之倫置於天理觀的範疇之下去理解，擯棄了以天制王的天理觀。譬如隱公四年「宋公、陳侯、蔡人、衛人伐鄭」一條，康熙的《彙纂》錄入《胡傳》，批評州吁弒君，宋殤公不恤衛之有弒君之難，而從邪說，「是肆人慾、滅天理，非人之所為也」，以天理來解釋宋殤公之舉，〔註64〕而《直解》則說：

伐鄭之謀，發於衛州吁，弒君而求寵於諸侯，先序三國惡黨賊也。宋公子馮出奔鄭，殤公乘州吁之請而以兵會憝，鄭之欲納馮而不忌州吁之為篡賊，其惡甚矣，故首宋。〔註65〕

《直解》與《彙纂》不同，雖然亦批評宋殤公乘州吁之亂而以兵伐鄭，然不採用《胡傳》天理觀的解釋。桓公元年「春王正月，公即位」，《彙纂》錄入《胡傳》，指出桓公書即位，乃著明其弒逆之罪，加以貶絕，以明討賊之義，「以示王法，正人倫，存天理，訓後世」，以天理解釋弒君之罪、討賊之義。〔註66〕

〔註62〕〔清〕王掞、張廷玉等：欽定春秋傳說彙纂，景印文淵閣四庫全書（第173冊），臺北：臺灣商務印書館，1983，264～265。

〔註63〕〔清〕傅恒等：御纂春秋直解，景印文淵閣四庫全書（第174冊），臺北：臺灣商務印書館，1983，48～49。

〔註64〕〔清〕王掞、張廷玉等：欽定春秋傳說彙纂，景印文淵閣四庫全書（第173冊），臺北：臺灣商務印書館，1983，117。

〔註65〕〔清〕傅恒等：御纂春秋直解，景印文淵閣四庫全書（第174冊），臺北：臺灣商務印書館，1983，12～13。

〔註66〕〔清〕王掞、張廷玉等：欽定春秋傳說彙纂，景印文淵閣四庫全書（第173冊），臺北：臺灣商務印書館，1983，152。

《直解》云：

> 繼故不書即位而桓即位，何也？桓自正其即位之禮，蓋以罪歸
> 寫氏，為賊已就討，又以嫡自居，本宜立也。聖人以仍舊史以著其
> 實而其罪自定，且以見亂賊之得志也。天王之失誅也，方伯之廢職
> 也，魯人之臣仇也。〔註67〕

《直解》雖批評桓公即位，乃是「聖人以仍舊史以著其實而其罪自定」，然與
《彙纂》不同，亦不採用《胡傳》天理觀的解釋。莊公九年「公及齊大夫盟於
蔇」，《彙纂》錄入《胡傳》，批評莊公與齊大夫會盟，以為經書公及大夫盟，
乃譏其釋父怨親仇讎，進一步指出父母之讎不知怨，而欲以重德報之，「則人
倫廢，天理滅矣」，亦以天理解釋之。〔註68〕《直解》云：

> 謀納糾也，齊大夫糾之黨也。二公子皆有黨盟者，黨糾不來者，
> 黨小白也。書公即病公也，忘仇而納其子，降尊而盟其臣，悖義且
> 失禮也。大夫不名，義繫於齊，不在其名也。〔註69〕

譬如隱公二年一條「二年春，公會戎於潛」，《胡傳》云：

> 戎狄舉號，外之也。天無所不覆，地無所不載，天子與天地，
> 參者也。《春秋》，天子之事，何獨外乎戎狄乎？曰，中國之有戎狄，
> 猶君子之有小人，內君子外小人為泰，內小人外君子為否。《春秋》，
> 聖人傾否之書，內中國而外四夷，使之各安其所也。無不覆載者，
> 王德之體，內中國而外四夷，王道之用。是故以諸夏而親戎狄，致
> 金繒之奉，首顧居下，其策不可施也，以戎狄而朝諸夏，位侯王之
> 上，亂常失序，其禮不可行也。以羌胡而居塞內，無出入之防，非
> 我族類，其心必異，萌猾夏之階，其禍不可長也。為此說者，其知
> 內外之旨，而明於馭戎之道。正朔所不加也，奚會同之有？書會戎，
> 譏之也。〔註70〕

《直解》批評莊公，「忘仇而納其子，降尊而盟其臣，悖義且失禮也」，此與
《胡傳》理解一致，然不採用其天理觀的解釋。

〔註67〕〔清〕傅恒等：御纂春秋直解：景印文淵閣四庫全書（第174冊），臺北：臺
灣商務印書館，1983，12～13。
〔註68〕〔清〕王掞、張廷玉等：欽定春秋傳說彙纂，景印文淵閣四庫全書（第173冊），
臺北：臺灣商務印書館，1983，254。
〔註69〕〔清〕傅恒等：御纂春秋直解，景印文淵閣四庫全書（第174冊），臺北：臺
灣商務印書館，1983，46。
〔註70〕〔宋〕胡安國：春秋胡氏傳（卷1），杭州：浙江古籍出版社，2010，6。

5.1.5 《四庫全書》對《胡傳》的處理

　　乾隆帝在主導纂修《四庫全書》時，對所收錄之《春秋》類圖籍內所涉夷狄、東夷、南蠻等文字進行了大量的刪改，唐宋、元明時期的《春秋》著作為最巨，〔註71〕這些著作裏面亦包括了胡安國的《春秋傳》。《胡傳》深發攘夷大義，觸及了清人敏感的神經，在《四庫全書》〔註72〕中自然是要遭到嚴格處理的。文淵閣《四庫全書》、《四庫全書薈要》對《胡傳》的中「夷」「狄」違礙文字的處理不盡相同，其處理形式可細分為改換、刪削與留存三類。〔註73〕改易即是將原文用其他文字更改、替換，刪削即是將原文直解刪除，留存即是完全保留原文，不作任何改動。按照此種劃分，文淵閣《四庫全書》對《胡傳》改易 143 處，刪削 5 處，留存 45 處，〔註74〕《四庫全書薈要》改易 12 處，刪削 2 處，留存 179 處。我們將文淵閣《四庫全書》《四庫全書薈要》中收錄的胡安國《春秋傳》（後分別簡稱四庫本、薈要本）與《四部叢刊》中所收錄的宋本胡安國《春秋傳》（後簡稱宋本）作比照，就可以發現許多的問題。

　　首先是改易，文淵閣《四庫全書》對胡安國《春秋傳》中與關夷狄相關的字義都進行了改動，甚至直接將全段文字泯去，不作保留，〔註75〕而改易、

〔註71〕童正倫：《四庫全書》對春秋類的刪改，甘肅省圖書館、甘肅四庫全書研究會編；四庫全書研究論文集：2005 年四庫全書研討會文選，蘭州：敦煌文藝出版社，2006，311〜320。

〔註72〕《四庫全書》原藏七閣，現只存文淵閣、文津閣、文瀾閣、文溯閣四個版本，文淵閣本《四庫全書》現藏臺北故宮博物院，文津閣本《四庫全書》現藏國家圖書館，文瀾閣本《四庫全書》中散失、殘缺的書籍被陸續收集、補抄，現藏於浙江省圖書館，文溯閣《四庫全書》現專門建閣，藏於蘭州。文淵閣、文津閣、文瀾閣三閣版《四庫全書》皆已影印出版，獨文溯閣《四庫全書》未出，未能查考，文瀾閣《四庫全書》為清季丁申、丁丙兄弟補鈔，另還有專供清帝御覽之用的《四庫全書薈要》本。

〔註73〕李中然將四庫館臣對《春秋》類圖籍涉及違礙語之詞分為改易、刪削與抽換三類，而實際上，《春秋》類圖籍中還有許多違礙文字之處並沒作改動，故在此認為違礙文字的留存也應該歸為處理的一類，而抽換應該屬於改換一類。見李中然：《四庫全書》春秋類纂修研究，淡江大學中文系博士班博士論文，2018，197。

〔註74〕汪嘉玲曾將胡安國的《春秋傳》宋刊本與文淵閣《四庫全書》本關於「夷狄」字句部分進行對校，此處根據其對校的情形進行了統計，但汪嘉玲並沒有進行進一步分類、分析。見汪嘉玲：胡安國《春秋傳》研究附錄，私立東吳大學中國文學研究所碩士論文，1998，1〜18。

〔註75〕康凱淋：論清初官方對胡安國《春秋胡氏傳》的批評，漢學研究，2010（1），315。

更換可以說是非常精細，到達了事無鉅細的程度。文淵閣《四庫全書》將《胡傳》中的「夷」「狄」「戎」「夷狄」「戎狄」「華夷」「夷夏」等文字皆進行了修改，可謂鉅細靡遺。如《春秋》莊公二十三年「公至自齊，荊人來聘」一條，宋本云：

> 荊自莊公十年始見於經，十四年入蔡，十六年伐鄭，皆以州舉者，惡其猾夏不恭，故狄之也。至是來聘遂稱人者，嘉其慕義自通，故進之也。朝聘者，中國諸侯之事，雖蠻夷而能修中國諸侯之事，則不念其猾夏不恭而遂進焉，見聖人之心，樂與人為善矣。後世之君能以聖人之心為心，則天地相似，凡變於夷者，叛則懲其不恪而威之以刑，來則嘉其慕義而接之以禮，邇人安，遠者服矣。《春秋》謹華夷之辨而荊吳徐越，諸夏之變於夷者，故書法如此。〔註76〕

四庫本云：

> 荊自莊公十年始見於經，十四年入蔡，十六年伐鄭，皆以州舉者，惡其猾夏不恭，故狄之也。至是來聘遂稱人者，嘉其慕義自通，故進之也。朝聘者，中國諸侯之事，雖蠻荊而能修中國諸侯之事，則不念其猾夏不恭而遂進焉，見聖人之心，樂與人為善矣。後世之君能以聖人之心為心則天地相似，凡要荒以外，叛則懲其不恪而威之以刑，來則嘉其慕義而接之以禮，邇人安，遠者服矣。《春秋》謹華夷之辨而荊吳徐越，諸夏之不尊王者，故書法如此。〔註77〕

通過比較可知，《四庫全書》對宋本《胡傳》有三處修改，將「蠻夷而能修中國諸侯之事」改成了「蠻荊而能修中國諸侯之事」，將「凡變於夷者」改成了「凡要荒以外」，將「諸夏之變於夷者」改為「諸夏之不尊王者」。第一處，胡安國本意是以楚蠻夷身份聘問中國，行中國之禮，當進之，而《四庫全書》卻將楚為夷狄的身份進行了更改、淡化，第二處，胡安國對於夷狄的態度，叛則以刑威之，來則以禮接之，《四庫全書》卻將夷夏身份的差異改成了地理上遠近差異，模糊了夷夏分別，第三處，胡安國認為「《春秋》謹華夷之辨」，荊吳徐越是由夏變夷，予以貶斥，而《四庫全書》將此硬生生改成了尊王之義，由原來的華夷之別變成的君臣上下之別，已偏移了胡安國的「攘夷」本意。僖公

〔註76〕〔宋〕胡安國：春秋傳，四部叢刊續編經部，上海：上海書店，1985，3。
〔註77〕〔宋〕胡安國：胡氏春秋傳，景印文淵閣四庫全書（第151冊），臺北：臺灣商務印書館，1983，75。

元年「九月，公敗邾師於偃」，宋本云：

> 既會邾人之於檉，又敗邾師於偃，此責公無攘夷狄、安中國之
> 誠矣。凡此類皆直書其事而義自見也。詐戰曰敗之者為主。〔註78〕

四庫本云：

> 既會邾人之於檉，又敗邾師於偃，此責公無遏強暴、安中國之
> 誠矣。凡此類皆直書其事而義自見也。詐戰曰敗之者為主。〔註79〕

《四庫全書》將「攘夷狄」改成了「遏強暴」，胡安國本意是責魯公出爾反爾，既然與邾人相會，現今又擊敗邾人，乃無攘夷狄、安中國的誠意，經《四庫全書》一改，失去了胡氏攘夷之意。又如僖公二十四年「秋七月，冬，天王出居於鄭」，宋本中，胡安國批評周襄王不知自返，「念其制命是未順」「棄德崇奸」，於是引出狄師，乃「用夷制夏」之行，〔註80〕而《四庫全書》將「用夷制夏」四字直接改成了「以疏間親」，〔註81〕周天子與狄人二者之間，由夷夏關係轉變成了親疏關係，對周天子的貶絕之情大打折扣。

《四庫全書薈要》亦將胡安國《春秋傳》中所涉夷夏問題議論之處加以改易。如隱公二年「秋八月庚辰，公及戎盟於唐」一條，宋本云：莫謹於華夷之辨矣。中國而夷狄則狄之，夷狄猾夏則膺之，此《春秋》之旨也。〔註82〕薈要本云：莫謹於華戎之辨矣。中國而為戎則戎之，戎而猾夏則膺之，此《春秋》之旨也。〔註83〕將「華夷」「夷狄」分別改換為「華戎」「戎」。僖公三十二年「秋，衛人及狄盟」一條，宋本云：況與戎狄豺狼，即其盧帳刑牲歃血。〔註84〕薈要本云：況與戎人狄人，即其盧帳刑牲歃血。〔註85〕將「戎狄豺狼」改為「戎人狄人」，其貶斥語氣極大和緩。桓公元年「夏四月，丁未，公及鄭伯盟於越」一條，宋本云：變中國為夷狄，化人類為禽獸，聖人所為懼，《春秋》所以作，無俟於貶絕而惡自見矣。〔註86〕薈要本云：等君父於弁髦，綱

〔註78〕〔宋〕胡安國：春秋傳，四部叢刊續編經部，上海：上海書店，1985，2。
〔註79〕〔宋〕胡安國：胡氏春秋傳，景印文淵閣四庫全書（第 151 冊），臺北：臺灣商務印書館，1983，88。
〔註80〕〔宋〕胡安國：春秋傳，四部叢刊續編經部，上海：上海書店，1985，10。
〔註81〕〔宋〕胡安國：胡氏春秋傳，景印文淵閣四庫全書（第 151 冊），臺北：臺灣商務印書館，1983，106。
〔註82〕〔宋〕胡安國：春秋傳，四部叢刊續編經部，上海：上海書店，1985，5。
〔註83〕〔宋〕胡安國：春秋胡氏傳，四庫全書薈要，臺北：世界書局，1988，24。
〔註84〕〔宋〕胡安國：春秋胡氏傳，四庫全書薈要，臺北：世界書局，1988，9。
〔註85〕〔宋〕胡安國：春秋胡氏傳，四庫全書薈要，臺北：世界書局，1988，116。
〔註86〕〔宋〕胡安國：春秋傳，四部叢刊續編經部，上海：上海書店，1985，2。

淪法斁極矣。〔註87〕將「變中國為夷狄，化人類為禽獸」改為「等君父於弁
髦，綱淪法斁極矣」，從華夷之防悄然變成了君父之義。諸如此類，在文淵閣
《四庫全書》《四庫全書薈要》中不勝枚舉，其如此錙銖必較地更改，無非就
是為了試圖移除胡安國所要表達華夷之辨意識，將《春秋》的「攘夷」題旨
轉向「尊王」。

其次是刪削，文淵閣《四庫全書》對胡安國《春秋傳》中激烈討論華夷之
辨的內容，進行了徹底清理，將之一次刪削乾淨。如隱公二年「秋八月庚辰，
公及戎盟於唐」一條，宋本云：

> 按費誓稱淮夷、徐戎，此蓋徐州之戎，久居中國，在魯之東郊
> 者也。韓氏愈言，「《春秋》謹嚴」，君子以為深得其旨，所謂謹嚴者，
> 何謹乎？莫謹於華夷之辨矣。中國而夷狄則狄之，夷狄猾夏則膺之，
> 此《春秋》之旨也。而與戎歃血以約盟，非義矣。是故成於日者必
> 以事繫日，而前此盟於蔑則不日，盟於宿則不日，後此盟於密則不
> 日，盟於石門則不日，獨此盟於唐書日者，謹之也。後世乃有結戎
> 狄以許婚而配耦非其類，如西漢之於匈奴，約戎狄以求援而華夏被
> 其毒，如肅宗之於回紇，信戎狄以與盟而臣主蒙其恥，如德宗之於
> 尚結贊，雖悔於終，亦將奚及《春秋》，謹唐之盟戒遠矣。〔註88〕

對照《四庫全書》，則此處整體被完全剗除了，〔註89〕胡安國對戎地進行了考
證，引韓愈之說表示《春秋》謹華夷之辨之義，「中國而夷狄則狄之，夷狄猾
夏則膺之」，批評魯君與戎相盟之舉，對西漢與匈奴婚配，唐肅宗與回紇結盟，
唐德宗與結贊結親加以斥責，乃謹夷夏之大防，故遭到刪削。又如文公八年
「冬，十月壬午，公子遂會晉趙盾，盟於衡雍。乙酉，公子遂會洛戎，盟於暴」
一條，宋本云：

> 《春秋》記約而志詳。其書公子遂盟趙盾及洛戎，何詞之贅乎？
> 曰，聖人謹華夷之辨，所以明族類，別內外也。洛邑，天地之中而
> 戎醜居之，亂華甚矣。再稱公子，各曰會，正其名與地，以深別之
> 者，示中國、夷狄終不可雜也。自東漢以來，乃與戎雜處而不辨，
> 晉至於神州陸沉，唐亦世有戎狄之亂，許翰以為謀國者，不如學《春

〔註87〕〔宋〕胡安國：春秋胡氏傳，四庫全書薈要，臺北：世界書局，1988，41。
〔註88〕〔宋〕胡安國：春秋傳，四部叢刊續編經部，上海：上海書店，1985，5。
〔註89〕〔宋〕胡安國：胡氏春秋傳，景印文淵閣四庫全書（第151冊），臺北：臺灣
　　　　商務印書館，1983，24。

秋》之過，信矣！〔註90〕

而《四庫全書》中則沒有此一內容，〔註91〕胡安國在此討論《春秋》兩書公子遂盟的書法，他指出，此乃「聖人謹華夷之辨，所以明族類，別內外」，以為洛邑本是天地之中，而夷狄居此，是亂華大甚，兩次書公子且書其會的時間，乃是「示中國、夷狄終不可雜」，他還舉出東漢、晉唐之史實論證夷狄之禍影響深遠。胡安國如此深入探討夷狄亂華，反覆強調華夷之分，故遭悉數清理。除了整體刪除之外，文淵閣《四庫全書》亦將部分帶有夷狄議論的句子刪除，如宣公三年「楚子伐陸渾之戎」一條中「以謹華夷之辨，禁猾夏之階」一句遭到刪除，〔註92〕昭公十二年「冬十月，公子憖出奔齊。楚子伐徐，晉伐鮮虞」一條中「一失則為夷狄，再失則為禽獸」一句亦遭刪除，〔註93〕如此種種，刪削之處甚眾。

　　《四庫全書薈要》中亦對胡安國有關夷狄問題討論之處進行了清除。如僖公三十三年「夏四月辛巳，晉人及姜戎敗秦於殽。」宋本云：故一失則夷狄，再失則禽獸，〔註94〕薈要本中無此一句，〔註95〕胡安國在此討論晉人與姜戎一道打敗秦軍的問題，並激切批評秦、晉之無道用兵，視之以夷狄、禽獸，自然要遭到薈要本刪削。昭公十二年「楚子伐徐，晉伐鮮虞」一條，宋本云：一失則為夷狄，再失則為禽獸，〔註96〕薈要本中亦無此一句，〔註97〕胡安國以為，經書晉伐鮮虞，乃狄之也，意在譏晉，薈要本亦將之完全刪削。文淵閣《四庫全書》與《四庫全書薈要》將胡安國所言及嚴華夷之分的地方進行清除，其意圖不言而喻，就是將此一問題完全加以抹去、泯滅。

5.2 乾隆時期科舉廢除胡安國《春秋傳》再議

　　《胡傳》入清後，在科舉中一直處於獨尊之位，一直到乾隆五十八年

〔註90〕〔宋〕胡安國：春秋傳，四部叢刊續編經部，上海：上海書店，1985，8～9。
〔註91〕〔宋〕胡安國：胡氏春秋傳，景印文淵閣四庫全書（第 151 冊），臺北：臺灣商務印書館，1983，124。
〔註92〕〔宋〕胡安國：胡氏春秋傳，景印文淵閣四庫全書（第 151 冊），臺北：臺灣商務印書館，1983，138。
〔註93〕〔宋〕胡安國：胡氏春秋傳，景印文淵閣四庫全書（第 151 冊），臺北：臺灣商務印書館，1983，207。
〔註94〕〔宋〕胡安國：春秋傳，四部叢刊續編經部，上海：上海書店，1985，10。
〔註95〕〔宋〕胡安國：春秋胡氏傳，四庫全書薈要，臺北：世界書局，1988，117。
〔註96〕〔宋〕胡安國：春秋傳，四部叢刊續編經部，上海：上海書店，1985，10。
〔註97〕〔宋〕胡安國：春秋胡氏傳，四庫全書薈要，臺北：世界書局，1988，211。

（1793），清高宗下詔廢除《胡傳》，《胡傳》乃隱入歷史。對於《胡傳》被廢除的原因，以往的研究多從漢宋之爭的角度來看，而實際上，胡安國倡導以天制王、夷狄之防的觀念已經觸犯了清帝的個人權威，於政治上完全不符合其「大一統」觀的要求，故而最終遭到罷黜。

5.2.1 清前期《胡傳》的獨尊

順治二年（1645），清廷頒布科場條例，隨即下詔：

> 首場《四書》三題，《五經》各四題，士子各占一經。《四書》
> 主朱子《集注》，《易》主程《傳》、朱子《本義》，《書》主蔡《傳》，
> 《詩》主朱子《集傳》，《春秋》主胡安國《傳》，《禮記》主陳澔《集
> 說》。其後《春秋》不用《胡傳》，以《左傳》本事為文，參用公羊、
> 穀梁。〔註98〕

清初科舉程序又回到了元初的之舊，《春秋》只以《胡傳》為主了，直至乾隆五十八年（1793），清廷廢除《胡傳》，在將近150年的時間裏，《胡傳》皆是處於獨尊之位的。從各省的鄉試、會試情況看，《春秋》答題皆是以《胡傳》為定準的。

乾隆三十一年（1786），全國會試《五經》中《春秋》題「九月，晉侯會宋公、衛侯、鄭伯、曹伯會於扈。宣公九年」，浙江的王世勳作答云：

> 霸主修禮以待二，難為不至者，解矣。此會於扈以謀不服也。
> 諸侯皆至矣。有相率而如會者乎，則均可解免焉。君子謂晉於是乎
> 有禮……君子謂，晉成是會，可謂有禮，陳侯不至，其果於從楚，
> 審矣。林父之師，所以聲罪而致討哉。〔註99〕

王世勳以為，此會於扈，以謀不服，晉成此會，乃有禮之舉，而陳侯不至，故林父之師「聲罪致討」。《胡傳》此處的言「會於扈，以待陳，而陳侯不會，然後林父以諸侯之師伐之也，則幾於自反而有禮矣」，〔註100〕《左傳》言「會於扈，討不睦也」，〔註101〕《公羊傳》《穀梁傳》皆未作出解釋，可見，王世勳

〔註98〕〔清〕趙爾巽等：清史稿，北京：中華書局，1977，3148。
〔註99〕臺灣圖書館藏，乾隆三十一年會試錄，38～40。
〔註100〕〔宋〕胡安國：春秋胡氏傳，四部叢刊續編經部，上海：上海書店，1984，4。
〔註101〕〔戰國〕左丘明撰、〔晉〕杜預注：春秋經傳集解（卷10），北京：中華書局，2014，166。

的所依乃《胡傳》，而不用《左傳》《公羊傳》《穀梁傳》。

乾隆五十七年（1792），浙江鄉試《春秋》題，餘姚縣學生張志緒於「秋，宋人、齊人、邾人伐郳。莊公十有五年」作答云：

> 書齊於宋之後，霸未成也。此見齊大國也，而伐郳則以宋先之，齊霸猶未成也哉。今夫伐人者，必有主兵之人而大國居多焉，乃若不以玉帛相見而以興戎，而轉疑以小加大者，非小之能加乎大也。勢將見其盛而猶有待也，伐郳之舉非齊桓欲霸之秋哉……乃於伐郳，不獨序於宋下者，曷故？今夫伯者之，先諸侯專征也，非霸者而先諸侯，主兵也。斯時，齊又為成乎伯，故以宋先之。〔註102〕

再看《胡傳》對「秋，宋人、齊人、邾人伐郳。莊公十有五年」的注解：

> 伯者之先，諸侯專征也。非伯者而先，諸侯主兵也。此齊桓之師何以序宋下，猶未成乎伯也。二十七年同盟於幽，天下與之，然後成乎伯矣。〔註103〕

張志緒在答卷中認為，經將齊國書於宋國之後，是齊國「霸未成也」，伐郳之舉並不是齊桓公欲霸的時間，「今夫伯者之，先諸侯專征也，非霸者而先諸侯，主兵也」，此次宋國先於諸侯，是因其主兵。胡安國以為，按照慣例，「伯者之先，諸侯專征也」，而「非伯者而先，諸侯主兵也。此齊桓之師何以序宋下，猶未成乎伯也」，到莊公二十七年幽之會，天下與之，齊國乃霸。《左傳》杜預以為，宋主兵，故序於齊上，〔註104〕《公羊傳》未作解釋，《穀梁傳》范寧亦以為，宋主兵，故序齊上，〔註105〕《左傳》《公羊傳》《穀梁傳》三傳並未提及齊侯未伯之由。可見，張志緒的答題則完全遵照胡安國的注解進行的，不用三傳的解釋。

開化縣教諭胡源凱選「壬申，公朝於王所。僖公二十有八年」作答云：

> 內君復有王所之朝，可以微夫不臣者矣。夫前此王所之朝，以非地示意矣。至壬申而晉率諸侯以見公，復朝焉，不可微夫不臣者

〔註102〕臺灣「中研院」史語所傳斯年圖書館藏，浙江鄉試錄，「中央研究院」歷史語言研究所藏明清史料，28～29。

〔註103〕〔宋〕胡安國：春秋胡氏傳，四部叢刊續編經部，上海：上海書店，1984，6。

〔註104〕〔戰國〕左丘明撰、〔晉〕杜預注：春秋經傳集解（卷3），北京：中華書局，2014，79。

〔註105〕〔戰國〕穀梁赤撰、〔晉〕范甯注：春秋穀梁傳（卷5），北京：中華書局，2014，37。

耶……此志王所之朝，以非其地非其時，不可訓也。然咫尺天威之
凜，不容以非地而少忘對揚，我後之忱終難以非時而稍減也。〔註106〕

《胡傳》在此之前已經對「（五月）陳侯如會。公朝於王所。僖公二十有八年」
作了注解：

> 朝不言所，非其所也。朝於廟，禮也。於外，非禮也……《春
> 秋》之義，不行故也。然則天子在，是其可以不朝乎？天子在是而
> 諸侯就朝禮之變也。《春秋》不以諸侯就朝為非，而以王所非其所為
> 貶，正其本義也。〔註107〕

胡源凱的解釋是，魯公所朝非其地非其時，「不可徵」，「不臣者」，然而天子近
在咫尺，不能因此而不朝見，故「我後之忱終難以非時而稍減」。胡安國以為，
按照常制，朝於廟為禮，朝於外非禮，但天子在，魯公不可以不朝，此為「天
子在是而諸侯就朝禮之變也」。《左傳》杜預亦是在此前「（五月）陳侯如會。
公朝於王所。僖公二十有八年」作了注「王在實土，非京師，故曰王所」，〔註
108〕《公羊傳》何休注「危錄內，再失禮，將為有義者所惡」，〔註109〕旨在批
魯公失禮，《穀梁傳》曰「朝於廟，禮也。朝於外，非禮也」，〔註110〕亦批魯
公非禮，三傳皆與胡安國注解有異。可見，胡源凱的答題實乃遵照胡安國的注
解，並未用三傳的解釋。

　　胡安國《春秋傳》被廢最初起源於紀昀的一道摺子。乾隆五十七年
（1792），身為禮部尚書的紀昀上奏云：

> 向來考試《春秋》，用胡安國傳，《胡傳》中有經無傳者多，出
> 題處甚少。且安國當南宋時，不附和議，借經立說，原以本義無當。
> 聖祖仁皇帝《欽定春秋傳說彙纂》駁《胡傳》者甚多。皇上御製文，
> 亦多駁其說。科場試題不應仍復遵用，請嗣後《春秋》題，俱以《左

〔註106〕臺灣「中研院」史語所傅斯年圖書館藏，浙江鄉試錄，「中央研究院」歷史語
　　　　言研究所藏明清史料，29～30。
〔註107〕〔宋〕胡安國：春秋胡氏傳，四部叢刊續編經部，上海：上海書店，1984，
　　　　3。
〔註108〕〔戰國〕左丘明撰、〔晉〕杜預注：春秋經傳集解（卷7），北京：中華書局，
　　　　2014，124。
〔註109〕〔戰國〕公羊高撰、〔漢〕何休注：春秋公羊傳（卷12），北京：中華書局，
　　　　2014，83。
〔註110〕〔戰國〕穀梁赤撰、〔晉〕范甯注：春秋穀梁傳（卷9），北京：中華書局，
　　　　2014，69。

傳》本事為文，參用《公羊》《穀梁》。即自下科鄉試為始，一體遵

行。〔註111〕

此度上奏十分成功，清高宗於次年便下詔廢除了《胡傳》。從摺子的內容來看，紀昀給出了兩條理由，第一是，胡安國為反對和議而作《春秋傳》，只不過是借經立說而已，與經文本義相去甚遠，第二是，康熙帝在《欽定春秋傳說彙纂》以及乾隆帝的御製文對《胡傳》多有駁斥。可以說，紀昀這兩條理由是頗有依據的。胡安國迫於南宋偏安一隅的形勢而《春秋》，激發民族情緒，反對議和，這是實情。胡氏是一個主戰派，不滿於某些守土之臣的消極退縮，不滿於朝廷對金人的奉幣求和，力主收復失地，迎取徽、欽二帝，這在其《春秋》中多有體現。〔註112〕正是基礎此一時政背景，胡安國加入個人的感受來理解《春秋》，自然於古之《春秋》有所偏離。那麼，康熙、乾隆二帝對《胡傳》又有哪些具體的批駁呢？

康熙帝晚期的《欽定春秋傳說彙纂》由王掞、張廷玉等奉敕撰寫，康熙三十八年（1699）成書，六十年（1721）刊行，彙集《左傳》《公羊傳》《穀梁傳》《春秋胡氏傳》四傳以及歷代《春秋》集注，最後加上官方案語，後亦附錄《左傳》之事，內容龐雜。《欽定春秋傳說彙纂》始有激切批駁《胡傳》之聲，他在序中即公開批駁《胡傳》，他說：

迨宋胡安國進《春秋》解義，明代立於學官，用以貢舉取士，

於是四傳並行，宗其說者，率多穿鑿附會，去經義愈遠。〔註113〕

《胡傳》是在元代列為學官的，康熙帝以為，宗其說者「率多穿鑿附會」「去經義愈遠」，儘管如此，《彙傳》還是將《左傳》《公羊傳》《穀梁傳》與《胡傳》一併列入。《彙纂》對《胡傳》的批駁相當之多，語氣直切。譬如《春秋·隱公八年》：「辛亥，宿男卒。」《彙纂》案：「宿男不名，諸儒皆以為史失之，是也，《胡傳》謂赴不以名而經書其名是聖人筆之，恐無可據。」〔註114〕宿男不書名，《彙纂》以為是「史失之」，《胡傳》理解成「聖人筆之」，「恐無可據」。《春秋·桓公十五年》：「五月，鄭伯突出奔蔡。」《彙纂》案：「《胡傳》本陸

〔註111〕〔清〕清實錄，北京：中華書局，1985，28006。

〔註112〕參見趙伯雄：春秋學史，濟南：山東教育出版社，2004，377。

〔註113〕〔清〕王掞、張廷玉等：欽定春秋傳說彙纂，景印文淵閣四庫全書（173 冊），
　　　　臺北：臺灣商務印書館，1983，1。

〔註114〕〔清〕王掞、張廷玉等：欽定春秋傳說彙纂，景印文淵閣四庫全書（173 冊），
　　　　臺北：臺灣商務印書館，1983，138。

淳謂所以警乎人君，豈逐君者，其罪尚可貸乎？於義頗有未安。」〔註115〕《胡傳》吸收唐人陸淳的說法，以為此條是在警示人君，《彙纂》予以反駁。《春秋·莊公十四年》：「春，齊人、陳人、曹人伐宋。」《彙纂》案：「《胡傳》以稱人為將卑師少，揆之經文所書亦不盡合。」〔註116〕《胡傳》以為經書人是將卑師少，而《彙纂》則根據經文所書，「亦不盡合」。《春秋·僖公十九年》：「王三月，宋人執滕子嬰齊。」《彙纂》案：

> 《胡傳》謂齊桓之盛，九合諸侯而滕侯不與，及宋襄繼起又不尊事大國，其見執則有由矣，書名著其罪也。此說非也。齊桓創霸，自北杏以後，衣裳、兵車、會盟之事屢矣，大國如秦、晉，小國如薛、莒、杞、鄫、蕭、宿、小邾之屬皆未嘗與，何得以不會獨責一滕耶？〔註117〕

《胡傳》以為滕子見執是不尊事大國的原因，書其名以著其罪，《彙纂》非之，並舉大國秦、晉，小國薛、莒、杞、鄫、蕭等小國皆不曾參與，不會獨責於滕。《春秋·宣公十四年》：「秋九月，楚子圍宋。」《彙纂》案：「《胡傳》於衛人救陳以為著宋之罪，而伐宋、圍宋皆以為宋所自取，而責宋為深，似非經旨。」〔註118〕《胡傳》以為罪在宋人，故伐宋、圍宋皆為宋自取，《彙纂》加以反駁。《春秋·昭公元年》：「冬十有一月己酉，楚子麇卒。」《彙纂》案：

> 圍執慶封，聲其弒君之罪於軍中，則弒麇之跡當日必甚秘而以偽赴，故魯史亦承赴而書之，《春秋》因而不革也。與髡頑之書卒同義。《胡傳》謂圍以篡弒而主會盟，故聖人憫列國之衰微，懼人慾之橫流而略其篡弒焉，失經旨矣。〔註119〕

楚公子圍弒麇，《彙纂》以為魯史承赴而書，春秋因而不革，與髡頑之書卒同義（事見《春秋·襄公七年》），反駁《胡傳》公子圍以篡弒麇而主會盟，「聖

〔註115〕〔清〕王掞、張廷玉等：欽定春秋傳說彙纂，景印文淵閣四庫全書（173 冊），臺北：臺灣商務印書館，1983，212。

〔註116〕〔清〕王掞、張廷玉等：欽定春秋傳說彙纂，景印文淵閣四庫全書（173 冊），臺北：臺灣商務印書館，1983，272。

〔註117〕〔清〕王掞、張廷玉等：欽定春秋傳說彙纂，景印文淵閣四庫全書（173 冊），臺北：臺灣商務印書館，1983，407。

〔註118〕〔清〕王掞、張廷玉等：欽定春秋傳說彙纂，景印文淵閣四庫全書（173 冊），臺北：臺灣商務印書館，1983，601。

〔註119〕〔清〕王掞、張廷玉等：欽定春秋傳說彙纂，景印文淵閣四庫全書（173 冊），臺北：臺灣商務印書館，1983，808。

人憫列國之衰微，懼人慾之橫流而略其篡弒」的論斷，故「失經旨矣」。

　　《直解》對《胡傳》做了模糊化處理，在《春秋》經文的解釋上，基本持不徵引、不採用的態度，此實際上將《胡傳》暗地拋擲一旁，避而不談、棄而不用。乾隆帝在其序文直言：

> 左氏身非私淑，號為素臣，猶或詳於事而失之誣。至《公羊》《穀梁》去聖逾遠，乃有墨守而起廢疾，下此齦齦聚訟，人自為師，經生家大抵以胡氏安國、張氏洽最為著。及張氏廢，而胡氏直與三傳並行，其間傅會臆斷，往往不免，承學之士，宜何考衷也哉？〔註120〕

《直解》將《胡傳》與三傳之發展加以呈現，指出各自問題，接著批駁《胡傳》「傅會臆斷」。而在對《春秋》經文的注解方面，《直解》巧妙地棄置《胡傳》，其具體表現在：第一，《彙纂》雖批駁《胡傳》，仍將《胡傳》與諸家注並列，而《直解》絕少列出、徵引《胡傳》的內容，直接將之隱去；第二，在經文的解釋上，《直解》大都是繞開《胡傳》，以他解注經。譬如《春秋·桓公三年》：「夏，齊侯、衛侯胥命於蒲。」《彙纂》云：

> 《胡傳》：公羊曰，胥命者，相命也，相命近正也。古者不盟，結言而退，人愛其情，私相疑貳，以成傾危之俗，其所由來漸矣……案：公、穀皆以胥命為善，程子因之，而《胡傳》亦主其說，蓋比之屢盟，長亂者為近古也。張氏洽從劉氏敞之說，謂彼此相命以成其私而極言其僭竊之所至，朱子以為有理，故並存之。〔註121〕

《直解》云：

> 胥命者，相命也。同列勢均，不以齊侯命衛侯，故曰胥命也。不盟結言，猶近古焉。荀卿曰，《春秋》善胥命。然謂之愈於盟則可，謂之正則不可，其所命非王命也。且其事又有善否焉，今亦未知其事之果善也。〔註122〕

公羊、穀梁、胡安國以為齊侯、晉侯胥命為善，張洽、劉敞則以為不善，《彙纂》皆並存其說。而《直解》言齊侯與衛侯胥命「非王命」也，「未知其事之

〔註120〕〔清〕傅恒等：御纂春秋直解，景印文淵閣四庫全書（174 冊），臺北：臺灣商務印書館，1983，3。

〔註121〕〔清〕王掞、張廷玉等：欽定春秋傳說彙纂，景印文淵閣四庫全書（173 冊），臺北：臺灣商務印書館，1983，165。

〔註122〕〔清〕傅恒等：御纂春秋直解，景印文淵閣四庫全書（174 冊），臺北：臺灣商務印書館，1983，23。

果善」，語帶批評，顯然不用胡安國的說法。《春秋·莊公十一年》：「冬，王姬歸於齊。」《彙纂》列入《胡傳》說法：

> 《胡傳》：《春秋》之義，尊君抑臣，其書王姬下嫁，曷為與列國之女同辭而不異乎？曰陽倡而陰和。夫先而婦從，天理也，述天理訓後世，則雖以王姬之貴，其當執婦道，與公侯、大夫、士庶之女何以異哉？〔註123〕

《直解》云：

> 魯為宗主國，王姬則常事不書。而兩書於莊，何哉？前歸齊襄，志其忘親媚仇，明父子之道也。今則仇已死矣，王命不可逆也，齊桓非所仇也，故止以王姬之貴明夫婦之禮也。〔註124〕

按照《春秋》之義，尊王抑臣，而此處經書王姬下嫁與書列國之女不異，《胡傳》以先夫後婦的天理加以解釋，王姬與公侯、大夫、士庶之女皆當服從天理。而《直解》卻不同，《直解》以為「王命不可逆」且「齊桓非所仇也」，以王姬之貴來道明夫婦之禮，摒棄了《彙纂》所錄入的《胡傳》的解釋。

5.2.2 天王一體與以天制王的衝突

《春秋》中的「尊王攘夷」是一個整體的概念，無論是「尊王」，還是「攘夷」，都強調天子權威的唯一性。在中國之內，就天子與諸侯的關係上，天子具有最高的權威性，譬如《左傳·隱公九年》「宋公不王。鄭伯為王左卿士，以王命討之」，《左傳·僖公二十五年》「求諸侯，莫如勤王。諸侯信之，且大義也」，同時，在中國之外，亦要嚴守夷夏之防，《左傳·閔公元年》「戎狄豺狼，不可厭也。諸夏親暱，不可棄也」，《左傳·成公四年》「非我族類，其心必異。楚字我乎」。尊王為最高之準則，即便是常視為夷狄的楚國亦要服從這個準則，如《左傳·隱公四年》齊桓公伐楚即說「爾貢包茅不入，王祭不共，無以縮酒，寡人是征，昭王南征而不復，寡人是問」，《公羊傳·僖公四年》「楚有王者則後服，無王者則先叛。夷狄也，而亟病中國，南夷與北狄交。中國不絕若線，桓公救中國，而攘夷狄，卒怗荊，以此為王者之事也」。由此我們可以看出，「尊王」不僅要求中國諸侯服從周天子，亦要求四夷服從，「尊王」

〔註123〕〔清〕王掞、張廷玉等：欽定春秋傳說彙纂，景印文淵閣四庫全書（173 冊），臺北：臺灣商務印書館，1983，264～265。

〔註124〕〔清〕傅恒等：御纂春秋直解，景印文淵閣四庫全書（174 冊），臺北：臺灣商務印書館，1983，48～49。

統攝「攘夷」,「攘夷」乃屬「尊王」範疇,「尊王」側重於上下關係,「攘夷」側重於內外關係,因此「尊王攘夷」是一個整體。

乾隆帝一直強調皇權的至高無上性,他表示「君者為人倫之極,五倫無不繫於君」,〔註125〕「臣奉君,子遵父,妻從夫,不可倒置也」,〔註126〕「朕為天下主,一切慶賞刑威,皆自朕出,即臣工有所建白,采而用之,仍在於朕」,〔註127〕「國之統繫於君,《春秋》之義,君在則大統歸之」,〔註128〕這皆是人倫關係上,尤其是君臣大義上而言的,在此點上,國君擁有絕對的、壓倒性的權威,任何人倫關係、任何人皆要服從,國之大統在於君。是故乾隆帝對《春秋》的理解非常在意其中的「尊王」大義,強調《春秋》核心主旨是「尊王」,「攘夷」並非其要義。〔註129〕譬如桓公五年「夏,齊侯、鄭伯如紀」一條,《直解》云:

> 按左氏,齊、鄭朝紀,欲以襲之,是知齊、鄭之朝紀,偽也。紀人知之,其計不行,然後以朝,反《春秋》書之,使若誠朝然,疾之也。傳曰,朝而經書如,傳以紀事,經以明義也。往其地曰如,行朝禮曰朝,惟朝王為宜,故朝王雖非其地,亦曰朝,公朝於王所是也。成十三年,公從諸侯伐秦過周而朝,止曰如,蓋病其行禮之不專而不與其朝也。朝齊、晉與楚亦曰如,惡其以王禮事人,而不與其朝也。他國來魯,書朝魯者,彼失禮而此受之,故貶彼以見義。外相朝亦曰如,蓋沒其實以見義,皆所以尊王也。〔註130〕

《直解》對經書「朝」與書「如」加以辨析,以為「往其地曰如,行朝禮曰朝」,但是如果是朝王亦曰朝,成公十三年,魯君從諸侯公從諸侯伐秦過周而朝,只書如,是貶其行禮不專,故只書如也,朝齊、晉與楚亦書如,乃「惡其以王禮事人,而不與其朝也」,他國來魯書朝,亦表示貶斥之意,外相朝也書

〔註125〕〔清〕清高宗:御製文集二集,景印文淵閣四庫全書(第1301冊),臺北:臺灣商務印書館,1983,3。
〔註126〕〔清〕清實錄,北京:中華書局,1985,9。
〔註127〕〔清〕蔣良騏等:十二朝東華錄,臺北:文海出版社,1963,33。
〔註128〕〔清〕清高宗:御批通鑑輯覽,景印文淵閣四庫全書(第335冊),臺北:臺灣商務印書館,1983,53。
〔註129〕參見楊念群:「天命」如何轉移:清朝「大一統」觀再詮釋,清華大學學報,2020(6),37。
〔註130〕〔清〕傅恒等:御纂春秋直解,景印文淵閣四庫全書(174冊),臺北:臺灣商務印書館,1983,25。

如，之所以如此，完全是表示尊王之意。又如僖公二十年「夏，狄伐鄭」一條，《直解》云：

> 據左氏，鄭伐滑，王使如鄭請滑，鄭不聽而執王使，王怒，出狄師伐鄭，鄭雖當討，用狄則非，不書王命者，諱王之啟寇滅親也。不使狄之假命以猾夏，尊王而諱之，惡狄而正之，愛中國而存之，意深哉！〔註131〕

《直接》引用《左傳》的所記之事，狄師乃王所出，「鄭雖當討，用狄則非，不書王命者，諱王之啟寇滅親也」，經不書使狄假王命以滑夏，乃「尊王而諱之」，意在尊王也。《直解》在討論《春秋》時，表達尊王之意的內容非常之多。

在尊天與尊王的關係上，乾隆帝亦有一番新的理解。他一方面承認天的存在，人君要奉天而行，莊公元年中「王使榮叔來錫桓公命」一條，《直解》即說「《春秋》繫王於天，明王道也。王以奉天為道，故命曰天命，討曰天討」，〔註132〕在御批中說「人君代天理民，未有不敬天而克享天位者」，〔註133〕「人主之道，惟在敬天勤民，兢兢業業，以綿億萬載之丕基」，〔註134〕另一方面他又將天與王緊密聯繫在一起，《直解》在解釋隱公元年中「秋，七月，天王使宰咺來歸惠公、仲子之賵」一條時云：

> 繫王於天，明王者當欽若天道，欲循名以盡其實，又以見尊王，即所以尊天不尊王，則獲罪於天也。〔註135〕

乾隆帝將尊王與尊天兩者緊緊綁在一起，合二為一，二者本身並無高低之分，尊王即是尊天。也就說，在乾隆帝的設想中，人君是與天是完全相匹配的，處於一條水平線上，天王實為一體，這一點與胡安國有著根本性的衝突。

胡安國的《春秋傳》特別彰顯「天」的地位，並將宋代理學中的「天理」

〔註131〕〔清〕傅恒等：御纂春秋直解，景印文淵閣四庫全書（174冊），臺北：臺灣商務印書館，1983，93。

〔註132〕〔清〕傅恒等：御纂春秋直解，景印文淵閣四庫全書（174冊），臺北：臺灣商務印書館，1983，40。

〔註133〕〔清〕清高宗：御批通鑑輯覽，景印文淵閣四庫全書（第335冊），臺北：臺灣商務印書館，1983，565。

〔註134〕中國第一歷史檔案館編：纂修四庫全書檔案，上海：上海古籍出版社，1997，1676。

〔註135〕〔清〕傅恒等：御纂春秋直解，景印文淵閣四庫全書（174冊），臺北：臺灣商務印書館，1983，8。

觀念移入到《春秋》的解釋之內，使之成為一種統攝一切的力量。與乾隆帝一樣，胡安國亦十分突出《春秋》「尊王」成分，指出《春秋》「其大要皆天子之事」「尊君父、討亂賊、辟邪說、正人心，用夏變夷」。〔註136〕不過，胡氏所表達之「尊王」乃是建立在天理基礎之上的，所尊之王並非王權，而是天理、王道，〔註137〕天理、王道凌駕於王之上。在隱公元年中「秋，七月，天王使宰咺來歸惠公、仲子之賵」一條，胡安國說：

> 《春秋》以天自處，創制立名，繫王於天，為萬世法，其義備矣。冢宰稱宰，咺者，名也……天王，紀法之宗也，六卿，紀法之守也。〔註138〕

胡氏強調以天正王，天王不過是紀法之宗而已。文公五年中「王使榮叔歸含，且賵」一條，胡安國說：

> 《春秋》繫王於天，以定其名號者，所履則天位也，所治則天職也，所勑而惇之者，則天之所敘也，所自而庸之者，則天之所秩也，所賞、所刑者，則天之所命，而天之所討也。夫婦人倫之本，王法所由謹者。〔註139〕

胡氏以為王之名號乃天所定，所行之位乃天位，能治理天下乃天職，所慰勞獎賞乃按照天之條理，所用乃依照天之秩序，所賞、所刑亦是天之所命，而天之所討。在胡安國看來，天王所有這一切名號、舉止皆是依天而定的，王是在天之下的，要受到天的制約。莊公元年中「王使榮叔來錫桓公命」一條，胡安國同樣持以天制王的看法，以為桓公殺君篡國，王不能加以誅之，反而追命，批評「王無天」之惡：

> 《春秋》書王必稱天，所履者，天位也，所行者，天道也，所賞者，天命也，所刑者，天討也。今桓公殺君篡國而王不能誅，反追命之，天無甚矣，桓無王，王無天，其失非小惡也。〔註140〕

在桓公「三年春，正月」一條，胡安國以為不書王，乃是桓公無王，罪在天王也，批評「天王失政」：

> 故自是而後，不書王者，見桓公無王，與天王之失政而不王也。

〔註136〕〔宋〕胡安國：春秋傳序，春秋胡氏傳，杭州：浙江古籍出版社，2010，1～2。
〔註137〕參見戴宏圖：胡安國《春秋傳》的天理觀，湘潭大學碩士論文，2010，14。
〔註138〕〔宋〕胡安國：春秋胡氏傳，杭州：浙江古籍出版社，2010，4。
〔註139〕〔宋〕胡安國：春秋胡氏傳，杭州：浙江古籍出版社，2010，219。
〔註140〕〔宋〕胡安國：春秋胡氏傳，杭州：浙江古籍出版社，2010，85。

> 桓公無王，而復歸罪于天子可乎？齊景公問政，子曰，君君臣臣，
> 父父子子，君不君則臣不臣，父不父則子不子。〔註141〕

在胡安國看來，天乃最高之準則，王處於此準則之下，天與王有著高低之別，王要受制於天。

儘管「夷狄」問題的對清廷造成了政治觸礙，在進行刪改的同時，乾隆帝亦進行了回應。他表示：

> 大一統而斥偏安，內中華而外夷狄，此天地之常，今古之通義。
> 是故夷狄而中華則中華之，中華而夷狄而夷狄之，此亦《春秋》之
> 法，司馬光、朱子所為亟亟也。〔註142〕

以「大一統」之姿，表明「夷狄而中華則中華之，中華而夷狄而夷狄之」，強調華夷之間並沒有嚴格界限，而是可以相互轉變的，這分明是為滿人政權申辯，哪怕是來自關外，依舊是可以成為中華的。曾入值乾隆南書房的莊存與，在其《春秋正辭》中亦有相同的看法，他在諸夏與夷狄之間持開放的態度，夷狄可以進至於諸夏，諸夏亦可以淪落為夷狄，〔註143〕他說：

> 列為諸侯以承天子，故於僖之篇始人之也。君子以桓之與楚不
> 踰節矣。自時厥後，雖犯中國，不敢叛天子，於是乎楚恒稱人。然
> 不言楚子也，《春秋》於病中國甚者，辨其等也嚴，而王制正無缺
> 矣。〔註144〕

楚在《春秋》中一直被視為夷狄，直至僖公時才稱人，莊存與認為「自時厥後，雖犯中國，不敢叛天子」，故恒稱人，是其尊王也，而對於本屬華夏的晉國，莊存與卻說「陰敗王師，生居父爵，晉之為狄久矣」，〔註145〕晉於王不敬，故貶而狄之，因此，莊存與與乾隆帝一樣，亦認為華夷之間的溝壑並不是一成不變的，可以相互轉化。

乾隆五十七年（1792），禮部尚書紀昀上奏了一道摺子，要求科考中廢除《胡傳》，清高宗於次年即下詔廢除了《胡傳》。摺子中，紀昀給出了兩條理由，第一是，胡安國為反對和議而作《春秋傳》，只不過是借經立說而已，與經文

〔註141〕〔宋〕胡安國：春秋胡氏傳，杭州：浙江古籍出版社，2010，49。
〔註142〕故宮博物院編：清高宗御製文（第2冊），海口：海口出版社，2000，48。
〔註143〕參見辛智慧：莊存與公羊學視域中的夷夏觀論析，天津社會科學，2019（5），157。
〔註144〕〔清〕莊存與撰、辛智慧箋：春秋正辭箋，北京：中華書局，2020，478。
〔註145〕〔清〕莊存與撰、辛智慧箋：春秋正辭箋，北京：中華書局，2020，473。

本義相去甚遠，第二是，康熙在《欽定春秋傳說彙纂》以及乾隆帝的御製文對《胡傳》多有駁斥。可以說，紀昀這兩條理由是頗有依據的。胡安國迫於南宋偏安一隅的形勢而《春秋》，激發民族情緒，反對議和。正是基礎此一時政背景，胡安國加入個人的感受來理解《春秋》，自然於古之《春秋》有所偏離。康熙晚期的《彙纂》對《胡傳》有激切批駁《胡傳》之聲，「率多穿鑿附會」「去經義愈遠」，乾隆的《直解》亦批駁《胡傳》「傅會臆斷」。

《春秋》中的「尊王攘夷」是一個整體，「尊王」不僅要求中國諸侯服從周天子，亦要求四夷服從，「尊王」統攝「攘夷」，「攘夷」乃屬「尊王」範疇，「尊王」側重於上下關係，「攘夷」側重於內外關係。乾隆帝非常在意《春秋》中的「尊王」大義，忽視其中的「攘夷」，強調皇權的至高無上性，尤其是在君臣大義上，國君擁有絕對的、壓倒性的權威。在尊天與尊王的關係上，乾隆亦有一番新的理解。他一方面承認天的存在，人君要奉天而行，另一方面他又將天與王緊密聯繫在一起，人君是與天是完全相匹配的，天王實為一體，這一點與胡安國存在著根本性的衝突。胡安國的《春秋傳》特別彰顯「天」的地位，並將宋代理學中的「天理」觀念移入到《春秋》的解釋之內。與乾隆帝一樣，胡安國亦十分突出《春秋》「尊王」成分，不過，胡氏所表達之「尊王」乃是建立在天理基礎之上的，所尊之王並非王權，而是天理，是故天乃最高之準則，王處於此準則之下，天與王有著高低之別，王要受制於天。

胡安國的《春秋傳》中刻意宣揚「攘夷」大義，強調夷夏大防。滿清作為關外異族入主中原，對《春秋》中的攘夷之義是頗為敏感的，胡安國所強調的這一點極易形成政治觸礙。乾隆帝本人對胡安國的「攘夷」之論深為不滿，攻駁之處頗多，在乾隆帝看來，《春秋》中的君臣之義遠高於夷夏之防。另外，乾隆帝主導纂修《四庫全書》時，對《春秋》中討論「夷狄」問題的內容進行了重點處理，以宋儒胡安國的《春秋傳》為最甚，《四庫全書》在收錄《胡傳》時，對其中涉及「夷」「狄」相關的文字皆作了改換、刪削。無論是天王一體與以天制王的衝突，還是《胡傳》中「攘夷」大義於清廷的觸礙，其根本性的問題是，《胡傳》已經嚴重觸犯了乾隆帝皇權至上的政治正確，這一政治正確是廢除《胡傳》的內在因由。

《胡傳》雖然於乾隆時期科考中被廢除，但到了晚清卻重新被人挖掘出來，成為反滿、反清的思想資源。晚清國粹派的黃節就十分贊許胡安國，他曾

說「自宋以來，孫明復以尊王發《春秋》，胡安國以復仇傳《春秋》，皆處乎其時而有隱痛者為之，華夷之辨賴以復著」，〔註146〕「《春秋》進吳楚，未嘗進夷狄，欵自安國發之。執董子之論以說《春秋》，鮮有能通其義者」，〔註147〕他還說「安國以為宋雖南渡……當是時以《春秋》排眾議而正天下之失者，惟安國一人而已」〔註148〕，黃節專門在《國粹學報》中撰《黃史・胡安國傳》，宣揚胡安國，可見胡安國的影響力。

5.3 公羊學者莊存與、孔廣森對胡安國《春秋傳》的承襲與改造

莊存與、孔廣森一向被視為清代公羊學的代表性人物，然他們亦深受胡安國的影響。莊存與、孔廣森接受了胡安國的天理之說，並以之統攝君臣之倫。在「尊王攘夷」上，他們並不止於胡安國之論，進行了權衡與改進，在強調以天正王的同時，更加凸顯「尊王」的一面，強化天子權威，在繼承「攘夷」論述的基礎上，更加強調進夷，夷夏之間的互變性，此乃完全呼應了乾隆時期的「大一統」敘事。

5.3.1 以天理統攝君臣之倫

莊存與（1719～1788），字方耕，號養恬，被公認為清代公羊學的開山人物，然而他亦深受宋儒的影響。莊氏的《春秋》學並不是純粹的漢學，而是有所發展，融合了宋儒某些義理、某些範疇，將宋儒的「天理」概念引入了公羊學說。〔註149〕在討論「四年春、夏，七年春、夏（桓公）」時，莊氏引宋儒程頤的理解云「人理滅矣，天運乖矣，陰陽失序，歲功不成矣，故不具四時」，〔註150〕將人理、天欲放在一起，實則亦是表達天理之義，陰陽、歲功等自然秩序實際由天理所定。他在討論「元年春，王正月（隱公）」時云：

> 嘗得而推言《春秋》之志，天倫重矣、父命尊矣。讓國誠，則
> 循天理、承父命；不誠矣，雖行即位之事，若無事焉。是以不書即

〔註146〕〔清〕黃節：春秋攘夷大義發微，國粹學報，揚州：廣陵書社，2006，2172。
〔註147〕〔清〕黃節：黃史，國粹學報，揚州：廣陵書社，2006，4758。
〔註148〕〔清〕黃節：黃史，國粹學報，揚州：廣陵書社，2006，4757。
〔註149〕參見趙伯雄：春秋學史，濟南：山東教育出版社，2004，514～515。
〔註150〕〔清〕莊存與撰、辛智慧箋：春秋正辭箋，北京：中華書局，2020，28。

位也。君位，國之本也，南面者無君國之心，北面者有二心之志，位又焉在矣。十年無正，隱不自正，國以無正也。元年有正，正隱之宜為正而不自為正，不可一日而不之正也。〔註151〕

莊存與指出《春秋》之志，在於重天倫、尊父命，將循天理與承父命聯繫起來，進而隱公不書即位辯護，可見，尊君父乃是天理也。莊存與的《春秋正辭》中亦常直接或見解引用宋儒胡安國的觀點，如「十年春，王正月（桓公）」，莊氏云：

其曰王，何也？盈數也。十年必棄，書王，紀常也。〔註152〕

再看胡安國《春秋傳》：

桓無王，今復書王，何也？十者，盈數也。天道十年則亦周矣，人事十年，則亦變矣，故《易》稱首貞者十年而必反，《傳》論遠惡者十年必棄。桓公至是，其數已盈，宜見誅於天人矣。十年書王，紀常理也。〔註153〕

可見，莊存與暗襲了胡安國的看法，十年書王，是明桓公罪惡之重大，此乃以王正諸侯之罪，是在尊王。《春秋正辭》又云：

齊桓明天子之禁曰：無以妾為妻。人道所以異於禽獸，此其幾希。胡康侯曰：以妾勝為夫人，徒欲尊寵其所愛而不虞卑其身，以妾母為夫人，徒欲崇貴其所生而不虞賤其父。卑其身則失位，賤其父則無本。《春秋》之指正矣，妾母十一。〔註154〕

莊氏於此處討論妻妾之別，引用胡安國的說法，強調妻妾關係上人倫秩序，「卑其身則失位，賤其父則無本」，意在尊君父也。莊存與在《春秋正辭》中採用胡安國《春秋傳》中論述的非常之多。如《春秋》「天王使任叔之子來聘（桓公五年）」，莊氏云：

何乎言「任叔之子」？公羊子曰：譏父老子代從政也。賢者之路絕矣。胡安國傳云「任叔之子」云者，譏世官非公選也，帝王不以私愛害公選，故仕者世祿而不世官。任之不以其賢也，使之不以其能也，

〔註151〕〔清〕莊存與撰、辛智慧箋：春秋正辭箋，北京：中華書局，2020，168。
〔註152〕〔清〕莊存與撰、辛智慧箋：春秋正辭箋，北京：中華書局，2020，24。
〔註153〕〔宋〕胡安國撰、錢偉強點校：春秋胡氏傳，杭州：浙江古籍出版社，2010，64。
〔註154〕〔清〕莊存與撰、辛智慧箋：春秋正辭箋，北京：中華書局，2020，163。

　　卿大夫子弟，以父兄故而見使，則非公選，而政由是敗矣。〔註155〕

又如《春秋》「冬，楚人伐黃（僖公十又一年），夏，楚人滅黃（僖公十又二年）」，莊氏云：

　　　　滅不書伐，無以救書也。胡安國傳云：滅弦、滅溫皆不書伐，

　　滅黃而書伐者，罪桓公既與會盟而不能救也。〔註156〕

莊存與在解釋《春秋》時，完全吸納了宋儒的解釋系統，以天理觀統攝自然秩序與人倫秩序，將《春秋》中的尊王、尊君父之義納入到天理之下，也即是說，尊王、尊君父即是天理，即合天理。

　　宋儒胡安國終其一生，皆在研治《春秋》，後成書《春秋胡氏傳》自成一家，流傳至今。胡氏在《春秋胡氏傳》中極力提倡「尊王攘夷」，並糅合了宋代的理學風格，將宋儒時常言及的「天理」融入到《春秋》的解釋系統之中。〔註157〕他在《春秋胡氏傳・序》中即說：

　　　　古者列國各有史官，掌記時事。《春秋》，魯史爾，仲尼就加筆

　　削，乃史外傳心之要典也。而孟氏發明宗旨，目為天子之事者。周

　　道衰微，乾綱解紐亂，臣賊子接跡當世，人慾肆而天理滅矣。仲尼，

　　天理之所在，不以為己任而誰可？五典弗惇，己所當敘，五禮弗

　　庸，己所當秩，五服弗章，己所當命，五刑弗用，己所當討。故曰，

　　文王既沒，文不在茲乎？天之將喪斯文也，後死者不得與於斯文

　　也。天之未喪斯文也，匡人其如予何？聖人以天自處，斯文之興喪

　　在己，而由人乎哉……故曰，知我者，其惟春秋乎，罪我者，其惟

　　春秋乎。知孔子者，謂此書遏人慾於橫流，存天理於既滅，為後世

　　慮至深遠也，罪孔子者謂無其位而託二百四十二年南面之權，使亂

　　臣賊子禁其欲而不敢肆，則戚矣。是故《春秋》見諸行事，非空言

　　比也。〔註158〕

胡安國指周道衰微之勢，乃「人慾肆而天理滅」，而孔子卻是「天理之所在」，「聖人以天自處」，筆削《春秋》，將《春秋》視為「遏人慾於橫流，存天理於既滅」之書。

〔註155〕〔清〕莊存與撰、辛智慧箋：春秋正辭箋，北京：中華書局，2020，130。

〔註156〕〔清〕莊存與撰、辛智慧箋：春秋正辭箋，北京：中華書局，2020，479。

〔註157〕參見趙伯雄：春秋學史，濟南：山東教育出版社，2004，375。

〔註158〕〔宋〕胡安國著、錢偉強點校：春秋傳序，春秋胡氏傳，杭州：浙江古籍出版社，2010，1～2。

　　在君臣秩序上，胡安國彰顯尊王、尊君之義，亦以天理理解之。〔註159〕如《春秋》「（成公十三年）三月，公如京師。夏五月，公自京師，遂會晉侯、齊侯、宋公、衛侯、鄭伯、曹伯、邾人、滕人伐秦」，胡安國指出，經書「公如京師」，以顯示諸侯之怠慢，只是因會伐而如此，又書「公自京師」，乃孔子親筆，表明「朝王為重，存人臣之禮」，意在尊周天子也，並進一步批評諸侯，儘管書「公如京師」，卻未能行朝禮，《春秋》乃加以褒貶、裁斷，以示君臣之義，如此則君臣、父子之倫乃正，「天理必存，人慾必消」。〔註160〕胡氏對弒君、篡逆之舉批評的頗為嚴厲，「（隱公四年）宋公、陳侯蔡人、衛人伐鄭」，胡氏猛烈批評宋主兵伐鄭，指責宋殤公不恤衛國的弒君之難，卻反而支持弒君之賊州吁，乃是「肆人慾、滅天理」，意在誅殺亂臣、討賊子。〔註161〕由是觀之，胡安國以尊王、尊天子為上，欲樹立君臣、父子大倫，此乃天理之所在也。在夷夏秩序上，「攘夷」也是天理之所在，天理之所歸。「（僖公三十二年）夏四月辛巳，晉人及姜戎敗秦於殽」，胡安國列出晉、秦二國之君的種種失德的罪惡，嚴厲斥責其「為人臣者懷利以事其君，為人子者懷利以事其父」，無視君臣父子之倫，已然淪為了夷狄、禽獸，是故《春秋》人晉而狄秦，所以立人道、存天理」。〔註162〕又如「（宣公十八年）甲戌，楚子旅卒」，胡氏指出，楚僭稱王，故降而稱子，「四夷雖大，皆曰子，其降而稱子者，狄之也」，此乃謹夷夏之防也，彰顯攘夷之義，「述天理、正人倫，此名實所由定也」。〔註163〕胡氏將君臣之倫、夷下之防置於天理之下，在此點上，不僅莊存與，孔廣森亦完全吸納了宋儒胡安國的看法。

　　清儒孔廣森（1751～1786），字眾仲，號撝約、巽軒，作為莊存與的弟子，在《春秋》學上有很深的造詣，著有《春秋公羊經傳通義》一書，被視為清代公羊學的代表性人物。孔廣森的《春秋公羊經傳通義》不完全帶有漢代公羊學

〔註159〕參見戴宏圖：胡安國《春秋傳》的天理觀，湘潭大學碩士論文，2010，14～15。

〔註160〕〔宋〕胡安國著、錢偉強點校：春秋胡氏傳，杭州：浙江古籍出版社，2010，324～325。

〔註161〕〔宋〕胡安國著、錢偉強點校：春秋胡氏傳，杭州：浙江古籍出版社，2010，18。

〔註162〕〔宋〕胡安國著、錢偉強點校：春秋胡氏傳，杭州：浙江古籍出版社，2010，205～206。

〔註163〕〔宋〕胡安國著、錢偉強點校：春秋胡氏傳，杭州：浙江古籍出版社，2010，293。

的成分，亦汲取了許多宋人的看法，深受宋儒胡安國的影響，許多學者並未注意到這一點。〔註164〕孔廣森在《春秋公羊經傳通義》中討論《春秋》「（桓公三年）有年」時，對《公羊傳》「彼其大有年何？大豐年也。僅有年，亦足以當喜乎？恃有年也」作了案語：

> 有年在他公時以數見，不書，唯桓、宣之篇以罕書。胡康侯曰，桓、宣享國十有八年，獨此二年書有年，他年之歉可知也，而天理不差，信矣。〔註165〕

孔廣森引用胡安國的說法，指出桓公、宣公之世，只有兩年書「有年」，可知他年歉收，此乃「天理不差」之故。又如「（昭公元年）冬，十有一月，己酉，楚子卷卒」時云：

> 《左傳》曰，楚子圍將聘於鄭，未出竟，聞王有疾而還，入問王疾，縊而弒之，葬王於郟，謂之郟敖。《韓非子》亦稱，《春秋》記曰，王子圍因入問疾，以其冠纓絞王而殺之，遂自立也。然則，卷之卒並非實卒，《春秋》不言弒者，為內諱也，前此伯國惟齊懿公弒君自立，文公未之朝也，今楚，夷狄之國，公子圍，親弒君之賊，而昭公屈節往朝，內恥之大者，故略其實，所以扶中國，存天理，微乎旨矣。〔註166〕

孔廣森引用《左傳》《韓非子》的說法，指出楚子之卒非實卒，《春秋》經不書弒，乃是為內諱，並以楚為夷狄之國，指責魯昭公往朝楚，乃「內恥之大者」，意在「故略其實，所以扶中國，存天理」。孔氏貶斥魯昭公有兩點理由，一是，楚乃夷狄，二是，公子圍是弒君之賊，魯昭公朝楚之舉乃不察夷夏之防、君臣之倫，此乃天理不容也。

〔註164〕 可參見陳居淵：論孔廣森與劉逢祿的公羊學研究，孔子研究，1995，77～84；趙伯雄：春秋學史，濟南：山東教育出版社，2004，517～521；張勇：孔廣森與公羊家法，中國史研究，2007（4），157～172；陳其泰：清代公羊學，上海：上海人民出版社，2011，66～74；郭曉東：《春秋》重義不重事：論莊存與和孔廣森對《春秋》的看法，杭州師範大學學報，2021（1），50～55；黃開國、黃子鑒：孔廣森春秋公羊學的「通義」解，江蘇師範大學學報，2017（3），115～118。

〔註165〕 〔清〕孔廣森撰，郭曉東、陸建松、周輝傑點校：春秋公羊經傳通義，上海：上海古籍出版社，2014，299～300。

〔註166〕 〔清〕孔廣森撰，郭曉東、陸建松、周輝傑點校：春秋公羊經傳通義，上海：上海古籍出版社，2014，628～629。

5.3.2「尊王」的至高無上性

　　莊存與、孔廣森雖然強調以天正王，這一點上與胡安國是一致的，然二人更為在意「尊王」。莊存與十分強調「正王」，[註167] 他指出「不稱天，何也？貶。天子可貶乎？曰：以天道臨之，可也。君臣之義，嫡妾之辨，人莫大焉，天莫大焉」，[註168] 以示天子可貶，天道制約天子，決定著君臣、嫡妾的人倫秩序。他在討論「元年春，王正月」時，引用漢儒何休的說法：

> 政莫大於正始，故《春秋》以元之氣，正天之端，以天之端，正王之政，以王之政，正諸侯之即位。以諸侯之即位，正竟內之治。諸侯不上奉王之政，則不得即位，故先言正月而後言即位。政不由王出則不得為政，故先言王而後言正月也。王者不承天以制號令則無法，故先言春而後言王；天不深正其元，則不能成其化，故先言元而後言春。五者同日並見，相須成體；乃天人之大本，萬物之所繫，不可不察也。[註169]

何休以天為最高準則，以天正王政，以王政諸侯即位，以天為基礎構建出天、王、諸侯三者之間的關係，莊氏對此予以接納、吸收。

　　孔廣森與莊存與一樣，亦強調以天制王，他將天拉出來，以其為最高主宰，意在以天正王，以天制王，此亦完全遵照胡安國之說。譬如他在討論「（文公）五年，春，王正月，王使榮叔歸含且賵」，對《公羊傳》「其言歸含且賵何？兼之。兼之，非禮也」解釋時採用胡安國的說法：

> 胡康侯曰，不稱天王者，弗克若天也。《春秋》繫王於天，以定其名號者，所履則天位也，所治則天職也，所賞所刑，則天之所命而天之所討。[註170]

胡氏在此天與王的關係，不稱天王，乃是「弗克若天」，表示繫天於王，乃是定其名號，對其地位、職責、賞刑的合理性進行了解釋，意在以天制王，孔氏對此加以接受。如《春秋》「（隱公）元年，春，王正月」，孔廣森對《公羊傳》「公何以不言即位」，引用何休的注解釋：

〔註167〕參見辛智慧：莊存與春秋學的尊王特徵──《春秋正辭・天子辭》的讀解，孔子研究，2017（1），138。

〔註168〕〔清〕莊存與撰、辛智慧箋：春秋正辭箋，北京：中華書局，2020，115～116。

〔註169〕〔清〕莊存與撰、辛智慧箋：春秋正辭箋，北京：中華書局，2020，11。

〔註170〕〔清〕孔廣森撰，郭曉東、陸建松、周輝傑點校：春秋公羊經傳通義，上海：上海古籍出版社，2014，483。

> 《解詁》曰，據文公言即位也。即位者，一國之始，政莫大於正
> 始，故《春秋》以元之氣正天之端，以天之端正王之政，以王之政正
> 諸侯之即位，以諸侯之即位正境內之治。諸侯不上奉王之政，則不得
> 即位，故先言正月，而後言即位，政不由王出，則不得為政，故先言
> 王，而後言正月也。王者不承天以制號令，則無法，故先言春，後言
> 王，天不深正其元，則不能成其化，故先言元，而後言春。〔註171〕

在此，何休對天、王、諸侯的關係進行了細緻地演繹、分析，表示以天正王，
以王正諸侯，王者當承天以制號令。「（莊公元年）王使榮叔來錫桓公命」，孔
廣森在案語中指出，「諸侯有罪，正之以王，王有罪，正之以天」，批評桓公、
周天子，「桓公之行，是謂無王，無王之人，而追命之，是謂無天」。〔註172〕
在宋儒胡安國那裡，《春秋》具有兩面，既要尊王，也要制王，其邏輯即是在
君、臣關係上，當尊王，在天、王關係上，當制王，孔廣森對此深信不疑，完
全予以吸納。

　　然莊存與雖意在制王，卻更加推崇《春秋》中的「尊王」之義。他十分強
調天子的至高無上性，此點與胡安國有著十分隱微的區別。在討論「秋，蔡
人、衛人、陳人從王伐鄭（桓公五年）」時，莊氏云：

> 蔡、衛、陳皆何以稱人，侯不行，使大夫從也，其與幾何！《春
> 秋》不志在王室，天子伐國不可見，以從王伐國者見之。曷為見之？
> 非所以伐也，鄭伯當誅矣……鄭罪既盈於誅，《春秋》之義，務全
> 至尊而立人紀焉。月不繫王，傷三王之道壞也。諸侯不知有天子，
> 此可忍言。以天下言之曰天王，王承天也，繫王於天，一人匪自號
> 天子也；自侯氏言之，從王焉，朝於王焉，至尊者王也，不上援於
> 天。〔註173〕

莊存與以為，諸侯從王伐鄭，鄭伯當誅也，「《春秋》之義，務全至尊而立人紀
焉」，並對天王作了一番解釋，表明王是受命於天的，並非自號天子。莊氏十
分強調王的至尊性、唯一性，這與胡安國的理解完全不同，胡氏在此處批評周
天子，他指出，「《春秋》書於王必稱天者，所章者則天命也，所用則天討也」，

〔註171〕　〔清〕孔廣森撰，郭曉東、陸建松、周輝傑點校：春秋公羊經傳通義，上海：
　　　　　上海古籍出版社，2014，245。
〔註172〕　〔清〕孔廣森撰，郭曉東、陸建松、周輝傑點校：春秋公羊經傳通義，上海：
　　　　　上海古籍出版社，2014，336。
〔註173〕　〔清〕莊存與撰、辛智慧箋：春秋正辭箋，北京：中華書局，2020，115～116。

「王奪鄭伯政而怒其不朝，以諸侯伐焉，非天討也，故不稱天」，〔註174〕顯然天子並非事事得天命的。又如「秋，武氏子來求賻（隱公三年）」，莊氏云：

> 來求賻，何以書？譏不歸賻也。天王之喪，一小不備，謹而志之，尊尊之義篤焉。有司正其過足矣，使人求之，閔宗周也。君子為祿仕，陽陽然無所用心，必至此云爾。〔註175〕

莊氏以為，經書來求賻，是譏貶魯國之不歸賻，而使人求賻，是閔宗周也，這完全站在周天子的角度來理解這一問題。而胡安國卻與之相反，他指出「君取於臣下不言求，而曰『求賻』『求車』『求金』，皆著天王之失道也，上失其道則下不臣矣」，〔註176〕所謂「求賻」，是為了明天王失道，意在批評周天子之舉。如此可見，莊存與的「尊王」之義較胡安國更為果決、明快，乃完全站周天子這一邊，擁護周天子的權威。

孔廣森與莊存與一樣，即便提倡制王，實則以尊王為先導。在君臣秩序上，孔廣森完全採用胡安國的論述，強調尊王、尊君。如「（僖公十五年）十有一月，壬戌，晉侯及秦伯戰於韓，獲晉侯」，《公羊傳》「此偏戰也，何以不言師敗績？君獲，不言師敗績也」，孔廣森採胡安國之說云：

> 胡康侯曰，君獲，不言師敗績，君重於師也，大夫戰而見獲，必書師敗跡，師與大夫敵也。君為重，師次之，大夫敵，《春秋》之法也。與孟子之言何以異？孟子為時君牛羊用人，莫之恤也，故以民為重，君為輕，《春秋》正名定分，為萬世法，故以君為重，師次之。〔註177〕

胡安國指出，此處君為獲，而不書師敗績，乃是君重於師，旨在表明「君為重，師次之，大夫敵，《春秋》之法」，是乃尊君也。又如「（宣公五年）秋，九月，齊高固來逆子叔姬。叔孫得臣卒」，孔氏引胡安國之說云：

> 仲遂如齊，謀弒子赤，叔孫得臣與之偕行，在宣公固有援立之私，其恩數豈略而不書日？是聖人削之也。君臣、父子、妃妾、適庶，人道之大倫。方仲遂往謀於齊，而與得臣並使，若懵然不知其謀，或

〔註174〕〔宋〕胡安國撰、錢偉強點校：春秋胡氏傳，杭州：浙江古籍出版社，2010，56。

〔註175〕〔清〕莊存與撰、辛智慧箋：春秋正辭箋，北京：中華書局，2020，132。

〔註176〕〔宋〕胡安國撰、錢偉強點校：春秋胡氏傳，杭州：浙江古籍出版社，2010，11。

〔註177〕〔清〕孔廣森撰，郭曉東、陸建松、周輝傑點校：春秋公羊經傳通義，上海：上海古籍出版社，2014，436。

　　知之而不能救，則將焉用彼相矣？故特不書日以貶之。〔註178〕

胡安國認為，叔孫得臣卒不書日，乃是譏貶其與仲遂相偕行，強調「君臣、父子、妃妾、適庶，人道之大倫」，亦是在彰顯君臣、父子、夫婦、適庶的人倫之間的尊卑秩序。

　　孔廣森乃曲阜人氏，為孔子裔孫，其祖父孔傳鐸襲封衍聖公，父親孔繼汾曾為戶部主事。孔氏自己亦平步青雲，乾隆三十年（1768）舉人，乾隆三十六年進士（1771），後改庶吉士，散館授翰林檢討。可以說，孔氏是一個不折不扣的食新朝俸祿之人，其所堅持《春秋》中的尊王、尊君父的想法，是完全符合當時的「政治正確」這個標準的。尊王、尊君父已經不是《春秋》中的歷史話語了，而是現實的政治話語，為滿人入關克服了障礙，提出了一套新的解釋思路，這可以說是實獲清帝之心的。作為「食毛踐土」的一代，與清初士人於清廷採取反抗、不合作的態度有著絕大不同，孔廣森實乃轉向認同，甚至主動迎合當朝的「氣息」。孔氏不僅是一位有建樹的經學家，還是一位文采斐然的文學家，尤工駢文。他的駢文《元武宗論》，嫻熟運用元代的各種史料，對清帝乾隆的「大一統」思想加以佐證。〔註179〕《元武宗論》裏面寫到：

　　　　古之王者因時以制禮，慮難以立經。承顓九世，非襲若水之降居，薦益七年，不慕陽城之謳域。一生一及，廢質家親親之法，三昭三穆，明文家貴貴之典。所謂設妃如廟，樹子如社，重齒路之防，定逐鹿之分，消鬮競於未萌，期憲章於可久。不幸中葉震業，大寶陸沉，猶當上鑒夷吾唯卜貳圉，下徵靈武即禪宗儲，則英景之畔、肅愍之誅，不且可以免乎？故曰，《春秋》之義，先大一統，君而二統，未有不亂者也。〔註180〕

這篇駢文詞藻宏富，氣勢如虹，無非就是表達禮義、文教對國家安定的重要性，最後落到「《春秋》之義，先大一統，君而二統，未有不亂者也」一句上，猶顯孔氏對大一統、國君定於一尊的熱切企盼，其迎合、呼應乾隆的心理是不言自喻的。乾隆於四十一年（1776）平定金川之亂，孔廣森隨即作了一篇頌聖的

〔註178〕〔清〕孔廣森撰，郭曉東、陸建松、周輝傑點校：春秋公羊經傳通義，上海：上海古籍出版社，2014，521。

〔註179〕參見施婧嫻：孔廣森《春秋》學研究，復旦大學博士論文，2013，79。

〔註180〕〔清〕孔廣森：元武宗論，駢儷文，續修四庫全書（第1476冊），上海：上海古籍出版社，2002，391。

文字《武成頌》，其中寫到：

> 天子方講藝螭拘，修文虎觀，諮儒官於劉向，遣謁者於陳農。
> 羽檄星馳，疊下五申之令，銅籤夜警，仍披二酉之篇，豈非天亶聰
> 明，聖兼文武與？〔註181〕

孔氏盛讚乾隆帝的文治武功，刻畫出一幅神武威儀、勤政愛民的聖天子形象。
孔氏汲汲於此，不惜筆墨維護乾隆帝的權威，此與其《春秋》中所要表達的意
味是十分一致的。莊存雲、孔廣森儘管倡導以天正王，然這不是主要方面，他
們更加看重的是尊王的唯一性、壓倒性、至高無上性，尊奉天子的絕對權威。

5.3.3 從「攘夷」到進夷

莊存與在「攘夷」上堅持夷夏之別，「內諸夏而外夷狄」，他指出：

> 楚，蠻夷也。《春秋》內諸夏而外夷狄，天子微，中國不式命，
> 北則狄，南則吳，西則秦，皆以狄道治其臣民，其為淫刑也多矣。
> 《春秋》未有言其殺大夫者，而專言乎楚，正楚之殺大夫則皆正矣。
> 以夷狄之刑治中國，則中國亂矣；以中國之刑治夷狄，則夷狄畔矣。
> 《春秋》不譏楚專殺者，不以中國責楚也。不志專殺而志淫刑，以
> 夷狄治楚也。〔註182〕

將楚排斥於中國之外，指責其以狄道治其臣民，故用淫刑，「以夷狄之刑治中
國，則中國亂矣，以中國之刑治夷狄，則夷狄畔」，旨在強調夷夏大防。又如：

> 《魯頌》曰：「戎狄是膺，荊舒是懲。」亡何而不然！聞之董生
> 論其指曰：「直乞師楚爾」，可謂奸矣，且國之恥也。則曷不以為公
> 子遂之私行？公自將楚師以伐齊，則不可得諱矣。君子不得已，於
> 此錄晉文之功也。將言「公以楚師」，則先言「如楚乞師」，以承君
> 命而往者，大不忠於國矣。回適其謀，以辱社稷，侵敗王略，雖曰
> 君命，焉用彼相，朝無人焉，則公子遂責也。以為公子遂之私行，
> 則罪在三卿，君子傷國之空虛也。〔註183〕

莊存與引用《詩經》之句「戎狄是膺，荊舒是懲」，批評魯公子遂如楚乞師，

〔註181〕〔清〕孔廣森：武成頌，騈儷文，續修四庫全書（第1476冊），上海：上海
　　　　古籍出版社，2002，369。

〔註182〕〔清〕莊存與撰、辛智慧箋：春秋正辭箋，北京：中華書局，2020，657。

〔註183〕〔清〕莊存與撰、辛智慧箋：春秋正辭箋，北京：中華書局，2020，302～
　　　　303。

「回遹其謀，以辱社稷，侵敗王略」，亦在表明夷夏之防。此點與宋儒胡安國是完全一致的，胡安國在《春秋》中從種族、地理上強調華夷之辨、夷夏之防。他指出「韓愈氏言，《春秋》謹嚴，君子以為深得其旨，所以謹嚴者，何謹乎？莫謹於華夷之辨矣」，「何莫謹於華夷之辨，要在明族類、別內外也」。〔註184〕隱公二年「公會戎於潛」，胡安國說：

> 《春秋》，聖人傾否之書，內中國而外四夷，使之各安其所也。
> 無不覆載者，王德之體，內中國而外四夷者，王道之用……以羌胡
> 而居塞內，無出入之防，非我族類，其心必異，萌猾夏之階，其禍
> 不可長。〔註185〕

胡安國強調「內中國而外四夷」「非我族類，其心必異」，從地理上將之羌胡排斥在外。文公五年「冬十月壬午，公子遂會晉趙盾於衡雍。乙酉，公子遂會雒戎，盟於暴」，胡安國說：

> 《春秋》記約而志詳，其書公子遂盟趙盾及雒戎，何次之贅乎？
> 曰，聖人謹夷夏之辨，所以明族類、別內外也。雒邑，天地之中，
> 而狄醜居之，亂華甚矣。再稱公子，各曰其會，正其名與地，以深
> 別之者，示中國、夷狄終不可雜也。〔註186〕

胡安國「謹夷夏之辨」，「明族類、別內外」，批評戎狄居天下之中，乃「亂華甚矣」，表示中國、夷狄不可雜處。

莊存與判定夷夏的依據是什麼？他在討論楚時，指責楚不知君臣之義、父子之親、夫婦之別：

> 《春秋》有世子弒君，楚商臣、蔡般相望於八十四年之策書，
> 若接跡然，實斯侯之孫且曾孫也，乃其曾祖、王父與商臣比肩而立
> 矣。夫楚之為楚，不知君臣之義、父子之親、夫婦之別，蔡實親而
> 習焉。久而不知，與之化矣。禍卒見於固與般之世，而蔡人安之若
> 不知，亦與之化矣。〔註187〕

〔註184〕〔宋〕胡安國撰、錢偉強點校：春秋胡氏傳，杭州：浙江古籍出版社，2010，7。

〔註185〕〔宋〕胡安國撰、錢偉強點校：春秋胡氏傳，杭州：浙江古籍出版社，2010，6。

〔註186〕〔宋〕胡安國撰、錢偉強點校：春秋胡氏傳，杭州：浙江古籍出版社，2010，224。

〔註187〕〔清〕莊存與撰、辛智慧箋：春秋正辭箋，北京：中華書局，2020，491。

莊氏將楚商臣與蔡子般的弒君之行相比，指出蔡子般是受到楚的影響，並進一步批評他們「為人之祖若父，莫不欲其子孫之仁且孝。欲其子孫之仁且孝，必以中國之法為其家法。蔡惟楚是親，則惟楚是師，於是乎其家果與楚同禍」，〔註188〕以君臣、父子、夫婦之人倫秩序與仁孝德性來貶斥楚、蔡。然在莊氏看來，夷夏之間並無分明的界限，楚在僖公時開始稱人，莊氏指出：

> 楚何以稱人？入僖之篇始人之也。其稱人曷為始於此？論齊桓
> 之功也。四夷病中國莫楚若，近也，不自以為天子臣。桓公為召陵
> 之盟，復職貢於周室焉。來盟以定約束，舉其臣之名且氏之。列為
> 諸侯以承天子，故於僖之篇始人之也。君子以桓之與楚不踰節矣。
> 自時厥後，雖犯中國，不敢叛天子，於是乎楚恒稱人。然不言楚子
> 也，《春秋》於病中國甚者，辨其等也嚴，而王制正無缺矣。〔註189〕

表彰齊桓公之功，以召陵之盟，使得楚服周室，臣服天子，「君子以桓之與楚不踰節」，自可以列為諸侯，也就說楚的地位上升是其能夠尊周、尊王。而對於中國諸侯，他有另一番看法，他在討論晉時，云「陰敗王師，生居父爵，晉之為狄久矣」，〔註190〕晉陰敗王師是在成公元年，生居父爵是在成公十年，當時晉侯有疾，而立了太子州蒲，莊存與以此二事貶責晉不尊天子、君父，故而視其為狄。存氏指出男女、夫婦之別的重要性，他言「著有夷狄行者，必及其身，而人道必始於別男女也，所不忍者一人，所大不忍者天下萬世之人」。〔註191〕在莊存與看來，是否講究君臣之義、父子之親、夫婦之倫的文教秩序是夷夏之別的關鍵、根本，有此則夷狄可以躋身華夏，捨此則華夏亦可以滑落為夷狄。

在胡安國看來，《春秋》雖然謹夷夏之防，然夷夏之間關係並不是一成不變的，華夏可以淪落為夷狄，而夷狄亦可以進為華夏，關鍵是在於是否守禮，在「（僖公二十三年）冬十有一月，杞子卒」，他說：

> 或曰，信斯言，是《春秋》黜陟諸侯爵次以見褒貶，不亂名實
> 乎？曰，《春秋》固天子之事也，而尤謹於華夷之辨。中國之所以為
> 中國，以禮義也，一失則為夷狄，再失則為禽獸，人類滅矣。魯桓

〔註188〕〔清〕莊存與撰、辛智慧箋：春秋正辭箋，北京：中華書局，2020，491。
〔註189〕〔清〕莊存與撰、辛智慧箋：春秋正辭箋，北京：中華書局，2020，478。
〔註190〕〔清〕莊存與撰、辛智慧箋：春秋正辭箋，北京：中華書局，2020，473。
〔註191〕〔清〕莊存與撰、辛智慧箋：春秋正辭箋，北京：中華書局，2020，549。

篡弒，滕首朝之，貶而稱子，治其黨也，夷不亂華，成公變之，貶
而稱子，存諸夏也。〔註192〕

胡氏再次強調夷夏之防，指出「中國之所以為中國，以禮義也，一失則為夷狄，
再失則為禽獸，人類滅矣」，中國與夷狄之根本區別在於禮義，無此則是夷狄、
禽獸。如「（昭公十二年）晉伐鮮虞」，胡安國以狄視晉，原因在於，楚奉孫吳
討陳，進而滅陳，誘蔡般殺之，進而滅蔡，晉人皆坐視不理，轉而伐人之國，
「中國居而夷狄行也」，指出「人之所以為人，中國之所以為中國，信義而已
矣」，「一失則為夷狄，再失則為禽獸」，〔註193〕猶以信義為準來看夷狄、中國
之別。

　　在「攘夷」上，孔廣森亦堅持胡安國夷夏大防的基本看法。如《春秋》
「（成公七年）吳伐郯」，孔廣森引胡安國的注云：

　　　　胡康侯曰，稱國以伐，狄之也。吳本太伯之後，以族屬言則周
　　之伯父也，何以狄之？為其僭天子之大號也。《國語》云「命圭有命，
　　固曰吳伯，不曰吳王」，然則吳本伯爵也，後雖益熾，浸中國會盟，
　　不過曰子，亦不以本爵與之。故記於禮書曰「四夷雖大，皆曰子」，
　　此《春秋》之法，仲尼之志也，而不以為不敢擅進退諸侯、亂名實
　　者，誤矣。〔註194〕

孔廣森繼承了胡安國說法，稱吳本是太伯之後，為伯爵，因僭天子名號，儘管
參與中國的會盟，猶稱之為子，亦不以本爵視之，「四夷雖大，皆曰子」，故尚
且位在夷狄之列，不能返於諸夏。〔註195〕在此，孔廣森以是否尊天子為標準，
來區別中國與夷狄，儘管吳與周本是同出，亦以夷狄視之。孔氏在《春秋》中
始終謹夷夏大防，他在「（隱公）二年，春，公會戎於潛」，加上案語：

　　　　《解詁》曰，凡書會者，惡其虛內務、恃外好也。古者諸侯，非
　　朝時不得逾竟。王者不治夷狄，錄戎者，來者勿拒，去者勿追，南方
　　曰蠻，西方曰戎，北方曰狄。謹案：戎、狄，經皆略，不別君臣，舉

〔註192〕〔宋〕胡安國著、錢偉強點校：春秋胡氏傳，杭州：浙江古籍出版社，2010，
　　　　182。
〔註193〕〔宋〕胡安國著、錢偉強點校：春秋胡氏傳，杭州：浙江古籍出版社，2010，
　　　　480。
〔註194〕〔清〕孔廣森撰，郭曉東、陸建松、周輝傑點校：春秋公羊經傳通義，上海：
　　　　上海古籍出版社，2014，564。
〔註195〕參見施婧嫻：孔廣森《春秋》學研究，復旦大學博士論文，2013，127～128。

其號而已，所謂「國不若氏」也。會例時，有所危乃月錄之。〔註196〕

孔氏引用何休之論，以示「王者不治夷狄」，並以為，戎、狄在經裏只是舉其名號，皆略書，與君臣相別也，亦是貶斥夷狄也。

孔廣森的看法與胡安國完全一致，在孔氏看來，諸夏若不守禮，則容易淪為夷狄，而夷狄若守禮義，亦可以進為諸夏，夷夏之間並不存在一成不變、天然不可逾越的分際。如（文公十年）「楚子、蔡侯次於屈貉」，孔廣森云：

> 屈貉之役，左氏以為陳侯、鄭伯在焉，而又有宋公後至、麇子逃歸，《春秋》一切不書，主書蔡侯者，甚惡蔡也。蔡，同姓之長，而世役於楚，自絕諸夏。商臣弒父，罪大惡極，犬彘將不食其餘，蓋竊位以來，諸侯尚未有與盟會者，蔡莊侯首道以搜上國，獨與同惡相濟，同氣相求。不再傳而蔡亦有弒父之禍，遂使通《春秋》唯商臣與般相望於數十年之間。若蔡莊侯者，所謂用夷變夏者。廣森三復斯言，誠《春秋》之微旨。〔註197〕

孔氏指出，蔡為同姓諸夏之國，然「世役於楚，自絕諸夏」，而且商臣弒父，不守禮儀，蔡莊侯用夷變夏，此乃《春秋》主書蔡侯，乃惡之之義。蔡本為諸夏，不講禮義，無視君臣之倫，而自覺與楚靠攏，自然就淪為夷狄了，不可以諸夏之國視之。又如「（昭公十二年）晉伐鮮虞」，孔廣森對鮮虞的氏族進行了考證，駁斥杜預的說法，以鮮虞為姬姓之國，進而指責晉國，其雖然是諸夏之盟主，然「楚翦覆姬宗，坐視不救，又效楚之尤」，加兵於同姓之國，故稱國乃是以夷狄視之也。〔註198〕晉本是諸夏，僅因不救諸夏，且伐同姓，而受到孔氏的貶斥，此乃晉不顧以氏族、血緣之近的緣故。

除了諸夏滑落為夷狄，夷狄亦可以進於諸夏。如「（僖公三年）楚人伐鄭」，孔廣森云：

> 僖公為所聞世之始，始內諸夏而外夷狄，治楚以漸，故進而國之。杜預謂「荊自改號曰楚」，妄也。據《左傳》則桓、莊之篇固皆稱楚矣，假令實先號荊，今更號楚，《魯頌》作於僖公之時，何以尚

〔註196〕〔清〕孔廣森撰，郭曉東、陸建松、周輝傑點校：春秋公羊經傳通義，上海：上海古籍出版社，2014，254。

〔註197〕〔清〕孔廣森撰，郭曉東、陸建松、周輝傑點校：春秋公羊經傳通義，上海：上海古籍出版社，2014，494～495。

〔註198〕〔清〕孔廣森撰，郭曉東、陸建松、周輝傑點校：上海：上海古籍出版社：201，643～644。

稱「荊舒」？故知以州舉者，自是略賤之辭，《詩》與《春秋》，其義

正同。〔註199〕

孔氏雖堅持「內諸夏而外夷狄」，然「治楚以漸，故進而國之」，逐漸承認楚的
地位，批評杜預荊自改楚的說法。又如「（僖公十八年）冬，邢人、狄人伐衛」，
孔氏云：

狄稱人者，衛棄禮義，翦滅同姓，邢初為狄所滅，今狄幡然親

邢，與共謀衛難，有憂中國之心，故進之，有因以抑衛也。〔註200〕

孔氏指出，狄在此處之所以稱人，是因其親近邢國，與之一起共謀衛難，「有
憂中國之心，故進之」。孔氏堅持進夷的這種想法與乾隆帝的看法暗合，乾隆
帝曾亦表示夷夏之間並無根本區分：乾隆帝持「夷狄而中華則中華之，中華而
夷狄而夷狄之」之論，指出中國與夷狄之間是可以相互轉化的。〔註201〕乾隆
帝在《御纂春秋直解》中亦對夷狄多有褒贊，如僖公十八年「狄救齊」，《直
解》云「苟有善，雖狄必予之」，〔註202〕對狄救齊之舉表示贊許，如襄公十八
年「春，白狄來」，《直解》並不完全按照《春秋》中的理解，夷狄與中國會盟
而持批評的態度，相反對夷狄「其慕義而來」採取接納、包容的態度。〔註203〕
孔氏實屬逢迎之舉，假《春秋》而向本朝最高意旨看齊。

　　孔廣森對宋儒胡安國《春秋傳》中的內容有許多繼承。在君臣秩序上，胡
安國彰顯尊王、尊君之義，以天理加以理解，在夷夏秩序上，「攘夷」也是天
理之所在，天理之所歸，孔廣森完全對此加以吸納，以天理統攝君臣之義與夷
夏之防。

　　在君臣秩序上，孔廣森完全採用胡安國的論述，強調尊王、尊君，彰顯君
臣、父子、夫婦、適庶人倫之間的尊卑秩序。孔氏是一個不折不扣的食新朝俸
祿之人，其所堅持《春秋》中的尊王、尊君父的想法，是完全符合當時的「政
治正確」這個標準的。作為「食毛踐土」的一代，孔廣森實乃表現出對清朝極

〔註199〕〔清〕孔廣森撰，郭曉東、陸建松、周輝傑點校：春秋公羊經傳通義，上海：
　　　　上海古籍出版社，2014，406。
〔註200〕〔清〕孔廣森撰，郭曉東、陸建松、周輝傑點校：春秋公羊經傳通義，上海：
　　　　上海古籍出版社，2014，441。
〔註201〕故宮博物院編：清高宗御製文（第2冊），海口：海口出版社，2000，48。
〔註202〕〔清〕傅恒等：御纂春秋直解，景印文淵閣四庫全書（第174冊），臺北：臺
　　　　灣商務印書館，1983，88。
〔註203〕〔清〕傅恒等：御纂春秋直解，景印文淵閣四庫全書（第174冊），臺北：臺
　　　　灣商務印書館，1983，193。

大地認同，甚至主動迎合當朝。孔氏不僅是一位有建樹的經學家，還是一位文采斐然的文學家，他的駢文《元武宗論》，嫻熟運用元代的各種史料，對乾隆帝的「大一統」思想加以呼應，在《武成頌》中盛讚乾隆帝的文治武功，此與其《春秋》中所要表達的「尊王」意味是相當一致的。與此同時，孔廣森將天抬出來，以其為最高主宰，意在以天正王，以天制王，此亦完全遵照胡安國之說。在宋儒胡安國那裡，《春秋》具有兩面，既要尊王，也要制王，其邏輯即是在君與臣關係上，當尊王，在天與王關係上，當制王，孔廣森對此完全予以吸納。

　　在夷夏秩序上，孔廣森繼承了胡安國的「攘夷」之論，強調夷夏大防，然而同時又強調進夷，指出夷夏之間關係並不是一成不變的，華夏可以滑落為夷狄，而夷狄亦可以進為華夏，關鍵是在於是否守禮，乃以禮義為標準來看夷夏之別，此亦與胡安國的看法一致。在進夷上，孔廣森與清帝乾隆的看法暗合。乾隆帝曾亦表示夷夏之間並無根本區分，持「夷狄而中華則中華之，中華而夷狄而夷狄之」之論，指出中國與夷狄之間是可以相互轉變的，其在《御纂春秋直解》中亦對夷狄多有褒贊，對其「其慕義而來」採取接納、包容的態度。孔氏實屬刻意逢迎之舉，假《春秋》而向本朝最高意旨看齊。

第6章 晚清西學進入與胡安國《春秋傳》

　　晚清時期，受到西方堅船利炮的脅迫，中國出現了亡國滅種的深刻危機，隨著國門的打開，西方新的思潮也不斷奔湧而入。中國應該走向何處？是改革還是革命？整個社會籠罩在一片迷惘之中，這一時期的知識分子進行了艱難探索，沈寂已久的胡安國《春秋傳》又被歷史的潮流捲了起來。康有為、黃節對胡安國的夷夏論述進行了重新的探討，康有為對胡安國所推重的夷夏大防之論進行重新檢視，援引西方進化論的理論，旨在以夷進夏，站在清廷的立場進行辯護，表達其保皇、改良主張，黃節則完全推許胡安國的夷夏大防的論述，融入西方人種論的理論，旨在從人種上強調夷夏之別，將滿洲、西方排除在諸夏之外，進而為排滿、反西張目。《胡傳》中的夷夏問題在此時成了當時知識界探討救國出路的一個靶子，康有為、黃節在理解此一問題時已經不再利用中國傳統的思想資源了，而是援引西學來重新解釋，進而為各自的政治主張立論。胡氏的夷夏論述遭遇了新的歷史情景，這與此前在中國學問內部去辯論已經絕然不同了。本章以康有為、黃節作為對照，呈現出西學洶湧的晚清，《胡傳》被賦予新的意涵而形成的豐富、多元的圖景。

6.1 康有為對胡安國《春秋傳》的駁斥

　　在康有為看來，華夏與夷狄之間不是一成不變的，可以相轉變，關鍵是否有德，是否文明，對胡安國所堅持的華夷之限並不認可，他認為夷夏之間不是一種恆定的關係，是一種變動的關係。康有為對胡安國的夷夏觀進行了批評，

其思想資源並不僅僅採用傳統《春秋》中的內容，亦融入了西方進化論的思維。康有為引用的西方進化論，對傳統《春秋》中的夷夏關係進行了重新的詮釋與理解，即夷狄、中國不是人種上的差異，而是文明上的差異，夷狄可以進化而成為中國，進而推行自己的保皇、改良的政治主張。

6.1.1 對胡安國「嚴華夷之限」的檢討

康有為（1858～1927），字廣廈，號長素，晚清時期，他對宋儒胡安國頗為留意，在其著作討論《春秋》中的華夷問題時，時不時批評胡安國《春秋傳》中的內容。在康有為看來，華夏與夷狄之間不是一層不變的，可以相轉變，關鍵是否有德，是否文明，對胡安國所堅持的華夷之限並不認可。1893 年到 1895年，康有為在廣州、桂林兩地講學之際，撰成《春秋筆削大義微言考》一書，此是康氏研究《春秋》學的一部重要的專著。在《春秋筆削大義微言考》中，康有為對夷夏問題多有探討，並與胡安國形成對話之勢。他在討論「（宣公十二年）夏六月乙卯，晉荀林父帥師及楚子戰於邲，晉師敗績」時指出：

> 後儒尊攘之說，則當親者晉，不當親者楚也，何德之足云？不知《春秋》之義，中國、夷狄之別，但視其德。中國而不德也，則夷狄之。夷狄而有德也，則中國之。無疆界之分、人我之相。否則，孔教不過如婆羅門、摩訶末之閉教而已。後儒孫明復、胡安國之流不知此義，以為《春秋》之旨最嚴華夷之限，於是尊己則曰神明之胄，薄人則曰禽獸之類。苗、瑤、侗、僮之民，則外視之。邊鄙遼遠之地，則忍而割之。嗚呼！背《春秋》之義，以自隘其道。孔教之不廣，生民之塗炭，豈非諸儒之罪耶！若不知此義，則華夏之限終莫能破，大同之治終末由至也。〔註1〕

康有為對以往傳統的「親晉不親楚」的尊攘之說進行了檢討，在他看來，《春秋》之義，中國、夷狄之別，在於是否有德，「中國而不德也，則夷狄之。夷狄而有德也，則中國之」，對孫明復、胡安國在《春秋》中所堅持的嚴格的華夷之限進行了批評，苗、瑤、侗、僮之地，邊鄙遼遠之地皆不當視為中國之外，康氏意欲打破華夷之限。

1897 年，康有為刊行《春秋董氏學》，此書借漢儒董仲舒的《春秋繁露》，

〔註 1〕〔清〕康有為：春秋筆削大義微言考，姜義華、張榮華編校，康有為全集（第6 集），北京：中國人民大學出版社，2007，179。

重新理解《春秋》大義。其弟子徐勤在《春秋董氏學》中討論「夷狄」條時，引《春秋繁露‧竹林》中「邲之戰」之事，按語云：

> 《春秋》無通辭之義，《公》、《穀》二傳未有明文，惟董子發明之。後儒孫明復、胡安國之流不知此義，以為《春秋》之旨最嚴華夷之限，於是尊己則曰「神明之俗」，薄人則曰「禽獸之類」。苗、瑤、侗、僮之民，則外視之。邊鄙遼遠之地，則忍而割棄之。嗚呼！背《春秋》之義，以自隘其道。孔教之不廣，生民之塗炭，豈非諸儒之罪耶！若無董子，則華夏之限終莫能破，大同之治終未由至也。〔註2〕

康氏師徒重新挖掘董仲舒的「《春秋》無通辭之義」，再次批評宋儒孫明復、胡安國的堅守的華夷之限。《春秋繁露‧觀德》，又按語云：

> 泥後儒尊攘之說，則當親者晉，不當親者楚也，何德之足云？不知《春秋》之義，唯德是親。中國而不德也，則夷狄之。夷狄而有德也，則中國之。無疆界之分、人我之相。若非董子發明此義，則孔教不過如婆羅門、馬哈墨之閉教而已。〔註3〕

在此繼續檢討胡安國等人的尊攘之說，表達「中國而不德也，則夷狄之，夷狄而有德也，則中國之」之意。

在解釋《論語》中「子曰，夷狄之有君，不如諸夏之亡也」時云，康有為指出：

> 董子繁露曰，《春秋》無通辭，從變而移。邲之戰，夷狄反背中國，不得與夷狄為禮，避楚莊也。邢、衛，魯之同姓也，狄人滅之，《春秋》為諱，避齊桓也。當其如此也，唯德是親。故夷狄而有德，則中國也，中國而不德，則夷狄也。並非如孫明復、胡安國之華夷也。蓋孔子之言夷狄、中國，即今野蠻、文明之謂。野蠻團體太散，當立君主專制以聚之，據亂世所宜有也。文明世人權昌明，同受治於公法之下，但有公議民主，而無君主。〔註4〕

康氏援引董子《春秋繁露》中「《春秋》無通辭，從變而移」之說，舉出邲之

〔註2〕〔清〕康有為：春秋董氏學，姜義華、張榮華編校，康有為全集（第2集），北京：中國人民大學出版社，2007，414。

〔註3〕〔清〕康有為：春秋董氏學，姜義華、張榮華編校，康有為全集（第2集），北京：中國人民大學出社，2007，415～416。

〔註4〕〔清〕康有為：論語注，姜義華、張榮華編校，康有為全集（第6集），北京：中國人民大學出版社，2007，395。

戰之事，以為夷狄背中國，不以與之為禮，中國同姓諸侯遭狄人之滅，《春秋》
為此諱，乃是「唯德是親」，「夷狄而有德，則中國也，中國而不德，則夷狄」，
又一次駁斥胡安國的華夷之論。誠如李帆所言：

> 康有為通過闡發董仲舒思想所表達出來的夷夏觀頗為明確，即
> 以是否遵守「禮」、「信」、「德」作為準繩，遵之即為「夏」，不遵則
> 為「夷」。依照當今的概念，這樣的標準實為文化標準。依此標準，
> 「夷」與「夏」其實是可變的，「夷」若按「禮」、「信」、「德」行事，
> 可被視為「夏」；「夏」若違「禮」、「信」、「德」，則可視為「夷」。這
> 樣，「夷夏之辨」就成為了「夷夏之變」。〔註5〕

不過，他又重新理解了夷狄與中國的關係，分別賦之以文明與野蠻的意義，並
與政治體制聯繫起來。康有為在《孟子微》表達出同樣的意思：

> 夷夏之分，即文明、野蠻之別。《春秋》之義，夷狄而行中國之
> 道，則中國之，其許楚莊入鄭是也。中國而為夷狄之行，則夷狄之，
> 衛伐凡伯、晉伐鮮虞是也。惟德是輔，故董子曰：「中國、夷狄無恒，
> 隨變而移。」由文明而野蠻，下喬木而入幽谷也。由野蠻而文明，
> 出幽谷而遷喬木也。滕文公行仁政，而各國志士負耒受廛，可知民
> 心之歸仁。今歐洲各國之人，多遷於美國，德、英欲極禁之而不可
> 得，亦可見滕文公得民之盛矣。〔註6〕

康有為對夷夏之間持開放的態度，他認為，夷夏之間不是一種恒定的關係，是
一種變動的關係，也是一種文明與野蠻的關係。在胡安國看來，夷夏關係已經
是天然決定的，無法變化、更改，遂而嚴守夷夏大防，如「（莊公二十三年）
荊人來聘」，胡安國云：

> 凡變於夷者，叛則懲其不恪，而威之以刑，來則嘉其慕義，而
> 接之以禮。邇人安，遠者服矣。《春秋》謹華夷之辨，而荊、楚、徐、
> 越，諸侯之變於夷者，故書法如此。〔註7〕

胡安國對於華夏變為夷狄之情形進行猛烈批判，強調謹華夷之辨。又如「（宣
公三年）楚子伐陸渾之戎」，胡安國云：

〔註5〕李帆：「夷夏之辨」之解說傳統的延續與更新——以康有為、劉師培對《春秋
　　　繁露》兩事的不同解讀為例，近代史研究，2006（6），95。

〔註6〕〔清〕康有為：孟子微，姜義華、張榮華編校，康有為全集（第5集），北京：
　　　中國人民大學出版社，2007，496。

〔註7〕〔宋〕胡安國：春秋胡氏傳，杭州：浙江古籍出版社，2010，120。

> 夷狄相攻不志，此其何志也？為陸渾在王都之側，戎夏雜處，
> 族類不分也。楚又至洛，觀兵於周疆，問鼎之大小輕重焉，故特書
> 於策，以謹華夷之辨、禁猾夏之階。〔註8〕

胡安國以楚為夷狄，貶斥楚問鼎周室之舉，再次強調夷夏之辨。胡安國所念茲
在茲的夷夏之辨完全是以為族類為準進行劃分的，這是一道天然的屏障，康有
為正是對胡安國此論進行了反覆檢討與批評。

6.1.2　西方進化論視野下的華夷觀

　　經學受到西學的影響是晚清經學發展一個顯著的特徵，康有為是一個重
要的代表性人物。姜廣輝先生曾指出：

> 晚清，以康有為代表的今文經學上承龔、魏的公羊學派思想，
> 並吸收融合西方的國家學說、民主思想和進化論，對中國傳統經典
> 加以新的詮釋，如他在《孟子微》中賦予公羊學「三世」說以新的
> 意義：以「據亂世」為君主專制，「升平世」為君主立憲，「太平世」
> 為民主共和。康有為甚至將西方近代資產階級的民權、議院、民主、
> 平等，都附會到儒家學說當中，都說孔子、孟子已先創之。其說發
> 揚踔勵，風靡於世，在中國近代文化史上具有思想啟蒙的意義。我
> 們可以視此一時代之經學為「西學化的經學」。〔註9〕

此論是頗有啟發性的，康有為在接受傳統經學的同時，進一步吸納了西學的許
多內容，是故「西學化的經學」是其典型的面目。康有為對《春秋》的理解不
完全來自於傳統今文經學中公羊學與董子，他亦深受西方進化論的影響。1896
年至 1897 年之間，嚴復翻譯了英國學者赫胥黎的《進化論與倫理學》，此後又
陸陸續續將亞當·斯密的、約翰·穆勒、孟德斯鳩、斯賓塞等人的著作翻譯，
嚴復的翻譯在晚清知識界產生了廣泛的影響，尤其是進化論的思想被譯介以
後，為許多學者認可、推許。嚴復希望通過這些作品，實為保種自強計，試圖
改變中國的面貌，他的努力獲得了當時社會的極大迴響，風行一時，也改變了
這一時期經學家注經的方式，直接促使晚清學者改變解經方式。〔註10〕嚴復在

〔註8〕〔宋〕胡安國：春秋胡氏傳，杭州：浙江古籍出版社，2010，255。
〔註9〕姜廣輝：傳統的詮釋與詮釋學的傳統——儒家經學思潮的演變軌跡與詮釋學
　　　導向，中國經學思想史（第1卷），北京：中國社會科學出版社，2003，49。
〔註10〕參見喬秀岩、葉純芳：經學變形記——晚清學者以西方比附中國經學現象之
　　　探析，學術史讀書筆記，北京：生活·讀書·新知三聯書店，2019，413～414。

所翻譯之《進化論與倫理學》節譯本《天演論》中，極力推崇達爾文（Charles Robert Darwin）進化論思想，他云：

> 物競、天擇二義，發於英人達爾文。達著《物種由來》一書，以考論世間動植種類所以繁殊之故。先是言勝利者，皆主異物分造之說。近今百年格物諸家，稍疑古說之不可通⋯⋯造物立其一本，以大力運之，而萬類之所以底於如是者，咸其自己而已，無所謂創造者也⋯⋯自達爾文出，知人為天演中一境，且演且進，來者方將，而教宗搏土之說，必不可信。蓋自有歌白尼而後天學明，亦自有達爾文而後生理確也。斯賓塞爾者，與達同時，亦本天演著《天人會通論》，舉天、地、人、形氣、心性、動植之事而一貫之，其說尤為精闢宏富⋯⋯其第一書開宗明義，集格致之大成，以發明天演之旨，第二書以天演言生學。第三書以天演言性靈，第四書以天演言群理，最後第五書，乃考道德之本源，明政教之條貫，而以保種進化之公例要術終焉。〔註11〕

此即是「物競天擇」的著名論斷，強調自然世界與人類世界皆遵循進化的規律。他在《原強》中指出：

> 達爾文者，英之講動植之學者也。承其家學，少之時，周歷寰瀛。凡殊品詭質之草木禽魚，裒集甚富。窮精眇慮，垂數十年，而著一書，曰《物種探原》⋯⋯其書謂：物類繁殊，始惟一本。其降而日異者，大抵以牽天繫地之不同，與夫生理之常趨於微異；洎源遠流分，遂闊絕相懸，不可復一。然而此皆後天之事，因夫自然，訓致如是，而非泰始生理之本然也。其書之二篇為尤著，西洋綴聞之士，皆能言之，談理之家，摭為口實，其一篇曰物競，又其一曰天擇。物競者，物爭自存也；天擇者，存其宜種也⋯⋯民人者，固動物之類也，達氏總有生之物，標其宗旨，論其大凡如此。至其證闡明確，犂然有當於人心，則非親見其書者莫能信也。此所謂以天演之學言生物之道者也。〔註12〕

在嚴復的理解中，達爾文的進化論，除了適合動物、植物世界，也同樣適合人類社會，在競爭中，強者勝出，弱者退出。康有為的直接受到嚴復所倡導的進

〔註11〕〔清〕嚴復譯：天演論，嚴復集（第5冊），北京：中華書局，1986，1331。
〔註12〕〔清〕嚴復：原強，嚴復集（第1冊），北京：中華書局，1986，16～17。

化論這股風氣的影響。1901 年底，梁啟超在《清議報》發表《南海康先生傳》即說：

> 先生之哲學，進化派哲學也。中國數千年學術之大體，大抵皆取保守主義，以為文明世界，在於古時，日趨而日下，先生獨發明春秋三世之義，以為文明世界，在於他日，日進而日盛。蓋中國自創意言進化學者，以此為嚆矢焉。先生於中國史學用力最深，心得最多，故常以史學言進化之理，以為中國始開於夏禹，其所傳堯、舜文明事業，皆孔子所託以明義，懸一至善之鵠，以為太平世之倒影現象而已。又以為世界既經進步之後，則斷無復行退步之理。即有時為外界別種阻力之所過，亦不過停頓不進耳，更無復返其初。故孟子言天下之生久矣，一治一亂，其說主於循環。《春秋》言據亂、升平、太平，其說主於進化。二義正相反對。而先生則一主後說焉。〔註13〕

梁啟超以為康有為的哲學是進化派哲學，對《春秋》三世之義的理也加入的進化論，並以之為開啟性的人物。不唯如此，康有為雖援引董子對胡安國的夷夏觀進行了批評，然其思想資源並不僅僅採用傳統《春秋》中的內容，他在夷夏問題上的思考亦融入了西方進化論的思維。他在《春秋筆削大義微言考》討論「（宣公十五年）六月癸卯，晉師滅赤狄潞氏，以潞子嬰兒歸」時云：

> 董子《繁露》：潞子離狄而歸黨以得亡，《春秋》謂之子，以領其意。何君述口說曰，以去俗歸黨亡，故君子閔傷進之。日者，痛錄之。名者，示所聞世始錄小國也。錄以歸者，因可責而責之。責而加進之者，明不當絕，當復其氏。「不修《春秋》」當無日，無「以潞子嬰兒歸」，孔子加出，以疾夷狄之俗而去離之，蓋能歸中國，則亦中國矣。故國雖亡，以領其意，未能與中國合同禮義相比親也，故猶係赤狄。此美進化之賢而惜進化之未至，離乎野蠻而未能親合於文明，以兩不相容而亡，此戒變法之不全者。此若埃及微明流亡之變法，為英、發所制矣。小國進化，故爵之，猶瞿羅變法，各國亦稱之也。進化歸義者，當復其氏。孔子於進化者，備讚美、責備、愛惜之意焉。〔註14〕

〔註13〕〔清〕康有為：康南海自編年譜，北京：中華書局，1992，253～254。

〔註14〕〔清〕康有為：春秋筆削大義微言考，姜義華、張榮華編校，康有為全集（第6集），北京：中國人民大學出版社，2007，181。

康有為對董仲舒、何休之說加以羅列，指出，《春秋》如此記載潞子，「以疾夷狄之俗而去離之，蓋能歸中國，則亦中國矣」，然而「未能與中國合同禮義相比親也，故猶係赤狄」，並對此加以引申，「此美進化之賢而惜進化之未至，離乎野蠻而未能親合於文明」，在康氏看來，夷狄完全是可以進化為中國的，只不過潞子並沒有到達進化的境地，鼓吹變法。1902 年，康有為發表《答南北美洲諸華商論中國只可行立憲不能行革命書》一文，他指出：

> 孔子《春秋》之義，中國而為夷狄則夷之，夷而有禮義則中國之。故晉伐鮮虞，惡其伐同姓則夷晉矣，鄭伐許，惡其伐喪則夷鄭矣，魯伐邾，惡其凌諸夏之小國則並夷魯矣，楚莊王入鄭不取，邲之戰，則夷晉而中國楚矣。《春秋》當此之時，惟德是親。然則孔子之所謂中國、夷狄之別，猶今所謂文明、野蠻耳。故中國、夷狄無常辭，從變而移。當其有德，則夷狄謂之中國，當其無道，則中國亦謂之夷。狄將為進化計，非為人種計也。楚先稱荊而後稱楚。定、哀之世，吾子爵而不殊。蓋據亂之世，內及四夷，又曰王者無外，又曰遠方之夷，內而不外也。〔註15〕

康有為在討論《春秋》中記載的晉伐鮮虞、魯伐邾等事，晉、魯雖是中國諸侯而伐同姓，亦將之視為夷狄，而楚雖是夷狄之國，入鄭國而不取，猶以之中國視之，再次指出「中國、夷狄無常辭，從變而移」，進而提出「狄將為進化計，非為人種計」，夷狄、中國之間當以進化來看，不當以人種差異來看。

他在解釋《論語》時亦採用進化論，在《論語》八佾篇中的「君子無所爭，必也射乎。揖讓而升，下而飲。其爭也君子」一句時云：

> 然進化之道，全賴人心之競，乃臻文明；禦侮之道，尤賴人心之競，乃能圖自存。不然，則人道退化，反於野蠻，或不能自存而並於強者。聖人立教雖仁，亦必先存己而後存人。……孔子制禮十七篇，皆寓無窮之意，但於射禮見之。凡人道當禦侮圖存之地，皆當用之。今各國皆立議院，一國之禦侮決於是，一國之圖存決於是，萬國之比較文明定於是，兩黨之勝負迭進立於是。以爭，而國治日進而不敢退；以爭，而人才日進而不敢退。〔註16〕

〔註15〕〔清〕康有為：答南北美洲諸華商論中國只可行立憲不能行革命書，姜義華、張榮華編校，康有為全集（第 6 集），北京：中國人民大學出版社，2007，327。

〔註16〕〔清〕康有為：論語注，姜義華、張榮華編校，康有為全集（第 6 集），北京：中國人民大學出版社，2007，396。

康有為指出，進化之道在人心之競，並且以此推行其政治主張。在解釋《論語》中「子曰，夷狄之有君，不如諸夏之亡也」時云：

> 此論君主、民主進化之理。董子繁露曰，「《春秋》無通辭，從變而移」……文明世人權昌明，同受治於公法之下，但有公議民主，而無君主。二者之治，皆世界所不可少，互有得失。若亂世野蠻有君主之治法，不如平世文明無君主之治法。《易》曰「飛龍在天」，有君主之治法也；「見群龍無首」，無君主之治法也；而孔子云「乾元用九，天下治也」，故知有君主者不如之。〔註17〕

康有為將夷狄與諸夏的關係與君主、民主的關係以進化之理相比附，推崇文明之世的民主之法。康有為引用的西方進化論，對傳統《春秋》中的夷夏關係進行了重新的詮釋與理解，即夷狄、中國不是人種上的差異，而在文明上的差異，夷狄可以進化而成為中國，進而推行自己的政治主張，為變法張目。康氏以進化論來重新理解夷夏之間關係，試圖將傳統《春秋》中的「從變而移」變動式的夷夏觀與西方進化論結合、交織在一起，這並不僅僅是一種純粹學問上的鑽研、發明，而是為其政治改良主張提供依憑。

6.1.3 保皇與改良

　　華夷之辨一直以來是滿清相當忌諱的問題，而康有為卻借用進化論來理解華夷之辨，乃是為了支撐其明確的政治訴求，既然夷狄可以進化為中國，那麼滿清作為關外的異族統治中國即有合法性，自然不能以夷狄視之了。康氏堅守保皇的立場，力證滿人已非夷狄身份，乃是華夏一體的成員。〔註18〕1898年，康有為發表「奉詔求救文」，意在勤王：

> 凡我大夫君子，志士仁人，咸為大清之臣民，其忍戴異姓之淫子乎？君父之仇，不共戴天。鬻國之惡，豈同履地！《春秋》之義，不討賊則非臣，不復仇則非子。凡我臣庶，沐浴恩澤，浸濡聖教，咸知尊君而保上，豈肯靦顏而事仇？魯國之漆室女子，且知憂君，建文之牧豎樵夫，亦能殉節。嗚呼！朱虛不作，平、勃誰人？狄仁傑之女姑，恥立牝朝。徐敬業之良家，宜興義憤。玄黃血戰，應共

〔註17〕〔清〕康有為：論語注，姜義華、張榮華編校，康有為全集（第 6 集），北京：中國人民大學出版社，2007，395。

〔註18〕李帆：「夷夏之辨」之解說傳統的延續與更新──以康有為、劉師培對《春秋繁露》兩事的不同解讀為例，近代史研究，2006（6），99。

興故國之思。金翅鳥飛，宜共哀小龍之食。昔晉文復國，則御人之賞遍及。中宗復辟，則五王之伐最高。聖主重興，共茲大業，則爾公爾侯，自有前例。若屈膝以事偽主，甘心而立牝朝，則萬國攘臂而仗義，天下裂眥而公憤。冰山必難久倚，狐獵豈可同群？中興有日，難逃斧鉞之誅。風塵既擾，同遭瓦玉之碎。衣冠囚虜，皆投濁流。青史簡書，同編逆籍。豈若同舉敵愾勤王之義，咸屬奔問官守之心，名義正則天助其順，聖主存則國賴以興。逆順既明，去就易審，共除武莽，力贊中興。〔註19〕

這篇文采斐然的文字無非就是為了擁護光緒帝的大位，號令天下人襄助光緒帝。與此同時，康有為支持其弟子梁啟超、歐榘甲等人在日本東京創辦了《清議報》，作為輿論陣地，對勤王進行鼓吹、宣傳。在《答南北美洲諸華商論中國只可行立憲不能行革命書》一文指出：

孔子《春秋》之義，中國而為夷狄則夷之，夷而有禮義則中國之……吾子爵而不殊。蓋據亂之世，內及四夷，又曰王者無外，又曰遠方之夷，內而不外也。國朝入關二百餘年，合為一國，團為一體。除近榮祿、剛毅挑出此義，已相忘久矣。所謂滿、漢者，不過如土籍、客籍，籍貫之異耳。其教化文義，皆從周公、孔子，其禮樂典章，皆用漢、唐、宋、明，與元時不用中國之教化文字迥異。蓋化為一國，無復有幾微之別久矣。〔註20〕

康有為以《春秋》為依據，倡導滿、漢一體，滿、漢不過是籍貫之異，繼承了周公、孔子，繼承了中國，即能代表中國，以此提倡立憲，反對革命。康有為還在文中痛斥中國歷史上革命帶來的消極影響：

夫革命非一國之吉祥善事也。就使革命而獲成矣，為李自成之入燕京矣，為黃巢之破長安矣，且為劉、項之入關中矣。然以中國土地之大，人民之眾，各省各府語言不相通，各省各府私會不相通，各懷私心，各私鄉土；其未大成也，必州縣各起，省府各立，莫肯相下，互相攻擊，各自統領，各相併吞，各相屠滅，血流成河，死人如麻，秦、隋、唐、元之末季，必復見於今日。加以槍炮之烈，

〔註19〕湯志鈞：乘桴新獲──從戊戌到辛亥，南京：江蘇古籍出版社，1990，60～61。
〔註20〕〔清〕康有為：答南北美洲諸華商論中國只可行立憲不能行革命書，姜義華、張榮華編校，康有為全集（第6集），北京：中國人民大學出版社，2007，327。

非如古者刀矛也，是使四萬萬之同胞死其半也。董卓既除宦官，則
呂布殺卓，郭催、樊稠、張濟更迭相爭相殺，曹操、袁紹、袁術、
公孫瓚、孫權、劉備更迭並爭，或如晉八王之互攻。而五胡亂華，
中國偏安者三百年。或如尒朱亂魏，而高歡、宇文更迭競爭，名分
不定，則逐鹿並起，爭殺無已，血流如麋。以中國今日之人心，公
理未明，舊俗俱在，何能如歐洲民變之公。勢必大者王，小者侯，
如恒河沙，自攻自殘，日尋干戈，偷生不暇。何能變法救民？何能
整頓內治？夫歐美一切之美政、美學、美術，皆承平暇豫，而後能
為之。〔註21〕

康氏指出，正是基於中國歷史上歷朝歷代的慘痛的革命教訓，現今之中國亦
「公理未明，舊俗俱在」，故不可革命，必須如歐美等天下承平之後，才能進
行。而不久在《與同學諸子梁啟超等論印度亡國由於各省自立書》一文中明確
表示反對革命：

得書及報，極發自立之事，遠援法、美，近引呂、波，備極繁
詳，以為鼓動。嗚呼！何為出此亡國奴種之言也？嗚呼！何為吾人
乃發此亡國絕種之念也。義理、事勢之不可，昔已詳之。然諸子自
以多讀歐美之書，有法、美之事理深入腦中，以為各國已然之事，
大地必趨之勢，故敢毅然決然為之，以為事可必成，故不可以空言
虛義折也。嗟乎！諸子之誤引法、美，乃諸子之大謬也。蓋由於但
讀歐美之新書，而不能考亞洲之故事也。諸子之自以為博新學者，
豈知其大謬乃由於不學也。夫各國之為國，皆有其特別之情，萬不
能妄引他國為比例者也。夫自立之舉，若呂宋波亞、匈牙利、波蘭
之不成，既不足稱矣。若夫南北美、荷蘭、比利時、西班牙、葡萄
牙，及近者羅馬尼亞、門的內哥、塞爾維亞、布加利牙、埃及之國
自立，皆遠在萬里重洋之絕海，或近有同洲諸大均勢之扶持，或新
滅不久，或宗教不同，各國助之，故能有成。其地勢情事，皆與吾
國絕不相同，無絲毫之類也。夫以絕異之事勢，而但聞革命自立之
事則豔慕之，而不審己國之情實，乃遂妄言輕舉，以釀滔天之大禍，

〔註21〕〔清〕康有為：答南北美洲諸華商論中國只可行立憲不能行革命書，姜義華、
　　　　張榮華編校，康有為全集（第 6 集），北京：中國人民大學出版社，2007，316
　　　　～317。

以亡國絕種。嗚呼！豈料不學而誤讀書之毒乃至如是哉！〔註22〕

康有為在信中批評時人借鑒西方國家而自立的做法，認為不能以世界各國的情形來看中國，「以絕異之事勢，而但聞革命自立之事則艷慕之」實乃妄言輕舉，會遭致大禍，以至於亡國滅種。康有為繼續說：

> 以皇上之仁聖英武，通於外事，足以變法而強中國。以皇上之久歷艱難，能公天下，足以立憲而與民權。天生皇上之聖仁，令其閱歷變難，正所以救中國生民者也。夫使眾議紛紜，革命大亂而後能變法，則待之數百年而後成。夫中國為黃種之獨國，與法、美迴異；方今外人侵壓之力，豈能從容以百年之亂待之乎？若欲速變，非君主之權不能也。即如八股之案，建自王安石，行之千年；漕運之案，始自蕭何，行之二千年。若非以君主行之，豈能一朝而掃除之哉！吾昔遊英京倫敦，未到則極慕之，及遊其中，則尚未有電燈、電車也。蓋以眾議辦事之難也。若以君權變法，則舉歐美至美之政器藝術，可數年而盡舉之。故吾嘗妄謂中國強猶反掌也，三年而規模立，十年而治化成，實藉數千年君權之力而行之。戊戌之時，上未有權，而百日維新成效如此。此僕親辦之事，天下公認之效，非以美言欺人者也。〔註23〕

康有為以保皇為基礎，主張立憲與民權，細緻列出中西改革借由君主之力而獲得成功的諸多實例，倡君主為主的政治改良。康有為融入進化論重新理建立起來的夷夏觀，乃試圖以保皇為基礎，推行君主立憲的改良主張，這是其討論《春秋》中夷夏問題，反對胡安國「嚴華夷之限」的最終依歸。

在康有為看來，華夏與夷狄之間不是不變的，可以相轉變，關鍵是否有德，是否文明，對胡安國所堅持的華夷之限並不認可。在《春秋筆削大義微言考》中，康有為對夷夏問題多有探討，並與胡安國形成對話之勢。康有為指出，《春秋》之義，中國、夷狄之別，在於是否有德，對孫明復、胡安國在《春秋》中所堅持的嚴格的華夷之限進行了批評。在《董氏春秋學》中，康有為師徒重新挖掘董仲舒的「《春秋》無通辭之義」，再次批評宋儒孫明復、胡安國的堅守的華夷之限。在《孟子微》中，康有為對夷夏之間持開放的態度，以為夷夏之間

〔註22〕〔清〕康有為：與同學諸子梁啟超等論印度亡國由於各省自立書，湯志鈞編，康有為政論集（上冊），北京：中華書局，1981，1。

〔註23〕〔清〕康有為：答南北美洲諸華商論中國只可行立憲不能行革命書，姜義華、張榮華編校，康有為全集（第 6 集），北京：中國人民大學出版社，2007，320。

不是一種恒定的關係，是一種變動的關係，也是一種文明與野蠻的關係。

　　康有為對《春秋》的理解不完全來自於傳統今文經學中公羊學與董子，他亦深受西方進化論的影響。康有為對胡安國的夷夏觀進行了批評，其思想資源並不僅僅採用傳統《春秋》中的內容，亦融入了西方進化論的思維。康有為引用的西方進化論，對傳統《春秋》中的夷夏關係進行了了重新的詮釋與理解，即夷狄、中國不是人種上的差異，而在文明上的差異，夷狄可以進化而成為中國，進而推行自己的政治主張。

　　華夷之辨一直以來是滿清相當忌諱的問題，而康有為卻借用進化論來理解華夷之辨，乃是為了支撐其明確的政治訴求，既然夷狄可以進化為中國，那麼，滿清作為關外的異族統治中國即有合法性，自然不能以夷狄視之了。康有為站在維護清廷統治的角度，堅持保皇的立場，試圖推行君主立憲的政治主張，痛斥革命的消極性，這是其反對胡安國「嚴華夷之限」的最終目的。

6.2 黃節對胡安國《春秋傳》的新解

　　胡安國的《春秋傳》在晚清為國粹派的黃節所重新挖掘，他據胡安國的「《春秋》進吳楚，未嘗進夷狄」之論批駁董仲舒「晉變而為夷狄，楚變而為君子」，在人種上強調華夷之限、夷夏之防。他隱晦地指責清代官方對《左傳》《公羊傳》《穀梁傳》《春秋胡氏傳》有關「夷狄」問題討論文字的刊落之狀，企圖恢復四傳的原狀，刻意宣揚「攘夷」為《春秋》大義的思想。在理解夷夏關係上，黃節實際借助西方學者拉克伯里（Terrien de Lacouperie）的中國人種西來之說來理解這一問題，追溯華夏人種的來源崑崙山，與夷狄根本不同，旨在表明人種差異決定著夷夏之別，試圖建立新的夷夏觀，其意在排滿與反西。

6.2.1 對胡安國華夷之辨論述的推重

　　胡安國的《春秋胡氏傳》自從乾隆後期為官方廢除科考經目以後，逐漸為知識界遺忘，公開討論、議論的文字並不多見。可是到了晚清，尤其是辛亥革命發生之前的一段時間，沈寂已久的胡安國及其著作突然「復活」，作為一種思想資源被重新認識、篩取、利用，用來排滿、反滿、反西方，而作如此行動的是國粹派的黃節。晚清國粹學派曾是一股強勁的勢力存在，流風所扇，喧騰一時，1905 年年初，鄧實、黃節等人在上海成立國學保存會，稍後正式發行

其機關刊物——《國粹學報》,標榜「保種、愛國、存學」,章太炎、劉師培、黃侃、鄧實、黃節、馬敍倫、柳亞子、廖平等為該學報主要撰稿人,直至 1912 年停刊。黃節(1873～1935),原名晦聞,字玉昆,號純熙,作為國粹派的重要人物,他以《國粹學報》為陣地,重新清理《胡傳》中有關「華夷」問題的訊息,並將胡安國這一人物重新樹立起來,在晚清各種思想層出不窮的時代巨流之中,用以排滿與反西,可謂獨樹一幟。誠如賈小葉指出的那樣:

> 到了 20 世紀初年,革命派又重新拾起「夷夏之辨」的理論。不過,這一次,他們所針對的已經不是西方,而是滿族。「夷夏之辨」一度成了他們排滿革命的思想資源。〔註24〕

他在《國粹學報》集中發表了若干有關《春秋》的文字,分別是 1906 年 7 月的《春秋攘夷大義發微》與 1908 年 9 月的《黃史‧胡安國傳》,兩篇文字均宣揚、標舉胡安國的華夷思想。國粹派的章太炎、劉師培、馬敍倫、黃節等人皆有對《春秋》中的夷夏問題展開討論,選取中國傳統的夷夏之辨思想,作為宣揚民族主義一個顯著的側面。他們在闡述「《春秋》大義」時都很重視「內諸夏而外夷狄」的主題,〔註25〕章太炎認為,「《春秋》三傳雖異,而內諸夏而外夷狄則一」,攘夷之說,延綿不絕,三百年來已經深入人心;〔註26〕劉師培認為,「諸儒內夏外夷之言,豈可沒與」,鄭玄注《周易》,馬融注《尚書》,申公、劉向治《魯詩》,漢儒治《周官》以及《春秋》三傳,皆在「辨種族」,強調華夷之辨;〔註27〕馬敍倫認為,《春秋》大義為「大復仇」,讓百姓「辨其族類」「澈其榮辱之」,《春秋》經世先王之志,其治術分為三世,於據亂世,「張榮辱之義」,〔註28〕「復仇」「三世」之說實乃公羊家之言,亦藉此強調《春秋》中族類之別。其中,章太炎、黃節重新加以挖掘、解釋,二人對《春秋》中的「攘夷」大義具有相同的持守。章太炎提倡《春秋》中「內諸夏,外夷狄」之說,將之理解成民族主義,是為攘夷:

> 經籍之應入史類而尤重要者,厥維《春秋》。《春秋》三傳雖異,

〔註24〕賈小葉:1840～1900 年間國人「夷夏之辨」觀念的演變,史學月刊,2007 (10),62。

〔註25〕羅檢秋:清末古文家的經世學風及經世之學,近代史研究,2001 (6),38。

〔註26〕〔清〕章太炎:論讀經有利而無弊,張勇編,章太炎學術文化隨筆,北京:中國青年出版社,1999,309。

〔註27〕〔清〕劉師培:兩漢種族學發微論,中國中古文學史,北京:中國畫報出版社,2010,229。

〔註28〕〔清〕馬敍倫:孔子政治學拾微,國粹學報(第 18 期),1906 年 7 月。

而「內諸夏，外夷狄」則一。自有《春秋》，吾國民族之精神乃固，雖
亡國者屢，而終能光復舊物，還我河山，此一點愛國心，蟠天際地，
旁礴鬱積，隱然為一國之主宰，湯火雖烈，赴蹈不辭，是以宋為元滅
而朱明起，明為清滅而民國興……蓋自明社既屋，亭林、船山諸老倡
導於前，晚邨、謝山諸公發憤於後，攘夷之說，綿綿不絕，或隱或顯，
或明或暗，或騰為口說，或著之簡冊，三百年來，深入人心，民族主
義之牢固，幾如泰山磐石之不可易，是以辛亥之役，振臂一呼，全國
響應，此非收效於「內諸夏，外夷狄」之說而何？〔註29〕

章太炎嘗言，「外祖朱氏，嘗授以《春秋》大義，謂夷夏之辨，嚴於君臣，服
膺片言，以至沒齒」。〔註30〕

　　黃節進行了一系列經典「復活」的工作，將為清廷處理過的《春秋》文獻
重新揭顯出來，隱晦地指責清廷對《左傳》《公羊傳》《穀梁傳》以及《胡傳》
有關「夷狄」論述的刊落之狀，而藉此宣揚「攘夷」才是《春秋》大義的論述。
他說：

　　自宋以來，孫明復以尊王發《春秋》，胡安國以復仇傳《春秋》，
皆處乎其時而有隱痛者為之，華夷之辨賴以復著。不幸神州陸沉，
異□入主，變亂經傳以行其奸，逮至□初□□□諸人奉勒制《春秋》
傳說，□□乃取經傳之誅絕夷狄者，概從刊落，至於一文一字之間，
猶復竄易不遺，而大義亦霾矣。〔註31〕

為了不犯清人忌諱，黃節對清廷的批評採用了模糊手法，「異□入主」「逮至□
初□□□諸人」「□□乃取經傳之誅絕夷狄者」皆用空格加以迴避處理。如果
我們將其中內容填補，空缺內容應是：「異族入主」「逮至清初張廷玉諸人」「滿
人乃取經傳之誅絕夷狄者」。康熙時，王掞、張廷玉等曾勒纂《欽定春秋傳說
彙纂》，羅列四傳（《左傳》《公羊傳》《穀梁傳》《胡傳》）以及他傳之注，但凡
言及「夷狄」的內容大都遭到刪易。黃節在此處宣揚孫明復、胡安國，以為「華
夷之辨賴以復著」，指責清人將「經傳之誅絕夷狄者，概從刊落」之舉，致使
「一文一字之間，猶復竄易不遺」，《春秋》之「大義亦霾」。他接著說：

　　《春秋》：齊人伐山戎。莊公三十年。《穀梁傳》曰，齊人者，

〔註29〕〔清〕章太炎：論讀經有利而無弊，演講集，章太炎全集，上海：上海人民出
　　　　版社，2015，567。
〔註30〕湯志均編：章太炎年譜長編，北京：中華書局，2013，4。
〔註31〕〔清〕黃節：春秋攘夷大義發微，國粹學報，揚州：廣陵書社，2006，2172。

齊侯也。其曰人，何也？愛齊侯乎！山戎也，其愛之何也？桓內無
因，國外無從，諸侯而越千里之險，北伐山戎，危之也，則非之乎？
善之也，何善乎？爾燕周之分子也。貢職不至，山戎為之伐矣。此
《春秋》攘夷大義也。而□□刊落之。〔註32〕

「而□□刊落之」所空缺處填補是「而滿人刊落之」。黃節指出，《彙纂》對
《穀梁傳》中有關討論齊侯與山戎的內容刊落，而刊落之處正是「《春秋》攘
夷大義」。黃節指出《彙纂》對《胡傳》中有關夷夏之防、華夷之辨討論的刪
節的例子不一而足。譬如：

《春秋》成公九年冬，秦人白狄伐晉。安國曰，經所謹者，華
夷之辨也。晉嘗與白狄伐秦，秦亦與白狄伐晉，類族不復分矣。其
稱人，貶詞也。中國友邦自相侵伐，已為不義。又與非我族類者共
焉，不亦甚乎？〔註33〕

又如：

《春秋》莊公十年秋，荊敗蔡師於莘，以蔡侯獻舞歸。安國曰，
蔡侯何以名，絕之也。為其服為臣虜，故絕之也。國君死社稷，正
也，逃之雖罪，猶有恥焉，虜甚矣。蓋責徽、欽也。〔註34〕

以上有關胡安國討論華夷之辨的內容，在《彙纂》中皆遭刪汰。黃節如此細密
地去勘查《彙纂》對《胡傳》刊落之處，他試圖恢復胡安國「夷夏之辨」的《春
秋》論述的原貌，進而藉以凸顯其中的「攘夷」思想。他對胡安國十分推重，
他說：

安國以為宋雖南渡，靦顏事虜，僅而得存，非《春秋》之所許，
則與其亡其國而申大義於天下，毋寧為愈，當是時以《春秋》排眾
議而正天下之失者，惟安國一人而已。〔註35〕

胡安國所著《春秋》乃針對宋廷渡江而發，其偏安一隅，「靦顏事虜」，「非《春
秋》之所許」，「以《春秋》排眾議而正天下之失者，惟安國一人而已」，這個
評價相當之高。《胡傳》有關夷夏討論的文字在《彙纂》中被官方刻意而小心
刊落情況，遠不止黃節所舉出的這幾例，但凡語含刺激地去討論「夷狄」問
題，皆都遭到官方的刪節。包括《胡傳》在內的四傳何以遭到刪節呢？其中夷

〔註32〕〔清〕黃節：春秋攘夷大義發微，國粹學報，揚州：廣陵書社，2006，2173。
〔註33〕〔清〕黃節：黃史，國粹學報，揚州：廣陵書社，2006，4756～4757。
〔註34〕〔清〕黃節：黃史，國粹學報，揚州：廣陵書社，2006，4756～4757。
〔註35〕〔清〕黃節：黃史，國粹學報，揚州：廣陵書社，2006，4757。

夏之防的內容，容易使人引發聯想，刺激到滿人的異族身份。傳統夷夏之辨，
乃是以地理空間的內外（「內諸夏而外夷狄」）與族類或血緣差異（「非我族類，
其心必異」）為基礎來劃分彼我之別的，黃節等人皆持守了這一點。

黃節說：「《春秋》進吳楚，未嘗進夷狄，欸自安國發之。執董子之論以說
《春秋》，鮮有能通其義者。」〔註36〕黃節還深入經文，進一步駁斥董仲舒。
他說：

> 昭公十二年。《穀梁傳》曰，其曰晉，狄之也，其狄之何也？不
> 正其與夷狄交伐中國，故狄稱之也。則晉非狄也，然則夷狄惡名，
> 《春秋》之通辭。與吾中國異種者，皆在屏絕之例。若以吾種人臨
> 制夷狄，有夷狄之行，則《春秋》亦夷狄之，否則進之，故《春秋》
> 之進吳楚，非進夷狄也。董生之言乃闇於是與。〔註37〕

按照《穀梁傳》說法，晉與夷狄交伐中國，故以狄稱之。然黃節以為，夷狄惡
名乃《春秋》通辭，與中國異種者，都應當在屏絕之例，若「吾種人臨制夷狄，
有夷狄之行」，《春秋》亦將之視為夷狄，「否則進之」，所以「春秋之進吳楚，
非進夷狄也」，批駁董仲舒「言乃闇於是」。黃節在此一樣以「吾種人」的族類
觀念來看華夷問題，一再道明「夷狄惡名乃《春秋》通辭」，可是在這個通辭
之外，若有族類內之人有夷狄之行，猶以夷狄視之。譬如：

> 僖公三十三年。《公羊傳》曰，其謂之秦何，夷狄之也。《穀梁
> 傳》曰，不言戰而言敗，何也？狄秦也。其狄之何也？秦越千里之
> 險入虛國，進不能守，退敗其師，徒亂人子女之教，無男女之別，
> 秦之為狄，自殽之戰始也。此之狄秦猶之狄楚，所以示吾種人雖臨
> 制夷狄而有夷狄之行，亦夷狄之。〔註38〕

黃節《公羊傳》與《穀梁傳》都以秦為夷狄，與楚一致，表示「吾種人雖臨制
夷狄而有夷狄之行，亦夷狄之」。而早在《國粹學報》1905 年《史篇》第 1 期
的《黃史・種族書》中，黃節曾持同樣的論調來批駁董仲舒，他說：

> 《春秋》：荊敗蔡師於莘。《穀梁傳》曰，荊者，楚也。何為謂
> 之荊，狄之也。董子曰，吳俱夷狄也。柤之會，獨先外之，為其與
> 我同姓也。是故《春秋》所惡於吳楚者，謂其夷狄之行爾。《春秋》

〔註36〕〔清〕黃節：黃史，國粹學報，揚州：廣陵書社，2006，4758。
〔註37〕〔清〕黃節：春秋攘夷大義發微，國粹學報，揚州：廣陵書社，2006，2171～
　　　　2172。
〔註38〕〔清〕黃節：春秋攘夷大義發微，國粹學報，揚州：廣陵書社，2006，2174。

所進於吳楚者，謂其非夷狄之種爾。悲夫！以殊類而宰制中夏或乃

執大同之說，託《春秋》以進夷狄，豈所語於《春秋》者邪？〔註39〕

黃節對董仲舒「楚與吳俱夷狄」的說法予以駁斥，以為董仲舒作如此理解，乃為「以殊類而宰制中夏或乃執大同之說，託《春秋》以進夷狄」，並指「《春秋》所惡於吳楚者，謂其夷狄之行爾」。「《春秋》所進於吳楚者，謂其非夷狄之種爾」，還是在論證其「《春秋》進吳楚，未嘗進夷狄」的論點，堅持華夷之辨。

6.2.2 以西方人種論再造夷夏觀

英國學者拉克伯里（Terrien de Lacouperie）的中國人種西來說〔註40〕曾風靡一時，章太炎、黃節深受影響。章太炎採認西方學者拉克伯里（Terrien de Lacouperie）的中國人種西來說的看法，他1904年出版的《訄書》重訂本中說：

方夏之族，自科派利（即拉克伯里）考見石刻，訂其出於加爾特亞（古巴比倫地區）；東踰蔥嶺，與九黎、三苗戰，始自太皓；至禹然後得其志。微之六藝傳記，蓋近密合矣。其後人文盛，自為一族，與加爾特亞漸別。其比鄰諸部落，有禮俗章服食味異者，文謂之夷，野謂之狄、貉、羌、蠻、閩，擬以蟲獸，明其所出非人。〔註41〕

在章太炎看來，華夏來自於西方的古巴比倫，人種差異從根本上決定了夷夏之別，並從此一角度將狄、貉、羌、蠻、閩排斥在外。章氏還特意對黃、白、黑、赤等不同人種的形成過程、分別和地域分布加以考究。〔註42〕從人種的起源來看，章氏又有另外一番看法：

人之始，皆一尺之鱗也，化有騷晚而部族殊，性有文獷而戎夏殊。含生之類，不爪牙而能言者，古者有夷狄，不比於人，而晚近

〔註39〕〔清〕黃節：黃史，國粹學報，揚州：廣陵書社，2006，424～425。
〔註40〕拉克伯里（Terrien de Lacouperie）乃法裔英國人，其在1894年出版的《中國上古文明的西方起源》（Western Origin of the Early Chinese Civilization）一書中指出，中國人種來自於兩河流域的巴比倫（Bbobylonia），中國人的祖先黃帝乃巴比倫人。具體參見孫江：拉克伯里關於中國文明源於巴比倫的假說，中國社會科學報，2010，5，18；孫江：拉克伯里「中國文明西來說」在東亞的傳佈與文本之比較，歷史研究，2010（1），116～117。
〔註41〕〔清〕章太炎：序種姓，訄書（重訂本），章太炎全集，上海：上海人民出版社，2014，169～170。
〔註42〕〔清〕章太炎：序種姓，訄書（重訂本），章太炎全集，上海：上海人民出版社，2014，169。

諱之。〔註43〕

將戎、夏的部族之別歸因於人進化的早晚，此是自然進化之勢，「凡虜姓，今雖進化，然猶當辨其部族，無令紛糅」。〔註44〕他還從種性差別來探討民獸之別：

> 民獸之不秩敘，千有五百歲矣。凡大逆無道者，莫劇篡竊。篡竊三世以後，民皆其民，壤皆其壤，苟無大害於其黔首，則從雅俗而後關之，亦可矣。異種者，雖傳銅瑁至於萬億世，而不得撫有其民。何者？位蟲獸於屏扆之前，居雖崇，令雖行，其君之實安在？虎而冠之，猿狙而衣之，雖設醮醴，非士冠禮也……蓋人獸之界限程度，本無一定，予之過濫，則梟雄陽尚以人言，況戎狄耶？若專以文理條貫格之，則戎狄特稍進。不以形，不以言，不以地，不以位，不以號令，種性非文，九趨不曰文，種性文，雖百挫亦人。〔註45〕

也就說，種性差異從根本上造成了民獸差異，即便是禮教也無法改變異種者的本質，故而「種性非文，九趨不曰文，種性文，雖百挫亦人」。不過章太炎很快反悔了，放棄了拉克伯里「中國人種西來」的說法，他在1909年的一次演講裏面即說「法國人有句話，說中國人種原是巴比倫來，又說中國地方本來都是苗人，後來被漢人驅逐了。以前我頗信這句話，近來細細考證，曉得實在不然」。在1914年出版《檢論》時，章氏將談及拉克伯里「中國人種西來」的內容皆加以刪除。

黃節雖皆對傳統的夷夏觀有所挖掘，然他在理解夷夏問題時，卻加入了西方人種論的看法，試圖從人種論角度重新建立新的夷夏觀。1905年，《國粹學報》在上海刊行，黃節以此為陣地，發表他的夷夏論述。他在《國粹學報》上發表《黃史》一文中說：「《春秋》進吳楚，未嘗進夷狄，欻自安國發之，執董子之論以說《春秋》，鮮有能通其義者。」〔註46〕又在《春秋攘夷大義發微》中說：

> 自董生《繁露》，援據於邲之戰，謂晉變而為夷狄，楚變而為君

〔註43〕〔清〕章太炎：原人，訄書（重訂本），章太炎全集，上海：上海人民出版社，2014，165。
〔註44〕〔清〕章太炎：原人，訄書（重訂本），章太炎全集，上海：上海人民出版社，2014，168。
〔註45〕〔清〕章太炎：原人，訄書（重訂本），章太炎全集，上海：上海人民出版社，2014，166～167。
〔註46〕〔清〕黃節：黃史，國粹學報，揚州：廣陵書社，2006，4758。

子，以為《春秋》無通辭，從變而移，於是《春秋》華夷之限遂至大潰。夫夷狄惡名，此《春秋》之通辭，《春秋》有進吳楚之義而無進夷狄之義，吳楚者，其地荊蠻而其臨制之者，吾種人也。故繇其地則用夏變夷，繇其主人，則吾黃帝之子孫，蓋可進也，若夷狄，其地在王化以外，而其臨制之者，非吾種人，蓋必不可進也。〔註47〕

邲之戰，事見《左傳‧宣公十二年》。董仲舒的《春秋繁露》以為，晉變而為夷狄，楚變而為君子，「《春秋》無通辭，從變而移」，亦即華夷可以相互轉變、演進，而黃節卻大加申斥，「《春秋》華夷之限遂至大潰」。在他看來，夷狄惡名乃《春秋》通辭，「有進吳楚之義而無進夷狄之義」，吳楚雖然地處荊蠻，而臨制之人乃為「吾種人」，「繇其地則用夏變夷」，「繇其主人，則吾黃帝之子孫」，故可以轉變、演進，如果是夷狄，其地域在王化之外，其臨制之人不是「吾種人」，故不可轉變、演進。黃節分明是以族類來判劃夷夏的，以此來嚴守夷夏之防，這個族類是以黃帝之子孫為標準，在黃帝子孫族類內的，不管地有多遠，仍可以轉變、演進為華夏，而在這個族類以外的，一定不可，他屢次表達此意。黃節繼續駁斥董仲舒，他說：

昭公十二年。《穀梁傳》曰，其曰晉，狄之也，其狄之何也？不正其與夷狄交伐中國，故狄稱之也。則晉非狄也，然則夷狄惡名，《春秋》之通辭。與吾中國異種者，皆在屏絕之例。若以吾種人臨制夷狄，有夷狄之行，則《春秋》亦夷狄之，否則進之，故《春秋》之進吳楚，非進夷狄也。董生之言乃闇於是與。〔註48〕

他以「吾種人」為標準，在討論夷夏問題時實際也摻入了人種論的思維，以人種之差來劃定夷夏。

黃節受到了西方學者拉克伯里（Terrien de Lacouperie）人種西來說這陣風的影響。黃節在《黃史》中討論中國人種的來源時云：

吾種人來自西方，有可考見者。古書所載盤古生於大荒，莫知其始，摶土引絙，渺邈難信。克比利謂吾國太古民族自加爾特亞、巴比倫轉移東下，近時學者謂加爾特亞蓋即古所謂葛天（餘杭章氏言爾、亞餘音，中國語簡去之遂曰加特，亦曰葛天），巴克者，盤古

〔註47〕〔清〕黃節：春秋攘夷大義發微，國粹學報，揚州：廣陵書社，2006，2171。

〔註48〕〔清〕黃節：春秋攘夷大義發微，國粹學報，揚州：廣陵書社，2006，2171～2172。

一音之轉，西方稱吾民族為巴克民族，即盤古民族。夫地名、人名
重譯不齊，審音比附將毋可信。若今裹海西南隅則有巴克地名（諸
暨蔣觀雲說），斯又何從邪？吾聞之天皇被跡於柱州崑崙山下（遁甲
開山圖），崑崙有名曰巴爾布哈者（蔣廷錫《尚書地理今釋》），巴爾
布哈之音殆與巴克尤近，其為崑崙山本名邪？且帕米爾諸土番稱其
酋長亦曰伯克（元和胡祥鏛《帕米爾輯略》，據薛福成稿本），然則
以高山名其酋長，則謂巴克民族即崑崙民族。〔註49〕

黃節在此引用「克比利」（拉克伯里）的「西來說」，批評章太炎等「謂加爾
特亞，蓋即古所謂葛天」「巴克者，盤古一音之轉，西方稱吾民族為巴克民族，
即盤古民族」的說法，指出崑崙有名巴爾布哈，其音與巴克尤近，加之帕米
爾土番稱其酋長為伯克，故巴克民族即是崑崙民族，這與拉克伯里所謂的中
國人種來自巴比倫的說法就相去甚遠了。在此，我們不難看出，黃節所說的
「西方」在帕米爾高原的崑崙山，不在巴比倫，由此，黃節對最早依據中國
古代文獻對拉克伯里「西來說」進行了改寫。〔註50〕如此一來，黃節對華夏
人種的追索，不過是試圖重新塑造有別於傳統的夷夏觀，傳統《春秋》中的
夷夏之辨是以地理、族類為標準來劃界的，而黃節人卻從人種源頭進行考察，
以人種來劃定夷夏。

6.2.3 排滿與反西

黃節利用西方人種論來建立新的夷夏觀，意欲何為？他們並不是一時興
起的，而是有明確地內在訴求，而黃節乃為了排滿與反西。既然黃節以中國人
種西來說為基礎，華夏人種來在於崑崙山，那麼滿族、西方人自然排除在外了。
他在《國粹學報》上撰寫的《攘彝》一文中說：

區亞洲種族凡六，而吾黃族實居其一，四千年歷史之人種為最
貴矣。環吾族而處者於北曰狄，厥種為犬，於南曰蠻，厥種為蛇，
於東北曰貉，厥種為豸，西曰羌，厥種為羊人。〔註51〕

黃節言「吾黃族」在人種上為最貴，其他地域分別以犬、蛇、豸、羊人視之，
其中東北亦在此列。東北乃滿人發跡之地，黃節在此亦暗指滿人，作人種上與

〔註49〕〔清〕黃節：黃史，國粹學報，揚州：廣陵書社，2006，412。

〔註50〕參見孫江：拉克伯里「中國文明西來說」在東亞的傳佈與文本之比較，歷史研
　　　　究，2010（1），133。

〔註51〕〔清〕黃節：黃史，國粹學報，揚州：廣陵書社，2006，425。

漢人的區分。不但如此,他接著還將周邊的部落、國名、所竊據之地、興亡時間列於文後,亦將女真歸為「豸」類。〔註52〕他批評女真人對漢人的壓制:

> 女真人入主中夏,懼士民懷貳,始創屯田軍,率其種人,徙居
> 中州,與百姓雜處,計戶授田,使自耕種……慮胡漢相鬥,乃令種
> 人自為保聚其土地,與民犬牙相錯者,互易之,使各有界別而禁種
> 人學為漢人,又禁學為南人之服飾。〔註53〕

黃節於此處揭露女真入主中原後,立屯田軍制度,為防止胡漢相鬥,進行土地上的區分,「禁種人學為漢人,又禁學為南人之服飾」。他在《黃史》的總敘中說:

> 迄女真遂奄中州而有之……《春秋》之義,不可曠年而無君,
> 然則今日修史,獨可曠二百餘年而無國乎!黃史氏曰:悲夫,吾國
> 史之羞也久矣乎!中國之不國也,而何史之足云。〔註54〕

黃節在此隱晦批評滿清統治的兩百多年,對中國文化的控制與歷史記憶的清除,導致國之無史,「中國之不國」。東北乃滿人發源地,而女真乃滿人先祖,黃節並未明確直指清人、滿人,但含沙射影,通過討論東北、女真,從種族、土地制度、服飾、氏族、文化等方面強調中原(黃族)與女真之別,顯然所指在滿清,意在排滿、反滿。章太炎也持同樣的看法,章太炎將滿洲歸為通古斯人種,與華夏不同,〔註55〕並且進一步指出滿洲亂政之由在於其天性習慣所致:

> 且今所惡於滿洲政府者,非在制度不良,在所好與所令異。若
> 就其法令成文以斷今之政事,則一命以上,比屋可誅,亦非清律所
> 能容亦。而所以不可禁者,肉食之性,天縱貪饕,務在上下容隱,
> 比周為奸,久之則反以簡易寬容為長德。故滿洲之亂政,非自其法
> 令成,自其天性與習慣成。〔註56〕

他在給康有為的書信中斥滿洲為異種賤族,非華夏之族,亦意在逐滿、排滿:

> 無他,亦曰異種賤族,非吾中夏神明之冑,所為立於其朝者,

〔註52〕〔清〕黃節:黃史,國粹學報,揚州:廣陵書社,2006,428。
〔註53〕〔清〕黃節:黃史,國粹學報,揚州:廣陵書社,2006,430。
〔註54〕〔清〕黃節:黃史,國粹學報,揚州:廣陵書社,2006,404。
〔註55〕參見馬騂:章太炎的民族主義:天下、世界與民族國家,雲南民族大學學報,2011(5),202。
〔註56〕〔清〕章太炎:章太炎政論選,北京:中華書局,1977,423～424。

特曰冠貂蟬、襲青紫而已。其為滿洲之主則聽之，其為歐、美之主
則聽之，本陳名夏、錢謙益之心以為心者，亦二百年而不變也。然
則滿洲弗逐，而欲士之爭自濯磨，民之敵愾效死，以期至乎獨立不
羈之域，此必不可得之數也。浸微浸衰，亦終為歐、美之奴隸而已
矣。非種不鋤，良種不滋，敗群不除，善群不殖，自非躬執大彗以
掃除其故家污俗，而望禹域之自完也，豈可得乎？〔註57〕

前已言及，黃節對「西方」的看法是崑崙山，而非巴比倫，這樣就決定了其對
西方的態度。他從種族、制度層面，指出中西之間的差異，意反西。黃節對
「醉心歐化」開篇就有批評：

　　海波沸騰，宇內士夫，痛時事之日，亟以為中國之變。古未有
　　其變，中國之學誠不足以救中國，於是醉心歐化，舉一事革一弊，
　　至於風俗習慣之各不相侔者，靡不惟東西之學說是依。〔註58〕

他對「中國之學誠不足以救中國」予以反思，且反思、檢討當時時尚的「醉心
歐化」之風，只是「舉一事革一弊」。他說：

　　吾國學者，不在泰西，而在日本乎！何也？日本與吾國同文而
　　易殽也。譬之生物焉。異種者，雖有複雜，無害競爭。惟吾同種異
　　類者，雖有競爭而往往為其所同化，泰西與吾異種者也，日本與吾
　　同種而異類者。〔註59〕

黃節在此表明，學習日本，而不應學習西方，原因在於「日本與吾國同文而易
殽也」，「泰西與吾異種者也，日本與吾同種而異類者」，他採用「同種」與「異
種」觀看待日本與西方。

　　他在《春秋攘夷大義發微》亦說：

　　泰西民族主義洶洶東侵，於是愛國之士輒欲辨別種族而先行域
　　內，則涉於政治者亦有一二，然斯誼弗明，為舉世所害。〔註60〕

黃節表達出對西方的民族主義的防範，必先「辨別種族」，所謂「斯誼」即是
他反覆論述的《春秋》「攘夷」大義。他在《禮俗書》中說：

〔註57〕〔清〕章太炎：駁康有為論革命書，姜義華、朱維錚編，章太炎選集，上海：
　　　　上海人民出版社，1981，181～182。
〔註58〕〔清〕黃節：國粹學報敘，國粹學報，揚州：廣陵書社，2006，8。
〔註59〕〔清〕黃節：國粹學報敘，國粹學報，揚州：廣陵書社，2006，8。
〔註60〕〔清〕黃節：春秋攘夷大義發微，國粹學報，揚州：廣陵書社，2006，2177
　　　　～2178。

　　　　黃史氏曰，夫禮，立君必詢諸民，斯禮也。由唐虞以達，春秋戰
　　國猶有行焉者。蓋非一時之美俗矣。悲夫！自秦以後，私國土者，則
　　皆為子孫帝王萬世之計而斯禮不明。今西方民主國絢其美治，以為創
　　於孟德斯鳩、盧騷諸人而用醜吾國。於戲，其由失古之禮與？〔註61〕

黃節指出「立君必詢諸民」乃中國古禮，只是在秦代以後，斯禮乃不明，西方
民主國家「絢其美治」，以為為孟德斯鳩、盧騷創造而「用醜吾國」，是「失古
之禮」。章太炎在為黃節所撰寫的墓誌銘中提及他創辦《國粹學報》，辨夷夏之
義的行止，說：

　　　　與同學鄧實等集國學保存會，搜明清間禁書數十種，作《國粹
　　學報》以辨夷夏之義。時炳麟方出，係東避地日本，作《民報》以
　　相應，士大夫傾心光復自此始。〔註62〕

《黃節詩集》中亦有一段評介文字：

　　　　以種族革命之大義，昌告國人，而文章爾雅，援說瑰博，一時
　　承學之士，聞風瞿然……二十餘年來，追數牘、啟問學、倡導改制
　　之功，以文字鼓吹者，《國粹學報》褎然居其一。〔註63〕

可見黃節在《國粹學報》上闡發夷夏之義的文字在當時士大夫、知識圈的影響
力。1906 年，兩江總督端方，因《國粹學報》從古籍經史中發揮種族思想，散
佈排滿言論，影響到在朝為官的漢人士大夫，於是派專人與黃節、鄧實相晤，
允諾以鉅資贊助，並在杏花酒樓舉行集會，嚴復亦在列，欲招徠黃節，但為其
所拒。〔註64〕亦可見，當時黃節在《國粹學報》上提倡夷夏之義的種族論思想
影響之大，以至於滿清官員端方欲設計接納、招攬。

　　晚清國粹派的章太炎、劉師培、馬敘倫、黃節等人皆有對《春秋》中的夷
夏問題展開討論，選取傳統的夷夏之辨思想，作為宣揚民族主義一個顯著的側
面。他們在闡述「《春秋》大義」時都很重視「內諸夏而外夷狄」的內容。黃
節在《國粹學報》中將為清廷處理過的《春秋》文獻重新揭顯出來，隱晦地指

〔註61〕〔清〕黃節：黃史，國粹學報，揚州：廣陵書社，2006，450。
〔註62〕〔清〕章太炎：黃晦聞墓誌銘，沈雲龍編，近代中國史料叢刊續編第十三輯，
　　　　臺北：文海出版社，1974，12～13。
〔註63〕〔清〕黃節著、馬以君：黃節詩集，北京：中國人民大學出版社，1989，
　　　　286。
〔註64〕李紹清：黃晦聞之生平及其政治、學術思想舉例，廣州文史資料委員會編，廣
　　　　州文史資料，1963，211。

責清廷對《左傳》《公羊傳》《穀梁傳》以及《胡傳》有關「夷狄」論述的刊落之狀，試圖恢復胡安國「夷夏之辨」的《春秋》論述的原貌，宣揚夷夏之防。除此，黃節還在《國粹學報》上以胡安國「《春秋》進吳楚，未嘗進夷狄」之說而駁斥董仲舒「託《春秋》以進夷」，十分推崇胡安國的夷夏之論。

黃節雖皆對傳統的夷夏觀有所挖掘，然他在理解夷夏問題時，卻加入了西方人種論的看法，試圖從人種論角度重新建立新的夷夏觀。黃節吸收西方學者拉克伯里中國人種西來說，並將崑崙山視為中國人種的來源之地，以人種來劃定夷夏。黃節對華夏人種的追索，不過是試圖重新塑造有別於傳統的夷夏觀，傳統《春秋》中的夷夏之辨是以地理、族類或文化為標準來劃界的，而黃節人卻從人種源頭進行考察，發現了新的視角。

黃節以中國人種西來說為基礎，將漢人與滿人、西方人作出切割。一則，他對東北、女真進行討論，從種族、土地制度、服飾、氏族、文化等方面強調中原（黃族）與女真之別，為宋明遺民著書立傳，搜集其文獻，旌表他們的民族氣節，皆是為了意在排滿、反滿；二則，他重新檢討「醉心歐化」的論說，從種族、風俗上批評西方，堅持本國之學。黃節的排滿與反西主張以其所倡導人種西來說為基礎，將滿人與西方人排除在「吾黃族」人種之外，進而建立漢人在中國的合法性。

結　論

　　宋儒胡安國因感於南宋偏安一隅的情勢而作《春秋傳》，元初被列入於科
考程序之中，一直沿用到清代乾隆後期。論及清代學術，最為人所津津樂道的
莫過於漢、宋之爭，以及產生巨大影響的乾嘉考據學，從學術史上看，這固然
是一個繞不開的重要話題，本文借由清代這一歷史脈絡，以胡安國《春秋傳》
為引子，嘗試展現出清代學術、思想不同的面目。胡安國以天理觀來解釋《春
秋》，並以之統攝「尊王攘夷」，對天人關係、人倫關係、夷夏關係進行了深入
探討。在天人關係上強調畏天、敬天，人倫關係上強調尊王、尊君，在夷夏關
係上強調攘夷、變夷，在天人、人倫關係上，胡安國以理學家的身份，意在勸
導宋高宗以天克己，同時以己制臣，在夷夏關係上，胡安國一攘一變，實則體
現了宋高宗、胡安國君臣應對北方金人而展開抗與和的多元策略，以此安撫國
內的主戰派與主和派，統一天下人心。因此，胡安國《春秋傳》並不是一部簡
單的經學著作，其具有極強的經世意圖，實在是一部富有政治哲學式思考的政
治策論。而作為一部這樣的著作，在清代歷史脈絡之中卻呈現出不同程度的
「引申」與「誤讀」。本文重點呈現政治、科舉對胡安國《春秋傳》遭際的重
要影響。

　　其一，政治的影響。於清初知識界而言，王夫之、顧炎武雖推崇胡安國的
地位，然他們卻更加強調「攘夷」高於「尊王」，到了毛奇齡卻走向了反面，
不僅駁斥胡安國的「攘夷」之論，且極力推重「尊王」的一面，可見清初知識
界對胡安國的理解存在巨大差異，這也顯示出清初士人對清廷態度由反抗轉
向了認同。在清代官方方面，康熙帝雖尊崇胡安國，推其「尊王」的一面，而

將「攘夷」的一面加以棄置。知識界與官方實則存有不同的政治訴求，王夫之、顧炎武堅持抗爭，而毛奇齡卻早已接受清廷的延攬、籠絡，而作為異族的清廷，為了掩蓋夷夏分別的政治目的，自然要將胡安國「攘夷」的一面進行迴避。到了清高宗乾隆帝時期，「大一統」成為主流話語，胡安國《春秋傳》不僅被嚴肅責難，還被全面刪削、改竄。乾隆帝已不如康熙帝那般推許胡安國，他不僅不再採用胡安國天理觀，還對其所涉及的「攘夷」論述進行全面的清理，只剩下「尊王」的一面。此一時期的公羊學者莊存與、孔廣森接受了胡安國的天理觀念，從攘夷轉向進夷，對胡安國之論進行推進性的改造，他們還身體力行，馳騁仕途，以完全呼應清帝的「大一統」敘事。從康熙帝到乾隆帝，清帝對皇權的操控是愈來愈嚴苛，對政治違礙之處的容忍是愈來愈低，而另一方面是，知識界望風而動，二者形成一種頗為默契的關聯。等到了晚清時期，康有為、黃節將討論胡安國的焦點集中在夷夏關係上。康有為援引西方進化論的觀點，重新理解夷夏關係，欲打破夷夏關係上以種族、地理空間為限制的壁壘，進而以夷進夏，為保皇、改良張本。而黃節則援引西方人種論的觀點，以人種差異為根本性的區分來鞏固夷夏之別，為排滿、反西立論。胡安國《春秋傳》遭遇到了新的歷史情景，已經不限於傳統《春秋》學中夷夏之間循環式討論了，被康有為、黃節融入西學加以重新理解，這是一個不同於舊有知識系統的理解模式。可以說，晚清內外交困的時政衝擊對知識界重尋、再思胡安國提供了新的契機。從清初到晚清，官方、學者對胡安國《春秋傳》的理解時時受到時勢、政治的影響。

其二，科舉的影響。胡安國《春秋傳》在元初被納入到科舉程序之中，得益於程朱理學在元廷取得了最高主導地位，這種制度性設置，一直影響到明清時代。無論是明初洪武時期添設宋人張洽的《春秋集注》，還是明成祖時期將張注廢除，改用元人汪克寬的《春秋胡氏傳附錄纂疏》，這些細微的變化，並沒有動搖《胡傳》的地位，科舉中還是一以胡安國《春秋傳》為定準，此後一直延續到清代的順治、康熙、雍正、乾隆四朝。清代學者王夫之、顧炎武、毛奇齡、莊存與、孔廣森皆對胡安國《春秋傳》進行討論，或繼承或批判，而清代官方亦是如此，從康熙帝到乾隆帝，皆有熱烈討論，這些討論正是基於胡安國《春秋傳》尚處於科舉程序中這一大的背景。等到乾隆五十八年（1793），清高宗下詔將胡安國《春秋傳》從科舉中廢除，延用了四百多年的《胡傳》遂退出科舉舞臺，艾爾曼（Benjamin A. Elman）認為清高宗此舉

為「息止了一場漢、宋之爭」，〔註 1〕「漢學在朝廷的獲勝」，〔註 2〕完全以漢、宋之爭視之，則沒有注意到清廷的「大一統」形勢。此後在相當長的一段時間內，《胡傳》如同消失了一般，無論是學者還是官方，皆不復討論《胡傳》，幾乎到了無人問津的程度，直到晚清時期才為人所道及。我們甚至可以這樣去理解，胡安國《春秋傳》之所以備受矚目，與其科舉地位密不可分，一旦失去了科舉地位，胡安國《春秋傳》便失去了制度支撐，成為百家《春秋》中的一家，其特殊性就完全喪失了。科舉制度的變遷對胡安國《春秋傳》遭際的影響是顯而易見的。

余英時曾提出「內在理路」說，風靡一時，他指出「同樣的外在條件、同樣的政治壓迫、同樣的經濟背景，在不同的思想史傳統中可以產生不同的後果，得到不同的反應。所以在外緣之外，我們還特別要講到思想史的內在發展。我稱之為內在的理路（inner logic），也就是每一個特定的思想傳統本身都有一套問題，需要不斷地解決」，「你要專從思想史的內在發展著眼，撇開政治、經濟及外面因素不問，也可以講出一套思想史」，〔註 3〕余英時注意思想史內在發展獨立的一面，而不看重政治、經濟等方面外緣因素影響，若從胡安國《春秋傳》在清代的遭際情形看，未必如是，必須充分認識到外在的時勢、政治、制度對學術史、思想史的無所不在的影響。清初顧炎武、王夫之對胡安國「攘夷」之論的拔高，則與明季遺民反滿、抗清的情勢是相符合的，而莊存與、孔廣森則重視「尊王」之論，將「攘夷」之論轉向進夷之論，此亦因應清帝的「大一統」話語，而晚清時期，康有為、黃節援引西學對胡安國進行新的理解，此乃是應對晚清內外交困的危局而進行的嘗試。對於清廷而言，只有一條理解胡安國《春秋傳》的標準，那就是將其中的「尊王」之義推向極致，將「攘夷」之義利用各種手段去抹除、泯滅，以至於將之完全從科舉中廢除。無論是知識界，還是清廷，他們在重新理解、處理胡安國《春秋傳》時，都深深地印有時勢、政治的痕跡。法國哲學家德里達（Jacques Derrida）曾指出「你永遠不可能消除歧義，不管你說話的意圖是什麼，總是會出現你意圖以外的

〔註 1〕〔美〕艾爾曼：自序，經學‧科舉‧文化史：艾爾曼自選集，北京：中華書局，2010，8。

〔註 2〕〔美〕艾爾曼：清代科舉與經學的關係，經學‧科舉‧文化史：艾爾曼自選集，北京：中華書局，2010，178。

〔註 3〕〔美〕余英時：清代思想史的一個新解釋，中國思想傳統的現代詮釋，南京：江蘇人民出版社，2004，158。

東西，因語言本身總是會蓋過你的意圖」，〔註 4〕一部經典的意義可能在於其不停地引發「歧義」，與特定的時代關聯起來，從這個角度來說，胡安國屬於宋代，也屬於清代，更屬於我們現代，是歷史的，也是時代的。

〔註 4〕轉引自〔英〕昆廷・斯金納：談文本的解釋，國家與自由：斯金納訪華演講錄，
　　　　北京：北京大學出版社，2018，7。

參考文獻

說明：依據本校規定，這裡的參考文獻只列出文中直接引用部分，實為「引用文獻」。

一、古籍

1. 〔宋〕胡安國：春秋傳，四部叢刊續編經部，上海：上海書店，1985。
2. 〔宋〕胡安國：春秋傳，四庫全書薈要，臺北：世界書局，1988。
3. 〔宋〕胡安國著、錢偉強點校：春秋胡氏傳，杭州：浙江古籍出版社，2010。
4. 〔戰國〕左丘明撰、〔晉〕杜預集解：春秋經傳集解，上海：上海古籍出版社，2015。
5. 〔漢〕何休解詁、〔唐〕徐彥疏：春秋公羊注疏，上海：上海古籍出版社，2013。
6. 〔晉〕范甯注、〔唐〕楊士勳疏：春秋穀梁傳注疏，李學勤主編，十三經注疏，北京：北京大學出版社，1999。
7. 〔宋〕朱熹著，郭齊、尹波點校：朱熹集，成都：四川教育出版社，1996。
8. 〔宋〕車若水，李偉國、田芳園整理：腳氣集，全宋筆記（第 7 卷），鄭州：大象出版社，2016。
9. 〔宋〕黎靖德編：朱子語類，中華書局，1986。
10. 〔宋〕高閌：春秋集注，文淵閣四庫全書（第 151 冊），上海：上海古籍出版社，1987。
11. 〔宋〕黃士毅編：朱子語類彙校（四），上海：上海古籍出版社，2016。
12. 〔元〕脫脫等：宋史（卷 435），北京：中華書局，1977。

13. 〔元〕程端學：春秋或問，通志堂經解（第 10 冊），揚州：廣陵書社，2007。

14. 〔元〕劉霖編：類編歷舉三場文選春秋義，靜嘉堂文庫藏本。

15. 〔元〕趙世延等：經世大典序，蘇天爵編，元文類（卷 40），北京：商務印書館，1936。

16. 〔元〕虞集：賀忠貞公墓誌銘，全元文（第 27 冊），南京：鳳凰出版社，2004。

17. 〔元〕程端學：春秋或問，通志堂經解（第 10 冊），揚州：廣陵書社，2007。

18. 〔元〕汪克寬：春秋胡傳附錄纂疏，文淵閣四庫全書（第 165 冊），臺北：臺灣商務印書館，1983。

19. 〔元〕吳澄：春秋纂言，文淵閣四庫全書（第 159 冊），上海：上海古籍出版社，1987。

20. 〔元〕王元傑：春秋讞義，文淵閣四庫全書（第 162 冊），上海：上海古籍出版社，1987。

21. 〔元〕王禮：高州通守馮公哀辭，李修生編，全元文（第 60 冊），南京：鳳凰出版社，2004。

22. 〔元〕吳萊：春秋通旨後題，全元文（第 44 冊），南京：鳳凰出版社，2004。

23. 〔元〕郝經：鄭元傳，續後漢書，上海：商務印書館，1936。

24. 〔元〕姚燧：中書左丞姚文獻公神道碑，全元文，南京：鳳凰出版社，第 9 冊，2004。

25. 〔元〕吳澄：送虞叔常北上序，吳文正公集（卷 15），元人文集珍本叢刊影印明成化二十年刊本。

26. 〔元〕王士點、商企翁：秘書監志，高榮盛點校，杭州：浙江古籍出版社，1992。

27. 〔元〕袁桷：送朱君美序，清容居士集（卷 24），四部叢刊初編本。

28. 〔明〕陸粲：春秋胡氏傳辨疑，文淵閣四庫全書（第 167 冊），上海：上海古籍出版社。

29. 〔明〕宋濂等：選舉志，元史，北京：中華書局，1976。

30. 〔明〕王禕：元列傳，王忠文公文集（卷 14），文淵閣四庫全書（1226 冊），臺北：商務印書館，1986。

31. 〔明〕宋濂等：程鉅夫傳，元史，北京：中華書局，1976。

32. 〔明〕程敏政輯撰，何慶善、于石點校：新安文獻志（卷75），危素，大元敕賜故翰林學士承旨贈光祿大夫大司徒柱國追封楚國公諡文憲程公鉅夫神道碑銘，合肥：黃山書社，2004。

33. 〔明〕宋濂等：吳澄傳，元史，北京：中華書局，1976。

34. 〔明〕宋濂等：世祖傳，元史，北京：中華書局，1976。

35. 〔明〕宋濂等：地理志，元史，北京：中華書局，1976。

36. 〔明〕王世貞：弇山堂別集，北京：中華書局，1985。

37. 〔明〕鄭真：滎陽外史集，景印文淵閣四庫全書（第1234冊），臺北：商務印書館，1986。

38. 〔清〕永瑢等：四庫全書總目，北京：中華書局，1965。

39. 〔清〕陸隴其：讀朱隨筆（卷4），清刻陸子全書本。

40. 〔清〕王懋竑：朱熹年譜，北京：中華書局，2006。

41. 〔清〕張廷玉等：明史·儒林傳·汪克寬傳，北京：中華書局，1974。

42. 〔清〕王夫之：春秋家說，船山全書（第5冊），長沙：嶽麓書社，1993。

43. 〔清〕王夫之：黃書，船山全書（第12冊），長沙：嶽麓書社，1993。

44. 〔清〕王夫之：讀通鑒論，船山全書（第10冊），長沙：嶽麓書社，1993。

45. 〔清〕王夫之：續春秋左氏傳博議，船山全書（第5冊），長沙：嶽麓書社，1993。

46. 〔清〕顧炎武：日知錄，顧炎武全集（第18冊），上海：上海古籍出版社，2011。

47. 〔清〕顧炎武：左傳杜注補正，顧炎武全集（第1冊），上海：上海古籍出版社，2011。

48. 〔清〕顧炎武：五經同異，顧炎武全集（第1冊），上海：上海古籍出版社，2011。

49. 〔清〕顧炎武：亭林詩文集，顧炎武全集（第21冊），上海：上海古籍出版社，2011。

50. 〔清〕毛奇齡：春秋毛氏傳，文淵閣四庫全書（第176冊），上海：上海古籍出版社。

51. 〔清〕萬斯同：周正辨二，群書疑辨（卷5），嘉慶二十一年刻本。

52. 〔清〕全祖望：亭林先生神道表，全祖望集彙校集注，上海：上海古籍出版社，2000。

53. 〔清〕萬斯大：學春秋隨筆（卷 2），續修四庫全書（第 139 冊），上海：上海古籍出版社，2002。

54. 〔清〕鄭梁：跛翁傳，萬斯大撰、溫顯貴校注，經學五書，上海：華東師範大學出版社，2012。

55. 〔清〕王掞、張廷玉等：欽定春秋傳說彙纂，景印文淵閣四庫全書（第 173 冊），臺北：臺灣商務印書館，1983。

56. 〔清〕傅恒等：御纂春秋直解，景印文淵閣四庫全書（第 174 冊），臺北：臺灣商務印書館，1983。

57. 〔清〕朱彝尊：經義考，上海：上海古籍出版社，2010。

58. 〔清〕庫勒納、李光地等：日講春秋解義，景印文淵閣四庫全書（第 172 冊），臺北：臺灣商務印書館，1983。

59. 〔清〕清聖祖實錄，北京：中華書局，1986。

60. 〔清〕清高宗實錄，北京：中華書局，1986。

61. 〔清〕鄂爾泰、張廷玉等：大清一統志序，國朝宮史，北京：北京古籍出版社，1994。

62. 〔清〕傅恒等：御批通鑒輯覽，景印文淵閣四庫全書（第 335 冊），臺北：臺灣商務印書館，1983。

63. 〔清〕趙爾巽：清史稿，北京：中華書局，1977。

64. 〔清〕清高宗：御製文集二集，景印文淵閣四庫全書（第 1301 冊），臺北：臺灣商務印書館，1983。

65. 〔清〕清高宗：故宮博物院編，清高宗御製文（第 2 冊），海口：海口出版社，2000。

66. 〔清〕清高宗撰、劉統勳等編：評鑒闡要（卷 7），景印文淵閣四庫全書（第 694 冊），臺北：臺灣商務印書館，1983。

67. 〔清〕紀昀等：欽定八旗通志，臺北：學生書局，1968。

68. 〔清〕清世宗：中國社會科學院歷史研究所清史研究所編，大義覺迷錄（卷 1），清史資料（第四輯），北京：中華書局，1983。

69. 〔清〕清世宗：中國第一歷史檔案館編，雍正朝漢文朱批奏摺彙編（第 1 冊），南京：江蘇古籍出版社，1989。

70. 〔清〕清世宗：聖諭廣訓序，聖諭廣訓，景印文淵閣四庫全書（第 717 冊），臺北：臺灣商務印書館，1983。

71. 〔清〕莊存與撰、辛智慧箋：春秋正辭箋，北京：中華書局，2020。

72. 〔清〕孔廣森撰，郭曉東、陸建松、周輝傑點校：春秋公羊經傳通義，上海：上海古籍出版社，2014。

73. 〔清〕孔廣森：元武宗論，駢儷文，續修四庫全書（第 1476 冊），上海：上海古籍出版社，2002。

二、著作

1. 羅軍鳳：清代春秋左傳學研究，北京：人民出版社，2010。

2. 孫錫方：清代《左傳》學研究，北京：中國社會科學出版社，2017。

3. 陳其泰：清代公羊學，上海：上海人民出版社，2011。

4. 文廷海：清代春秋穀梁學研究，成都：巴蜀書社，2006。

5. 皮錫瑞：經學歷史，北京：中華書局，1959。

6. 李源澄：經學通論，上海：華東師範大學出版社，2010。

7. 吳雁南編：清代經學史通論，昆明：雲南大學出版社，2001。

8. 趙伯雄：春秋學史，濟南：山東教育出版社，2004。

9. 馬宗霍：中國經學史，上海：上海書店出版社，1984。

10. 沈玉成、劉寧：春秋左傳學史稿，南京：江蘇古籍出版社，1991。

11. 劉家和：史學、經學與思想：在世界史背景下對於中國古代歷史文化的思考，北京：北京師範大學出版社，2005。

12. 蕭敏如：從「滿漢」到「中西」：清代《春秋》學華夷觀研究，新北：花木蘭文化出版社，2009。

13. 文廷海：清代前期《春秋》學研究，北京：中國社會科學出版社，2012。

14. 黃開國：清代今文經學的興起，成都：巴蜀書社，2008。

15. 曾亦、郭曉東：春秋公羊學史，上海：華東師法大學出版社，2017。

16. 〔日〕本田成之著、孫俍工譯：中國經學史，上海：中華書局，1935。

17. 宋鼎宗：春秋胡氏學，臺北：萬卷樓圖書公司，2000。

18. 王敏達：姚鼐與錢嘉學派，北京：學苑出版社，2007。

19. 葉高樹：清代初期的文化政策，臺北：稻香出版社，2009。

20. 王汎森：權力的毛細管作用：清代的思想、學術與心態，北京：北京大學出版社，2015。

21. 姜廣輝：中國經學思想史（卷 1），北京：中國社會科學出版社，2003。

22. 喬秀岩、葉純芳：學術史讀書筆記，北京：生活‧讀書‧新知三聯書店，2019。

23. 湯志鈞：乘桴新獲——從戊戌到辛亥，南京：江蘇古籍出版社，1990。

24. 湯志均編：章太炎年譜長編，北京：中華書局，2013。

25. 康有為：春秋筆削大義微言考，姜義華、張榮華編校，康有為全集（第6集），北京：中國人民大學出版社，2007。

26. 康有為：春秋董氏學，姜義華、張榮華編校，康有為全集（第2集），北京：中國人民大學出版社，2007。

27. 康有為：論語注，姜義華、張榮華編校，康有為全集（第6集），北京：中國人民大學出版社，2007。

28. 康有為：孟子微，姜義華、張榮華編校，康有為全集（第5集），北京：中國人民大學出版社，2007。

29. 康有為：康南海自編年譜，北京：中華書局，1992。

30. 康有為：答南北美洲諸華商論中國只可行立憲不能行革命書，姜義華、張榮華編校，康有為全集（第6集），北京：中國人民大學出版社，2007。

31. 康有為：與同學諸子梁啟超等論印度亡國由於各省自立書，湯志鈞編，康有為政論集（上冊），北京：中華書局，1981。

32. 嚴復譯：天演論，嚴復集（第5冊），北京：中華書局，1986。

33. 嚴復：原強，嚴復集（第1冊），北京：中華書局，1986。

34. 章太炎：論讀經有利而無弊，張勇編，章太炎全集，上海：上海人民出版社，2015。

35. 章太炎：序種姓，訄書（重訂本），章太炎全集，上海：上海人民出版社，2014。

36. 章太炎：原人，訄書（重訂本），章太炎全集，上海：上海人民出版社，2014。

37. 黃節：黃史‧攘夷，國粹學報，揚州：廣陵書社，2006。

38. 章太炎：章太炎政論選，北京：中華書局，1977。

39. 章太炎：駁康有為論革命書，姜義華、朱維錚編，章太炎選集，上海：上海人民出版社，1981。

40. 章太炎：黃晦聞墓誌銘，沈雲龍編，近代中國史料叢刊續編第十三輯，臺北：文海出版社，1974。

41. 劉師培：兩漢種族學發微論，中國中古文學史，北京：中國畫報出版社，2010。

42. 黃節：國粹學報敘，國粹學報，揚州：廣陵書社，2006。

43. 黃節：黃史，國粹學報，揚州：廣陵書社，2006。

44. 黃節著、馬以君編：黃節詩集，北京：中國人民大學出版社，1989。

45. 黃節：春秋攘夷大義發微，國粹學報，揚州：廣陵書社，2006。

46. 李紹清：黃晦聞之生平及其政治、學術思想舉例，廣州文史資料委員會編，廣州文史資料，1963。

47.〔美〕艾爾曼：自序，經學·科舉·文化史：艾爾曼自選集，北京：中華書局，2010。

48.〔美〕艾爾曼：清代科舉與經學的關係，經學·科舉·文化史：艾爾曼自選集，北京：中華書局，2010。

49.〔美〕余英時：清代思想史的一個新解釋，中國思想傳統的現代詮釋，南京：江蘇人民出版社，2004。

50.〔英〕昆廷·斯金納：談文本的解釋，國家與自由：斯金納訪華演講錄，北京：北京大學出版社，2018，7。

三、論文

1. 莊丹：《四庫全書總目》與清前期《左傳》文學評點，西安建築科技大學學報，2013（6）。

2. 辛智慧：論莊存與春秋正辭與官學的關係問題——《禁暴辭》《誅亂辭》讀解，清史研究，2016（3）。

3. 何振：論《四庫全書》對綱目體史書的抽改——以《御批續資治通鑒綱目》為中心的考察，古籍研究，2019。

4. 梁太濟：乾隆皇帝與康熙《御批通鑒綱目續編》，暨南史學，2004（3）。

5. 童正倫：《四庫全書》對春秋類的刪改，甘肅圖書館編，四庫全書研究論文：2005年四庫全書研討會文選，蘭州：敦煌文藝出版社，2006。

6. 張玉春、史昭素：從《四庫全書總目》看清初的《左傳》研究，古籍整理研究學刊，2007（5）。

7. 康凱淋：論清初官方對胡安國《春秋胡氏傳》的批評，漢學研究，2010（1）。

8. 徐立望：駁清代今文學復興源於上書房的「講義」說：兼論今文經學在康雍乾三朝的地位，復旦學報，2010（5）。

9. 戴榮冠：清初胡安國《春秋傳》中「華夷之辨」論析，高應科大人文社會科學學報，2013（1）。

10. 蕭敏如：清初遺民《春秋》學中的民族意識：以王夫之、顧炎武為主的考察，臺北大學中文學報，2008（5）。

11. 吳海蘭：錢謙益經學思想的形成與演變探究，鄭州大學學報，2015（4）。

12. 錢寅：論莊存與的《春秋正辭》與《春秋胡氏傳》的關係，常州大學學報，2015（5）。

13. 馬琳：海寧朱奇齡先生生平及著述考，文津學誌，2018。

14. 方紅姣、孫國洋：論王船山對湖湘學派的思想承接，船山學刊，2020（3）。

15. 許蘇民：論王夫之對宋朝士大夫政治文化的批判：以《春秋家說》《讀通鑒論》《宋論》為中心的考察，天津社會科學，2017（5）。

16. 曾亦：經史之別：程頤與朱熹《春秋》學之歧異，社會科學輯刊，2019（1）。

17.〔日〕三浦秀一、曾睿譯：「己意」與「繩尺」：元朝南人的科舉與朱子學，科舉學論叢，2020（2）。

18. 張欣：胡安國《春秋傳》在元代北方的接受，中國傳統文化研究，2021（2）。

19. 陳高華：元朝科舉詔令文書考，紀宗安、湯開建主編，暨南史學，廣州：暨南大學出版社，2002（1）。

20. 姜廣輝：先秦尚書學的再認識，中國哲學史，2016（2）。

21. 張帆：論蒙元王朝的「家天下」政治特徵，北大史學，2001。

22. 趙永春：多民族視角考察古代「中國觀」，中國社會科學報，2021，10，11。

23. 李曉明：論張洽「得程遺意」而非「補朱未備」——從《春秋集注》學術宗屬看宋明經學分野，中國哲學史，2018（3）。

24. 吳根友：王夫之「文明史觀」探論，中國哲學史，2021（1）。

25. 古偉瀛：顧炎武對《春秋》及《左傳》的詮釋，臺大歷史學報，2001（28）。

26. 鄭任釗：顧炎武《春秋》觀及《春秋》大義，南明史學術研討會論文集，2015。

27. 郭英德：論顧炎武的遺民心態，新國學，1999。

28. 張高評：朱熹之《春秋》觀：據實直書與朱子之徵實精神，國立臺灣大學中文系、中國經學研究會主編，第八屆中國經學國際學術研討會論文選集，臺北：萬卷樓，2015。

29. 辛智慧：莊存與公羊學視域中的夷夏觀論析，天津社會科學，2019（5）。

30. 陳居淵：論孔廣森與劉逢祿的公羊學研究，孔子研究，1995。

31. 張勇：孔廣森與公羊家法，中國史研究，2007（4）。

32. 郭曉東：《春秋》重義不重事：論莊存與和孔廣森對《春秋》的看法，杭州師範大學學報，2021（1）。

33. 黃開國、黃子鑒：孔廣森春秋公羊學的「通義」解，江蘇師範大學學報，2017（3）。

34. 辛智慧：莊存與春秋學的尊王特徵──《春秋正辭・天子辭》的讀解，孔子研究，2017（1）。

35. 李帆：「夷夏之辨」之解說傳統的延續與更新──以康有為、劉師培對《春秋繁露》兩事的不同解讀為例，近代史研究，2006（6）。

36. 賈小葉：1840～1900 年間國人「夷夏之辨」觀念的演變，史學月刊，2007（10）。

37. 羅檢秋：清末古文家的經世學風及經世之學，近代史研究，2001（6）。

38. 孫江：拉克伯里關於中國文明源於巴比倫的假說，中國社會科學報，2010，5，18。

39. 孫江：拉克伯里「中國文明西來說」在東亞的傳佈與文本之比較，歷史研究，2010（1）。

40. 馬騂：章太炎的民族主義：天下、世界與民族國家，雲南民族大學學報，2011（5）。

41. 汪嘉玲：胡安國《春秋傳》研究，臺北：私立東吳大學碩士論文，1998。

42. 劉宗棠：清代《左傳》文獻研究，濟南：山東大學博士論文，2008。

43. 侯彤彤：黃節國粹主義思想研究，石家莊：河北師範大學碩士論文，2010。

44. 戴宏圖：胡安國《春秋傳》的天理觀，湘潭：湘潭大學碩士論文，2010。

45. 袁寶君：民國《春秋》學研究，濟南：山東師範大學碩士論文，2010。

46. 施婧嫻：孔廣森《春秋》學研究，上海：復旦大學博士論文，2013。

47. 孔令柱：毛奇齡《春秋毛氏傳》研究，濟南：山東師範大學碩士論文，

2015。

48. 方碧容：夷夏之辨視野下的晚清民族主義，廈門：廈門大學碩士論文，2017。

49. 李中然：《四庫全書》春秋類纂修研究，新北：私立淡江大學博士論文，2018。

50. 郭鑫鑫：經史互動：顧炎武研究《春秋》經的特點，淮北：淮北師範大學碩士論文，2018。

51. 潘華穎：《續修四庫全書》經部《春秋》類《左傳》之屬提要，曲阜：曲阜師範大學碩士論文，2012。

52. 吳強：胡安國「夏時冠周月」考論，湘潭：湘潭大學碩士論文，2008。

53. 周懷文：毛奇齡研究，濟南：山東大學博士論文，2010。

54. 秦強：方苞的《春秋》學思想研究，南昌：江西師範大學碩士論文，2013。

55. 田豐：論方苞經學及其與古文創作的關聯，南京：南京大學博士論文，2014。

56. 王佩瓊：胡安國《春秋傳》對「災異」思想的詮釋，湘潭：湘潭大學碩士論文，2020。

57. 戴金波：胡安國《春秋傳》的王道思想，長沙：湖南大學博士論文，2010。

58. 胡春麗：毛奇齡與清初《四書》學，上海：復旦大學博士論文，2010。

附錄　攻讀學位期間所發表的學術論文目錄

一、期刊論文

1. 秦行國：乾隆時期科考廢除胡安國《春秋傳》原因再析，《原道》，2021 年第 2 輯。

2. 秦行國：政治策略與經義分歧，《經典與解釋》，2022 年第 1 輯。

3. 秦行國：科考的調整與士子的答題：從科舉的視角看海外「新清史」學派的「非漢化」論，2021 年第二十屆科舉制度與科舉文化國際學術研討會會議論文。

4. 秦行國：秩序內外——論胡安國《春秋傳》的兩重性，2022 年第九屆古典學年會會議論文。

二、課題

1. 國家社科基金特別委託項目。

致　謝

　　時間總是倏忽而馳，從入學到於今已足足四年，在人生的記憶中，這四年是無法磨滅的。宋代詞人姜夔曾寫過一首《一萼紅》的詞，其中有這樣一句「南去北來何事，蕩湘雲楚水，目極傷心」，如今再看湘雲楚水，與姜夔流寓長沙的情形不同，雖不至於傷心，然總有幾分不捨的情緒。記得初次登門拜訪姜老師的時候，正是秋雨綿綿的時節，因騎車前往而不小心摔了一跤，膝蓋竟然流血了，等到了老師住地，他早已端坐在堂上了，急忙起身給我塗藥，還叮囑道：「別動！小心感染！」這是我與老師的初晤，記得那次並沒有討論學問，只談了一下初步的學習設想，而此一小事卻叩開了我堅定遨遊學海的決心。老師的指導並不是「鋪天蓋地」式的——由字到句，事無鉅細，他總是很從容地提出一兩條統領性的意見，容我細細咀嚼、琢磨，直到寫成文字，才明白其中的意蘊，這種感覺猶如讀老師的文章一般，如此風神散朗，清澄瀏亮。從一篇篇的小論文，到上萬言的博士論文，老師總是以同樣的方法啟發人去研求，到達豁然的境地。老師雖已過古稀之年，依舊健筆凌雲，總是有新的文章不斷湧出，我想，這是許多跟我一樣的年輕人所不及的。我猜想，他在夜闌人靜的時候，或許也是用指導學生同樣的方法去思考，然後下筆，一氣呵成，而相伴昏曉的，一定是明滅的燈火。特別值得一提的是，老師在指導學生時，從不指定題目，由學生自己決定，所以我們絕少作「應制」文字，有充分地自主空間去想像、選擇。東晉高僧惠遠在一次講學時告誡眾弟子：「桑榆之光，理無遠照，但願朝陽之暉，與時並明耳」，老師時時囑我，要珍惜時間，好好用功，這與惠遠的用心是多麼一致啊！論文草就，字裏行間都離不開老師的細心指導，心中的感戴之情實在是難以言表。

　　為了搜求史料，我還一度前往臺灣訪學，王汎森老師也給予了非常多的關照與指教。他每週專門定時間與我見面，對我的論文進展進行指導，有時甚至將與我論文相關的材料打印出來，等去他辦公室見面的時候，一併交給我，至今這些材料還置於我的案頭。訪學時間短暫，我總是借吃飯的間際，向王老師討教許多疑難問題，王老師一一給予耐心指導。我時刻記著，我們飯後在南港一起踱步的黃昏，看到青山落日，倦鳥歸林，聊起古今興亡，頗有「閒登小閣看新晴，古今多少事，漁唱起三更」之感。王老師心思極為細密，待人細緻入微，他在行文的時候亦是一以貫之的，在蒼黃的史料中縱情揮灑才情，足見他靈敏、深厚的內心。在訪學期間，還得到夏長樸先生的提點，寫到此處，頓時悽愴潸然。與夏先生只見過一次，然印象深刻，當時我們幾個同學相約去拜訪他，遂一起到他臺大的辦公室，小坐以後，他帶著我們到臺大對面的一家餐館用餐。我那時對論文的選題頗感踟躕，在胡安國之外，又選了朱鶴齡、顧炎武兩個人物備用，先生告訴我，原題目可以做，朱與顧比，以大家為先，也可以以《彙纂》刪改《胡傳》之內容專門為題，這對我是莫大的鼓舞與啟發。而今夏先生已作古，令人悽愴無已！蔡長林老師喜好山水，所以登臨總是免不了的，從拂曉的南港，到月牙初上的困牛山，險峻的群山之間都有了我們的足跡。孰料，父親故去，遂匆匆結束了訪學行程，風木之痛，每想起則不覺泫然，在此也表達對先父的緬懷之情。此外，特別向蕭永明老師致意，正是在蕭老師的討論課上，萌發了研究此一題目的想法。李清良老師、吳仰湘老師、許超傑老師皆給予了許多有益的教導，兄長一直是我前進的航向，沒有他的支持，我是很難走到現在的，在此一併向他們致以深深的謝忱！

　　前一陣讀董橋的《南山雨》，文中提到畢九歌的一首七絕：「芍藥花殘布穀啼，雞閒犬臥閉疏籬。老農荷鋤歸來晚，共說南山雨一犁。」不知畢九歌是何人，四處翻檢一通，也沒有查到，於是在紙上稀稀落落地將這句記了下來。窗外正是布穀啼鳴，細雨漸瀝的時候，都說春色惱人，容易喚起春愁，想想「南山雨一犁」，倒是生機的開始，看來，當收拾好這些「舊愁新恨」，繼續向前了。

壬寅二月十四於嶽麓山